W0070288

Lena Blaudez
Das Ehe-Quiz

Lena Blaudez

Das Ehe-Quiz

Was Sie schon immer über
die Ehe wissen wollten

Das ultimative Quiz für
Hochzeits- und Ehepaare

Mit Eheführerschein und Wörterbuch
Ehe – Deutsch / Deutsch – Ehe

Bibliografische Information der Deutschen Nationalbibliothek
Die Deutsche Nationalbibliothek verzeichnet diese Publikation in der Deutschen
Nationalbibliografie; detaillierte bibliografische Daten sind im Internet über
http://dnb.ddb.de abrufbar.

ISBN 978-3-86910-492-8 (Print)
ISBN 978-3-86910-567-3 (PDF)
ISBN 978-3-86910-566-6 (EPUB)

Die Autorin: Die Journalistin und Autorin Lena Blaudez ist durch ihre hochge-
lobten Bücher sowie Artikel in großen Tages- und Wochenzeitungen bekannt
geworden. Für dieses Buch hat sie alle wichtigen aktuellen Studien, Statistiken,
Artikel und Bücher zum Thema Ehe ausgewertet und kommt zu dem Schluss:
„Ehe ist, wenn man trotzdem lacht!"

Originalausgabe

© 2013 humboldt
Eine Marke der Schlüterschen Verlagsgesellschaft mbH & Co. KG,
Hans-Böckler-Allee 7, 30173 Hannover
www.schluetersche.de
www.humboldt.de

Die Veröffentlichung dieses Werkes erfolgt auf Vermittlung von BookaBook, der
Literarischen Agentur Elmar Klupsch, Stuttgart.

Lektorat:	Nathalie Röseler, Dateiwerk GmbH, Pliening
Covergestaltung:	DSP Zeitgeist GmbH, Ettlingen
Innengestaltung:	akuSatz Andrea Kunkel, Stuttgart
Coverfoto:	Panthermedia/redcollegiya (Marina Sozonova)
Satz:	PER Medien+Marketing GmbH, Braunschweig
Druck:	Grafisches Centrum Cuno GmbH & Co. KG, Calbe

Hergestellt in Deutschland.

Inhalt

Das Ehe-Quiz

Kurze Einführung

Ehe, wem Ehe gebührt. Sicher. Aber wissen oder wussten Sie wirklich, was mit dem Entschluss zu heiraten auf Sie zukommt?

Heiraten ist wie eine Naturkatastrophe, eine Währungsreform oder beispielsweise der Bau der Berliner Mauer. Ereignisse dieser Art haben eins gemeinsam: Von nun an ist die Zeitrechnung anders. Wir sprechen von davor oder danach.

Die Zahlen sind bekannt, neununddreißig Prozent der Ehen werden geschieden. Und trotzdem: Fast alle tun es. Egal ob alt oder jung, arm oder reich, promoviert oder Schulversager, zum ersten oder zum vierten Mal – heiraten geht immer. Und eine Scheidung leider immer öfter. Sind wir die Generation Scheidung? Ist die Ehe ein Kamikaze-Unternehmen? Stürzen wir uns sehenden Auges ins Unglück? Glauben Heiratswillige einfach nur fest daran, dass es bei ihnen schon klappen wird – ein Phänomen der Verdrängung? Oder tun wir einfach blindlings das, was unsere Eltern, Großeltern und Urgroßeltern auch schon taten? Vielleicht macht ja Liebe wirklich blind – und fast jeder Zweite greift schlicht daneben und heiratet die Falsche oder den Falschen?

Wie dem auch sei: Diese Zeiten sind vorbei! Denn jetzt gibt es das Ehe-Quiz. 150 entscheidende Fragen und 150 klärende Antworten, die Sie so noch nicht gehört haben. Jetzt können Sie feststellen, ob Sie das folgenschwerste einsilbige Wort der deutschen Sprache zu Recht ausgesprochen haben – oder ob Sie es wirklich aussprechen sollten.

Bisher wird seltsamerweise frohgemut geheiratet, ohne dass man wirklich weiß, was danach passiert. Denn, sagen wir es offen: Das wahre Eheleben ist eines der letzten großen Tabus der Neuzeit. Hat Ihre Mutter Ihnen erzählt, wie es wirklich ist? Sagt Ihre Nachbarin die Wahrheit, wenn sie behauptet, das an die Wand knallende Geschirr sei nur die lustige Wiederholung ihres Polterabends, weil doch alles so schön ist und die Ehe eine so gute Entscheidung war? Erzählen Sie Ihren Freunden nicht eine ganz andere Geschichte aus Ihrem Urlaub, als den Partnerstress, den Sie in Wirklichkeit erlebt haben?

Na, sehen Sie! Aber wir machen jetzt Schluss mit Heuchelei und Schmus. Hier wird gnadenlos aufgedeckt! Alles, was Sie zum Thema Ehe wissen müssen, wird durchgenommen, von allen Seiten betrachtet und auf Lebenstauglichkeit geprüft, eheliche Sitten und Gebräuche in Vergangenheit und Gegenwart abgefragt. Und wir werfen einen schonungslosen Blick auf das, was passieren kann, wenn Sie unser Ehe-Quiz nicht bestehen. Währenddessen sammeln Sie hoffentlich die ausreichende Punktezahl …

Es erwartet Sie außerdem:

- das Ehelexikon von A wie Anmache bis Z wie Zyankali,
- ein kleines Wörterbuch: Ehe – Deutsch/Deutsch – Ehe,
- die Ehe-Interne-Eskalations-Skala (EIS), eine zehnstufige Tiefenanalyse des Ehelebens auf fast wissenschaftlicher Basis,
- amüsante Anekdoten, beeindruckende Beispiele, geschichtliche Glossen, Zahlen und Zitate und einiges mehr.

Eins ist ziemlich sicher: Nach flächendeckender Verbreitung – das Buch könnte durchaus als Pflichtlektüre für alle ab 18 Jahren eingeführt werden – und konsequenter Vergabe des Ehe-Führerscheins nur nach erforderlicher Punktezahl wird die Scheidungsrate gegen null tendieren. Der volkswirtschaftliche Nutzen muss noch von Experten berechnet werden, aber er wird enorm sein. Anwälte und Gerichte können sich um sinnvolle Aufgaben kümmern, der Wohnungsmarkt entspannt sich, Ärzte und Leichenbestatter müssen sich nicht mehr mit den Folgen häuslicher Meinungsverschiedenheiten befassen. Alle können aufatmen: Es ist vorbei. Kein Schreckensweg mehr vom Traumpartner zum Alptraum und von der Heirat zur Hausratsaufteilung. Hören Sie was? Nein? Stille! Vögel zwitschern, ein Bach rauscht, ein leises Lachen erklingt. Harmonie. Eheglück.

Und Sie wissen ja: Ehe gut – alles gut!

Wir gehen folgendermaßen vor: Wir beleuchten in kleinen, aber feinen Abhandlungen den Ablauf des Paarlebens von der Suche nach dem Traumpartner, über den Ehe-Doppelbeschluss, den Ernstfall Hochzeit, das Eheleben im Großen und Ganzen bis zu – bei mangelhaftem Punktestand – der Scheidung und möglichen Folgen. In jedem Abschnitt erwarten Sie knallharte Fragen, zu denen es jeweils mehrere mögliche Antworten gibt. Treffen Sie Ihre Auswahl aus den vorgegebenen Antworten. Dahinter finden Sie die Auflösung und die Punktevergabe. Nicht schummeln! (Achtung: Mehrfachnennungen sind möglich, es können sogar alle Antworten richtig sein – oder alle falsch! Wenn Sie Pech haben, gibt es auch Punkteabzug …) Am Ende des Buches wird dann abgerechnet. Je mehr Punkte Sie ergattern können, umso größer wird Ihre Chance, die Ringe tauschen oder die diamantene Hochzeit feiern zu dürfen! Also: Trauen Sie sich?

Dann werfen Sie einen furchtlosen Blick rechts neben die kurvenreiche Ehestraße in den Abgrund, in den Sie stürzen könnten. Und auch einen nach links, auf die Felswand, gegen die Sie die Ehe fahren könnten. Schauen Sie genau hin. Besser ist besser, denn das Eheglück ist nicht einfach so vorherbestimmt.

Und denken Sie daran:

Sicher ist, dass nichts sicher ist. Selbst das nicht.

Joachim Ringelnatz

Das Buch wendet sich an Paare gleich welchen Geschlechts. Auf die politisch korrekte Ansprache aller möglichen Geschlechter verzichten wir aus Gründen der besseren Lesbarkeit. Die Fragen richten sich mal an einen ER und mal an eine SIE. Beantworten sollten Sie alle.

Wir haben eine Vielzahl von Studien, Statistiken und Interviews, Artikel, Bücher und Meinungsumfragen für Sie ausgewertet. Alle Zahlen sind verbürgte und belegte Erkenntnisse wissenschaftlicher Untersuchungen aus anerkannten Quellen. Warnhinweis: Wir übernehmen keine Gewähr für die Folgen eines Ehelebens ohne die erforderliche Punktezahl. Jammern zwecklos! Fragen Sie Ihren Scheidungsanwalt oder Paartherapeuten!

So: Jetzt können Sie fröhlich bis zum Ehe-Führerschein punkten – oder müssen zurück auf „Los".

Frisch verliebt auf Wolke sieben: Testlauf der Kandidaten

Suche Single! Sexy! Seriös! Sensibel! Solvent!

Fangen wir doch mal am Anfang an: Wie geht es los? Sie suchen den Traumpartner, klar, so viel Zeit muss sein. Doch wie sieht er aus, wo ist er zu finden, wer hat ihn gesehen? Ist er humor- und verständnisvoll, gutaussehend und kann gut zuhören, hat ein ordentliches Konto und ein Sixpack vorzuweisen, ist er ein Macho, der immer den Mülleimer runter bringt? Und hat sie lange Haare, noch längere Beine und sieht bewundernd zu ihm auf? Was spielt eine Rolle? Wo schlägt das Unterbewusstsein zu? Wo Herkunft und Erziehung? Wer passt ins Beuteschema? Oder trifft uns die Liebe einfach wie ein Blitz? Auf den ersten Blick? Es gibt 16 Millionen Singles in Deutschland, da wird ja wohl der Richtige dabei sein! Wäre doch gelacht!

Antworten Sie schnell, ehrlich und sammeln Sie Punkte, dann werden Sie bald mehr wissen!

Die meisten Frauen verwenden mehr Sorgfalt auf die Auswahl ihrer Nachthemden, als auf die ihrer Männer.

Coco Chanel

Frage 1

Er sucht seine Traumfrau. Was ist für ihn das Wichtigste?

1. Bildungsstand
2. Kontostand
3. Aussehen
4. Ansehen

Antwort 1

1. 0 Punkte
2. 0 Punkte
3. 1 Punkt
4. 0 Punkte

Das entscheidende Kriterium, da sind sich alle sozialwissenschaftlichen Forscher einig, ist für Männer die Attraktivität der Zukünftigen. Ihr BMI ist mit entscheidend, ob die Frage aller Fragen gestellt wird (Tipp an sie: Schnell noch eine Runde joggen und heute Abend gibt's nur Salat!). Erklärungen finden manche in der biologistischen Variante: gutes Aussehen gleich Gesundheit gleich viele stramme Nachkommen. Aber das ist nur eine Theorie von vielen. Sehen wir weiter!

Frage 2

Woran erkennt sie, dass es sich bei dem anvisierten Exemplar ganz klar um den Traumprinzen handeln muss?

1. an seiner Ausstrahlung (besonders die der Augen als Spiegel der Seele)
2. an seinem sozialen Status (Einkommen, Bildungsstand, Ansehen)

3. an seinem Humor und seinen höflichen Umgangsformen
4. an seinem sexy Body

Antwort 1
1. 0 Punkte
2. 1 Punkt
3. 0 Punkte
4. 0 Punkte

Der soziale Status lässt die Herzen höherschlagen. Bei der Prinzenwahl sind das gesellschaftliche Ansehen und besonders das Einkommen ausschlaggebend. Romantik adieu? Ach, i wo! Dieses Auswahlkriterium schlägt unterbewusst zu. Zufällig hat sie sich halt in den gut situierten Kerl aus der Chefetage verknallt. Kann doch jeder mal passieren!

Frage 3

Laut einer renommierten Studie wollen sich 95 Prozent der jungen Männer unter 30 bei der Partnerwahl in folgender Rolle sehen:
1. der des gleichrangigen modernen Partners mit ähnlichen Zielen und Interessen
2. der des klassischen Ernährers der zukünftigen Familie
3. der des einsamen Wolfes mit gelegentlichen Liebschaften

Antwort 3
1. 0 Punkte
2. 1 Punkt
3. 0 Punkte

Tatsächlich wollen die meisten Männer (75 Prozent) im Alter von 16 bis 29 Jahren von heute auch nicht, dass ihre Frauen neben der Familie noch andere Interessen verfolgen, fand eine Studie des Instituts für Demoskopie Allensbach heraus. Was zum Teufel ist da schiefgelaufen? Das kann ja nur ein Schuss ins eigene Knie werden – auf die Dauer gesehen.

Frage 4

Wo sehen die meisten jungen Frauen ihren Traumprinzen auf der Karriereleiter im Vergleich zu sich selbst?

1. Er ist auf einem ähnlichen Niveau wie sie.
2. Er sollte gerne noch in der Ausbildung sein, auch wenn sie die bereits beendet hat. Da kann man gemeinsam an der weiteren Entwicklung feilen.
3. Er kann sein, was und wo er will, sie liebt ihn ja schließlich.
4. Er ist die Karriereleiter auf jeden Fall schon ein gutes Stück nach oben geklettert, zumindest ein ganzes Ende höher, als sie es ist.

Antwort 4
1. 0 Punkte
2. 0 Punkte
3. 0 Punkte
4. 1 Punkt

Mehr oder weniger wollen Frauen heute letztendlich noch immer eine „gute Partie" machen wie zu Zeiten von Jane Austens Roman „Stolz und Vorurteil". Ein Zitat daraus: „Glück in der Ehe ist eine zufällige Erscheinung." Die Frauen finden nach wie vor den Ernährertyp sexy, zu dem sie aufsehen können. „Downdaten" ist nicht. Einen mit niedrigerem sozialen Status, als sie selbst haben, heiraten: No, thank you. Hoch qualifizierte Frauen haben deshalb auch die höchste Singlequote (neben den wenig gebildeten Männern).

Prüfen Sie doch mal: Wie viele Kombinationen wie Arzt und Krankenschwester oder Chef und Sekretärin kennen Sie? Schon ein paar, oder? Wie viele Chefärztinnen heiraten dagegen einen Krankenpfleger? Seltene Sache, auch wenn es sowieso wenig Chefärztinnen gibt. Also ist der Traumprinz Architekt, Anwalt, Arzt, Abgeordneter, Anlageberater oder Apotheker. Was mit A sollte es schon sein. Man nennt sie Alphatiere …

Ein Mann mit einem hohen Bankkonto
kann gar nicht hässlich sein.   Zsa Zsa Gabor

Frage 5

Wie alt sollte für die meisten heiratswilligen Ladys der auserwählte Prinz sein?

1. rund drei, vier Jahre älter
2. genauso alt
3. etwas jünger
4. erheblich älter

Antwort 5

1. 1 Punkt. Er ist ja schon weiter oben im Job, also auch ein paar Jährchen älter. Bravo, Sie haben aufgepasst. Die Frage war leicht – aber nicht übermütig werden!
2. 0 Punkte
3. 0 Punkte
4. 0 Punkte

Tatsächlich ist der Bräutigam in Deutschland im Durchschnitt 33 Jahre und die Braut 30 Jahre bei der Eheschließung.

Der fünfzigjährige Kohn will ein zwanzigjähriges Mädchen heiraten. Sein guter Freund will ihm abraten:
„Bedenk doch, nach zehn Jahren bist du sechzig und sie dreißig. Nach weiteren zehn Jahren bist du siebzig und sie vierzig – na, und was brauchst du so eine alte Frau?"

Salcia Landmann, Jüdische Witze

Frage 6

Was will der Traumprinz von seiner Auserwählten, der er nun bald den Ring ansteckt?

1. Sie soll nett und lustig sein.
2. Sie soll jung und schön sein.
3. Sie soll klug und gebildet sein.

Antwort 6
1. 0 Punkte
2. 1 Punkt. Mit Jugend und Schönheit hält er sich fit und hat was zum Vorzeigen.
3. 0 Punkte

Frage 7

Was erwartet der Traumprinz in beruflicher Hinsicht von seiner Auserwählten?
1. Sie soll eine ordentliche Karriere hinlegen.
2. Sie soll sich beruflich so entwickeln, wie es ihr am meisten Freude bereitet.
3. Sie soll seine Unterstützerin sein.

Antwort 7
1. 0 Punkte. Das macht er ja schließlich selbst.
2. 0 Punkte
3. 1 Punkt

Wenn er sich als beruflicher Aufsteiger eine Unterstützerin sucht und sie das akzeptiert, dann wird das ganz am Anfang meist nonverbal abgemacht. Und sie hat den Job als Frau an seiner Seite. Wer's mag ...

Und welcher Kerl will denn schon eine, die mehr Geld und Einfluss hat als er selbst! Allerdings zeigen aktuelle Studien: Männer würden auch ihre Muster ändern – blitzen aber bei den besser gebildeten Frauen ab.

Also – im Grunde passt doch alles super zusammen! Sie ist süß und betet ihn an, er macht Karriere und sorgt fürs Fortkommen. Alles prima? Das Paarverhalten hat sich erstaunlicherweise seit rund 60 Jahren nicht wesentlich geändert. Aber da war doch noch was … Ach ja, die Scheidungsrate.

Bitte? Sie haben Einwände? Für Sie beide zumindest stimmt das nun wirklich so nicht? Sie sind gleich gut ausgebildet oder Sie sogar noch besser als er? Sie haben die gleichen partnerschaftlichen Vorstellungen von einer Ehe? Na, Gott sei Dank! Da hoffen wir mal, dass Sie nicht die Einzigen sind und die Statistik sich verändert. Aber Achtung: Auf den folgenden Seiten riskieren Sie einen Blick in eine mögliche Zukunft!

Trinken Sie ein Glas Wasser, machen Sie ein paar leichte Lockerungsübungen und dann geht's weiter!

Wir vergessen inzwischen einfach mal diese Sache mit dem solventen, älteren Traumprinzen … Lassen wir das Thema langhaarige Schönheit, die brav zu ihm aufsieht. Reden wir nicht mehr über die Auswahl aus pragmatischen oder repräsentativen Gründen. Vergessen wir Darwin. Es ist schließlich Mai! Es hat die Zwei erwischt! Sie sind verliebt, verknallt bis über beide Ohren! Er (sie/es) ist es!

Frage 8

Verliebtheit schützt vor …

1. Unkonzentriertheit
2. Schmerzen

3. Schweißausbrüchen
4. weichen Knien

Antwort 8
1. 0 Punkte. Nein, löst sie aus – Verliebte denken 95 Prozent der Zeit nur an das Objekt der Begierde.
2. 1 Punkt
3. 0 Punkte. Im Gegenteil, sie werden erzeugt.
4. 0 Punkte (siehe 3.)

Verliebtheit hilft gegen Schmerzen! Sie stimuliert im Gehirn das Belohnungszentrum und wirkt wie eine Droge. Aber laut Forschungen nur in den ersten neun Monaten, wenn die Romanze noch frisch ist. Was dann passiert? Dann muss man sich wohl wieder ein Arzneimittel auf Rezept besorgen.

Frage 9
Wie bezeichnen Psychologen den Zustand der Verliebtheit?
1. Obsession
2. Euphorie
3. Überbewertung des Partners, die ans Psychotische grenzt
4. temporäre Zwangsneurose

Antwort 9
1. 1 Punkt
2. 1 Punkt
3. 1 Punkt
4. 1 Punkt

Verliebtheit hat erhebliche Ähnlichkeit mit psychiatrischen Störungen, von Schlaflosigkeit und Selbstquälerei bis zu Obsession und Euphorie. Das ist schlimm! Und sooo schön! Bei manchen Völkern wird Verliebtheit als Krankheit betrachtet: Die Makassar, die auf der indonesischen Insel Sulawesi leben, empfehlen in solch kritischen Fällen dringend, einen Heiler aufzusuchen.

Eins ist mal klar, da kann sagen wer will, was er will: Unser Paar ist jedenfalls das Traumpaar! Für jetzt und alle Ewigkeit. Irgendwann rührt sich dann gewöhnlich leise eine Frage im Kopf. Wann fragt er endlich? Fragt er überhaupt? Soll ich etwa?

Vorbereitung auf den Ernstfall

Der Ehe-Doppelbeschluss – was soll erreicht werden?

Verliebt, verlobt … Jetzt geht's los, es wird ernst! Tante Inge seufzt erleichtert. Alle Freunde klatschen in die Hände. Die Party rückt näher. Aber vorher ist da noch das eine … und auch das andere zu erledigen! Sehen Sie zu, dass Sie schon bei den Hochzeitsvorbereitungen punkten, sonst wird's kritisch! Wenn der Bräutigam nicht gleich bei den Hochzeitsvorbereitungen alles seiner Zukünftigen, deren Freundinnen und ihren weiblichen Verwandten (Stichwort: Schwiegermonster) überlassen will, dann muss er sich anstrengen. Für ihn – und auch Sie beim Antworten – gilt: möglichst kreativ sein!

Frage 10
Wie sollte der Antrag erfolgen?
1. in aller Stille, mit einem tiefen Blick in die Augen
2. in großem Rahmen (wahlweise auf der Kinoleinwand, der Anzeigetafel im Stadion, als Banderole hinterm Flugzeug hergezogen, in der Zeitung, auf die Hauswand gesprayt, auf einer Plakatwand)
3. per SMS
4. das kann er als gleichberechtigter Partner getrost ihr überlassen

Antwort 10

1. 0 Punkte
2. 1 Punkt. Jawoll! Immer krachen lassen! Aber die Rosen nicht vergessen! Egal wie modern die Holde ist, bei der Hochzeit gilt: so großartig und altmodisch, gerne auch so öffentlich, wie es nur geht (das wird als romantisch empfunden).
3. 1 Minuspunkt
4. 0 Punkte. Hm, kommt möglicherweise nicht so richtig gut.

Heiratsantrag: das größte Kompliment,
das ein Mann einer Frau machen kann.
Leider ist es meist auch das letzte.   Grethe Weiser

Hat sie (oder er) den Antrag angenommen, will das Paar alle über die tolle Neuigkeit informieren. Früher hat man dazu das Aufgebot bestellt.

Das Aufgebot existiert seit den Eheschließungen im europäischen Adel. Um Macht und Besitz zu sichern oder aus politisch-strategischen Gründen wurden gerne Kinder der Herrschaftshäuser miteinander verheiratet. Allerdings mussten dazu ein paar komplizierte Regelungen der Kirche eingehalten werden. Ehehindernisse verschiedenster Art konnten eine Heirat verhindern. Eine Scheidung gab es damals nicht, nur eine Annullierung konnte zur Auflösung der Ehe führen. Gewiefte Ehepartner, die von der Ehe genug hatten, fanden angeblich übersehene Ehehindernisse, die eine Auflösung im Nachhinein ermöglichten.

In Deutschland wurde das Aufgebot erst 1998 abgeschafft. Bis dahin wurde die geplante Eheschließung eine Woche lang öffentlich bekannt gegeben, um Zeit für eventuelle Einsprüche zu lassen.

Frage 11

Was sollte der Verlobungsring kosten, damit der Mann nicht als Geizhals dasteht?

1. 1.000 Euro
2. 50 Euro
3. mindestens drei Monatsgehälter
4. ein Jahresgehalt

Antwort 11

1. 0 Punkte
2. 1 Minuspunkt
3. 1 Punkt
4. 0 Punkte

Eine Verlobung ist bedingte Verurteilung zu lebenslänglicher Doppelhaft mit vorläufigem Strafaufschub.

August Strindberg

Woher stammt eigentlich der Ehering?

Im Mittelalter waren Frauen in Europa fast so etwas wie Hausklaven. Die Ehe war im germanischen Recht ein Geschäft zwischen Bräutigam und Brautvater, wobei der Ehering der Braut als Anzahlung bei der Verlobung überreicht wurde. Die Zahlung des rechtlichen Brautpreises erfolgte natürlich erst bei Übergabe des Vertragsgegenstandes. Deshalb trugen auch nur die Ehefrauen einen Ehering. Dass ihn heute auch die Ehemänner tragen, ist das Ergebnis einer erfolgreichen Marketingkampagne von US-Juwelieren in den 1920er-Jahren.

Frage 12

Wie lange dauern im landesweiten Durchschnitt die Hochzeitsvorbereitungen?

1. sechs Tage
2. sechs Wochen
3. sechs Monate
4. sechs Jahre

Antwort 12
1. 0 Punkte
2. 0 Punkte
3. 1 Punkt
4. 0 Punkte

Frauen wären noch reizender, wenn man ihnen in die Arme fallen könnte, ohne in ihre Hände zu fallen.

Ambrose Bierce

Frage 13

Aus welchen Gründen wird hauptsächlich geheiratet?

1. aus romantischer Liebe
2. wegen der heißen Party
3. wegen pragmatischer Vorteile
4. wegen repräsentativer Zwecke

Antwort 13

1. 0 Punkte, leider …
2. 0 Punkte
3. 1 Punkt. So ist es. Raten Sie mal, warum sich die Bezeichnung Schatz für einen Ehepartner so dauerhaft hält!
4. 0 Punkte

Okay, also Pragmatismus, Absicherung, geordnete Verhältnisse. Dagegen ist grundsätzlich nichts zu sagen. Außer: Wie geordnet sollen denn die ordentlichen Verhältnisse in der Ehe sein? Im Detail, ganz konkret? Das sehen wir dann schon? Na – dann: Mazeltov!

Wussten Sie, dass dieser jüdische Hochzeitsglückwunsch so viel heißt wie: Man möge glücklich aus einer prekären Situation herauskommen? Das nur nebenbei.

Wer Sicherheit der Freiheit vorzieht, ist zu Recht ein Sklave.

Aristoteles zugeschrieben

Frage 14

Welcher pragmatische Vorteil steht für ihn im Vordergrund?

1. der Beziehung einen ordentlichen Rahmen zu verleihen, weil er im Job dann besser aufsteigt
2. Steuererleichterungen
3. Erbschaft der zukünftigen Schwiegereltern

Antwort 14
1. 0 Punkte (stimmt auch, steht aber nicht an allererster Stelle)
2. 1 Punkt. So ist es.
3. 0 Punkte (ist noch zu lange hin)

Zu dritt ist es ein bisschen voll in einer Ehe – wie Lady Di schon wusste. Hätten Sie gedacht, dass das Finanzamt quasi mit im Hochzeitsbett liegt?

> *Der Gatte ist sozusagen immer nur ein Ersatz des geliebten Mannes und nie dieser selbst.* Sigmund Freud

Frage 15

Welche der oben genannten pragmatischen Vorteile steht für sie im Vordergrund?
1. finanzielle Absicherung, wenn die Kinder kommen
2. Ehejob statt Verwaltungsjob
3. Erbschaft der Eltern

Antwort 15
1. 1 Punkt
2. 0 Punkte (kann auch stimmen, steht aber nicht an erster Stelle)
3. 0 Punkte (es Mama und Papa recht zu machen, spielt eine Rolle, aber nicht die erste Geige)

Der ewige Mädchentraum, ein Mann, ein Haus, zwei Kinder spukt im Hinterkopf herum. Außerdem ist der Arbeitsmarkt auch nicht so wahnsinnig sexy – schon gar nicht mit Kind.

Frage 16

Was meinen Sie? Bei dem Entschluss zu heiraten spielt die Vernunft …

1. für Männer eine dreimal so große Rolle wie für Frauen?
2. für Frauen eine dreimal so große Rolle wie für Männer?
3. für Männer wie Frauen eine gleich große Rolle

Antwort 16

1. 1 Punkt. Genau!
2. 0 Punkte
3. 0 Punkte

Aber trotzdem … Auch die heillose Romantikerin sollte sich ein, zwei Minuten nehmen und sich die ganze Geschichte noch einmal durch den Kopf gehen lassen, wenn der D-Day (siehe Ehelexikon) gekommen ist und die lebensentscheidende Frage beantwortet werden muss. Schließlich kann sie ihn nicht zurückgeben, umtauschen oder innerhalb von 14 Tagen vom Vertrag zurücktreten, ohne für die Kosten aufzukommen. Sie wird nicht auf Unzurechnungsfähigkeit plädieren können. Und egal wie betrunken sie bei der Eheschließung ist, bei zu viel Promille im Blut gibt es auch keine mildernden Umstände. Wenn sie „Ja" sagt, heißt das JA!

Ehe ist die gegenseitige Freiheitsberaubung
in beiderseitigem Einvernehmen.   Oscar Wilde

Frage 17

In welchem Monat wird besonders gern geheiratet?

1. im Wonnemonat Mai, wie es sich für Verliebte gehört
2. im Sommer, wenn alles blüht
3. im Dezember, kurz vor Jahresende

Antwort 17

1. 1 Punkt
2. 0 Punkte, zwar auch oft, aber nicht ganz so oft
3. 1 Punkt. Ja (laut Statistik besonders häufig Gutverdiener in München). Sie sind schon ganz auf der Höhe der wahren Ehepragmatiker! Selbst wer in der Silvesternacht vor Mitternacht noch heiratet, kann die Steuerersparnis für das ganze Jahr einstreichen.

Im Iran lassen sich Frauen gerne bei der Heirat ein Anrecht auf Geld, Land, Immobilien oder auch Goldschmuck überschreiben. Kürzlich entschied sich eine Ehefrau anders und verlangte 777 Rosen von ihrem Gatten. Nachdem der Wunsch nicht erfüllt wurde, reichte sie die Scheidung ein. Worauf ein Richter den unromantischen Kerl zum Rosenkauf verdonnerte. Angeblich wurde die Ehe damit gerettet.

In der Ehe pflegt gewöhnlich immer einer der Dumme
zu sein. Nur wenn zwei Dumme heiraten –
das kann mitunter gut gehen.   Kurt Tucholsky

Frage 18

Welche Gründe sprechen noch für die Heiratsurkunde?

1. die heiße Party, es mal so richtig krachen lassen
2. weil es schließlich alle machen und man damit in den „Club der Normalen" eintritt
3. um endlich unter der Haube zu sein
4. um es den Freundinnen zu zeigen, die alle schon verheiratet (manche sogar schon geschieden) sind
5. das ist schließlich ein Statussymbol
6. die romantische Hochzeit in Weiß
7. Tante Inge nervt sonst noch ewig
8. man wirkt dann reif und erwachsen
9. die Geschenke
10. der günstige Baukredit
11. auch einmal im Mittelpunkt zu stehen
12. dass er dann vielleicht endlich treu wird
13. seit sie denken kann, fiebert sie diesem Ereignis entgegen, jetzt muss es einfach mal sein

Antwort 18

Alles 0 Punkte. Finden Sie etwa, dass das gute Heiratsgründe sind?

Aber: Der Druck der Freundinnen und Kolleginnen, der sogenannten Peergroup, wird von vielen jungen Frauen als so immens beschrieben, dass es äußerst schwer sei, sich dem zu entziehen. Da wird das Heiraten zum Muss. Ist er der Richtige? Egal! Hauptsache bald in den Hafen der Ehe einlaufen!

Sind Sie weiblich? Glauben Sie an Vorahnungen? Handeln Sie auch danach? Dann sind Sie auf der sicheren Seite! Amerikanische Wissenschaftler haben herausgefunden: Sind Frauen kurz vor der Hochzeit unsicher und zweifeln, sollten sie ihrem Bauchgefühl trauen. Wenn sie's nicht tun, erhöht sich die Wahrscheinlichkeit einer Scheidung um das 2,5fache. Aber sind sich beide sicher, dann werden sie vermutlich auch zusammen alt.

Frage 19

Was meinen Sie, worin werden Sie sich bei den Hochzeitsvorbereitungen einig sein?

1. wer eingeladen wird
2. ob denn Onkel Erwin eingeladen werden muss
3. wo die Feier stattfindet
4. wie die Trauungszeremonie abläuft
   (Ja-Wort unter Wasser, auf einem Berggipfel, beim gemeinsamen Bungeesprung, in der Seilbahn, auf Skiern, online …? Man will ja nicht als Trantüten gelten!)
5. Höhe der Kosten für das Ereignis
6. Junggesellenabschied – ja oder nein
7. Kirchliche Trauung – ja oder nein
8. welche Musik gespielt wird
9. welche Farbe die Einladungskarten haben
10. in puncto Tischgedeck, Servietten, Blumengestecke
11. Hochzeitsreise, wenn ja, wohin
12. wer eine Rede hält
13. Inhalt der eigenen Rede

Antwort 19

Zählen Sie die Anzahl der Antworten zusammen, bei denen Sie glauben, dass Sie sich einig sein werden, und geben Sie sich je einen Punkt. Falls Sie den Schritt der Schritte bereits unternommen haben: Erinnern Sie sich – wie war das noch? Bereits bei den Hochzeitsvorbereitungen wird schließlich entschieden, wer die Vormachtstellung innehat. Wenn sich dagegen ein Paar in vielen Dingen einig ist, steigert das seine Chancen auf eine relativ harmonische Ehe!

Seit 300 Jahren versprechen sich nach einem japanischen Hochzeitsbrauch Paare eine glücklichere Ehe, wenn sie das Bräutigamwerfen praktizieren. Der Angetraute wird zu diesem Zwecke fünf Meter tief auf einen Schneehaufen geworfen, wo ihn die Dame seines Herzens auszubuddeln hat.

Frage 20

Je näher der Hochzeitstermin rückt, umso öfter hat besonders die Braut …

1. schlaflose Nächte
2. Perfektionsneurosen
3. Appetit
4. Angstzustände und plötzliche Panikattacken
5. Zweifel an der Entscheidung
6. Lust auf stundenlange Telefonate mit Tante Inge, die Tipps fürs Leben geben will
7. Termindruck, Stress und Hektik
8. Freude an Formalitäten

Antwort 20
1. 1 Punkt
2. 1 Punkt
3. 0 Punkte
4. 1 Punkt
5. 1 Punkt
6. 0 Punkt
7. 1 Punkt
8. 0 Punkte

> *Genau besehn*
>
> *Wenn man das zierlichste Näschen*
> *Von seiner liebsten Braut*
> *Durch ein Vergrößerungsgläschen*
> *Näher beschaut,*
> *Dann zeigen sich haarige Berge,*
> *Dass einem graut.*   Joachim Ringelnatz

Frage 21

Woher kommt und was bedeutet der Begriff Ehe eigentlich genau?

1. Der Begriff kommt aus dem Lateinischen und heißt ausgeschrieben: „errare humanum est".
2. Der Begriff kommt aus dem Altgriechischen: „Enterohämorrhagische Escherichia coli = EHEC" – auf das „C" wurde wegen besserer Aussprechbarkeit verzichtet.
3. Der Begriff kommt vom Altdeutschen: „ewa" – Gesetz.

Antwort 21

1. 0 Punkte. Obwohl … Irren ist tatsächlich menschlich!
2. 0 Punkte. Diese Krankheit kann lebensbedrohliche Darmentzündungen hervorrufen. Die Eheschließung andere, zum Teil chronisch werdende Folgeerscheinungen. Aber wir wollen ja nicht vorgreifen …
3. 1 Punkt. Genau! Hier geht es auch um Rechte und Pflichten. Leibeigentum. Oder feindliche Übernahme.

Die Ehe ist also ein Vertrag. Was drinsteht, hängt von den jeweilig herrschenden Verhältnissen ab: Wie viele Frauen ein Mann heiraten darf beispielsweise. Bei den sibirischen Tschuktschen musste eine Frau nicht unbedingt den Mann heiraten, der sie geschwängert hatte. Sie konnte auch durchaus einen kleinen Jungen ehelichen und dann beide Kinder zusammen stillen. Oder nehmen wir beispielsweise das Volk der Nuer im Südsudan: Dort wurde problemlos eine Frau, die eine andere Frau heiratete, zum Vater der Kinder, die diese von irgendwem bekam. In anderen Kulturen gehörte es sich für einen Mann, die Witwe seines Bruders zu heiraten. In einer polyandrischen Gesellschaft stehen einer Frau mehrere Ehemänner zu. Kommt allerdings nicht so oft vor. Nur in einigen Ecken von Indien, des Kongos, Buthans und vor allem in Tibet. Hier kann eine Frau eine Handvoll Brüder heiraten – es geht dabei in erster Linie um das Erbrecht und darum, dass das knappe Ackerland in der Familie bleibt.
Jesus hatte mit der Ehe nicht viel am Hut. Er tigerte lieber obdachlos durch die Gegend, heiratete nie und hatte keineswegs die Absicht, sich mit einer Familie zu belasten. Warum

wohl? Vermutlich hatte er Wichtigeres zu tun. Neuerdings allerdings wird daran gezweifelt: War er doch verheiratet? Wenn ja, warum? Muss jetzt die Bibel umgeschrieben werden?

Und wie sah Luther die Sache mit den Eheleuten?

> *Wo der ist, muss sie mit und sich vor ihm ducken als vor ihrem Herrn, den sie soll fürchten, ihm untertan und gehorsam sein.*
>
> Martin Luther, „Eine Predigt vom Ehestand"

Klar, heute wird das anders formuliert.

Ach, alles wird gut. Durch die Ehe. Sie glauben da einfach an den Pragmatismus und die Macht einer Urkunde. Hm, so viel also zum Thema Liebe und Vertrauen … Oder ist da doch mehr? Bitte notieren Sie sich Ihre nichtpragmatischen Argumente für die Ehe!

> **Kritik des Herzens**
> *Sie hat nichts und du desgleichen;*
> *Dennoch wollt ihr, wie ich sehe,*
> *Zu dem Bund der heil'gen Ehe*
> *Euch bereits die Hände reichen.*
> *Kinder, seid ihr denn bei Sinnen?*
> *Überlegt euch das Kapitel!*
> *Ohne die gehör'gen Mittel*
> *Soll man keinen Krieg beginnen.*   Wilhelm Busch

Kleingedrucktes, Fußnoten und Fußangeln

Jetzt wird es also ernst – und schriftlich. Denn, wenn es ums Geld geht … (Ergänzen Sie bitte selbst!)

Besonders Frauen informieren sich bei der Eheschließung kaum, welche rechtlichen Folgen eine Scheidung hat. Das kann sich böse rächen. Stichwort: Altersarmut!

Frage 22

Was ist ein Ehevertrag?

1. Ein völlig unwichtiger Schrieb, den der Augenstern ihr nach einer Flasche Schampus bei sehr schummrigem Kerzenlicht mit den Worten vorlegt: „Ist nichts Wichtiges, Schatz. Ich will nur, dass du abgesichert bist. Da unten unterschreiben", und den sie getrost ungelesen unterzeichnen kann.

2. Eine notarielle Absicherung gut verdienender Männer (in seltenen Fällen auch Frauen), die dazu dient, Ansprüche ihrer Partner auszuschließen.

3. Ein Vertrag, den sie auf jeden Fall unterschreiben sollte, um ihm zu beweisen, wie sehr sie ihm vertraut. (Außerdem heiratet er sie sonst vielleicht gar nicht.)

4. Eine rechtliche Verpflichtung, deren Inhalt sie bis in das klitzeklein Gedruckte hinein genau kennen und deren Folgen sie ganz genau bedenken sollte, wenn es nicht zu ihren Lebenszielen gehört, mit ihren Kindern eines unschönen Tages zum Sozialamt zu wandern.

5. Ein Vertrag, der in jedem Fall nur zu ihrem Besten ist, er stammt ja von ihrem Liebsten? Also: Unterschreiben und Klappe halten!

Antwort 22

1. 1 Minuspunkt! Sie leidet unter dem Hier-und-jetzt-Syndrom, bei dem das Morgen ausgeblendet wird und das ihr alles wunderschön rosarot erscheinen lässt.
2. 1 Punkt. Oft genug leider auch das.
3. 0 Punkte. Sie will ihn heiraten – um jeden Preis. In ein paar Jahren wird sie es bitter bereuen, wenn sie jetzt den Kopf in den Sand steckt. Will sie denn wirklich jemanden heiraten, der sich jetzt schon gegen sie absichert?
4. 1 Punkt. Jawoll!
5. 0 Punkte. Oder ist sie wirklich bereit, eine lebenslange rechtliche Verpflichtung einzugehen, deren Folgen sie nicht kennt?

Okay, der Vertrag wird also von ihr oder ihm oder besser von beiden aufgesetzt und bedacht – dann kann auch nichts schiefgehen. Jedenfalls nicht alles …

Frage 23

Wenn ein Paar ohne einen Ehevertrag heiratet, was ist mit ihrem und seinem Geld und Eigentum, wem gehört dann was?

1. Das Hochzeitspaar legt alles zusammen und lebt fortan mit gemeinsamem Besitztum – beiden gehört alles.
2. Jedem gehört weiterhin allein, was er in die Ehe einbringt und derjenige, der Vermögen erwirtschaftet, kann auch allein darüber entscheiden.
3. Das Vermögen, das während der Ehe erwirtschaftet wird (nicht das, was mit in die Ehe gebracht wird) gehört beiden, egal, wer es ranschafft.

Antwort 23

1. 0 Punkte. Das nennt sich Gütergemeinschaft und muss in einem Ehevertrag notariell beurkundet werden. Hier haftet auch einer für die Schulden des anderen. Gibt es selten oder nie.

2. 2 Punkte! Die Zugewinngemeinschaft. Ehrlich: Haben Sie das gewusst oder jetzt nur geraten?

3. 0 Punkte. Dies ist der in Europa am weitesten verbreitete Güterstand, die Errungenschaftsgemeinschaft. In den meisten Ländern regelt er die Eigentumsverhältnisse in der Ehe, wenn keine anderen Vereinbarungen getroffen werden. Nur nicht in Deutschland!

Der Begriff Zugewinngemeinschaft ist ziemlich irreführend. Mal angenommen, sie widmet sich der Familie und schränkt den Job dafür ein. Er verdient eine Menge und kauft sich einen Porsche, eine Villa und eine Segelyacht. Sie hat da rechtlich gesehen nichts zu melden. Null Mitspracherecht. Nothing. Nada. Er ist nicht mal verpflichtet, sie einen Blick in seine Finanzen werfen zu lassen. Sie darf allerdings höflich fragen, wenn sie etwas haben möchte. Frauen sollen so was ja gut können. Freundlich lächeln, denn Kopf schief legen und „Bitte" sagen. Erst beim Ende der Geschichte, also bei einer Scheidung, wird die Differenz zwischen dem Anfangsvermögen und dem Endvermögen jedes Partners ermittelt, wobei dann die Hälfte des Mehrgewinns des einen an die andere geht. Wenn er's nicht vorher beiseitegeschafft hat, wo er doch ganz allein darüber verfügen konnte …

Aber was soll's, sie können es noch weitaus schlechter treffen: Vereinbaren Sie dafür einfach die Gütertrennung – vor allem, wenn Sie die Familienarbeit machen, während er Kohle verdient. Dann brauchen Sie bei einer Scheidung wenigstens nur die Zahnbürste einzupacken. Obwohl – auch da noch zu klären wäre, ob die Ihnen wirklich ganz alleine gehört. Fazit: Lieber alles vorher klären, und zwar im Detail – und gemeinsam!

Die Ehe ist eine wunderbare Institution,
aber wer möchte schon in einer Institution leben?

Groucho Marx

So. Jetzt – kurz vor der Eheschließung unseres Paares – werfen wir einen Blick auf die Umstände: Wir haben hier also ein junges, gut ausgebildetes Paar – er ist etwas älter als sie und schon ein paar Stufen weiter oben, dadurch verdient er auch mehr. Sie hat zwar die gleiche Ausbildung, verdient aber auch dann ein klitzekleines bisschen weniger, wenn wir den altersbedingten Karrierevorsprung nicht mit einbeziehen. So um 23 Prozent. Das ist in Deutschland so. Übrigens: Nirgendwo in Europa bekommen Frauen so viel weniger Gehalt als Männer. Soziologen nennen das den „Gender-Pay-Gap". Ich weiß nicht, wie Sie das nennen, wenn Sie eine Frau sind, aber achten Sie darauf, dass keine Kinder in der Nähe sind, wenn Sie es nennen. Unser Paar startet in die Ehe also keineswegs auf Augenhöhe, wie es immer so schön heißt. Behalten Sie das mal nur im Hinterkopf …
Und jetzt endlich wieder etwas Lustiges: die Hochzeit!

Ernstfall Hochzeit

Risiken und Nebenwirkungen des Schrittes der Schritte

Die Hochzeit – der schönste Tag im Leben einer Frau. Romantik, Glück, Liebe, Hoffnung, Zukunft, Glaube – alles schwammige Begriffe, die dem Paar am Hochzeitstag bei Festreden um die Ohren gehauen werden. Aber hoffentlich genießen die beiden es! Wer weiß, ob sie später je wieder etwas davon hören …

Darüber denkt das Brautpaar jetzt aber nicht nach – ist es doch so schon schwer genug, dass dieser Tag nicht zum schlimmsten Stress des Lebens wird.

Wenn Sie folgende Fragen richtig beantworten und Punkte kassieren, dann kommen Sie aber prima über die Runden!

Der ideale Ehemann ist ein unbestätigtes Gerücht.

Brigitte Bardot

Frage 24

Wie nennen Soziologen die Hochzeit?

1. Honigmond
2. stabilisierender Effekt
3. Außenperformance
4. Schuldenfalle

Antwort 24

1. 0 Punkte. Nö, so heißen doch die Flitterwochen.
2. 2 Punkte! Genau! Das war nicht leicht.
3. 0 Punkte. Nennen sie nicht so, könnten sie aber.
4. 0 Punkte. Wird nicht so genannt, kann aber auch passieren.

Der stabilisierende Hochzeitseffekt – wird so genannt, weil diejenigen, die sich in kostspielige Festivitäten stürzen, sich später schämen, alles allzu bald wieder hinzuschmeißen. Und außerdem: je größer der Hochzeitsaufwand, umso größer die Angst vor einem Ehedesaster.

Frage 25

Welche Filme haben zuverlässig rasend hohe Zuschauerzahlen?

1. Hochzeitsfilme

Okay, wie sparen uns 2., 3. …

Die britische Komödie „Vier Hochzeiten und ein Todesfall" war einer der erfolgreichsten Filme, die je von der Insel nach Deutschland kamen. Je schlimmer die Realität (Beziehungsstress, Eltern und Schwiegereltern lassen sich gerade scheiden …), umso größer der Wunsch nach Verdrängung. Rosa Tüll aufs Gemüt! Skepsis in den Biomüll! Und, ach – diese Filme sind einfach zu schön! Seufz!

Es wird nach einem happy end im Film jewöhnlich abjeblendt. Kurt Tucholsky

Frage 26

Wie nennen Psychologen die Hochzeit?

1. traumatisierendes Ereignis
2. persönlichkeitsgefährdendes Risikounternehmen
3. Vergewisserungsritual
4. Ausdruck eines verdeckten Suizidwunsches

Antwort 26

1. 0 Punkte. Kann so kommen, muss aber nicht.
2. 0 Punkte. Ist es, wird aber nicht so genannt.
3. 1 Punkt. Yepp!
4. 0 Punkte. Neee!

Psychologen sehen die Hochzeit als Vergewisserungsritual. Er/sie/es liebt mich doch! Noch immer! Und immer mehr! Mit dem Ritual der Trauung wird versucht, einen magischen Schutz zu erlangen. Mit anderen Worten: Das Fest ist so etwas wie eine Voodooséance! Liz Taylor fand heiraten so toll, dass sie es gleich acht Mal tat.

Sie kennen diese Scherze am Polterabend oder Junggesellenabschied. Und die Braut soll trotzdem lächeln. Er hält eine Rede und beginnt mit dem Spruch: Die Ehe ist wie eine Burg, wer drin ist, will raus – aber wer draußen ist, will unbedingt rein. Und dann wird jede Menge Geschirr zerschlagen. (Das Gepoltere soll ja die bösen Geister vertreiben.) Wenn der ganzen Kram dann ausfegt wird, bricht womöglich der angesägte Besenstiel. Wenn er zum Junggesellenabend abgeholt wird, bekommt er als Ausblick auf die Ehe einen Holzklotz ans Bein gekettet – auf dem der Name seiner Zukünftigen steht.

Bitte ergänzen Sie jetzt selbst! Benennen Sie ein paar Scherze zu diesem Anlass aus Ihrem Freundeskreis. Und nun vergleichen Sie mal! Wie viel Positives und wie viel Negatives wurde prognostiziert? Und was meinen Sie, warum?

Die Musik bei einem Hochzeitszug erinnert mich immer an die Musik von Soldaten, die in den Krieg ziehen.

Heinrich Heine

Frage 27

Ehe ist auch:

1. unreflektiertes Abpausen elterlicher Verhaltensweisen
2. neurotisch bedingtes Erfüllen von Erwartungen anderer
3. zwanghafter Normerfüllungskomplex in Bezug auf gesellschaftliche Vorgaben
4. Versuch, sich mit einem Papierchen davon zu überzeugen, dass in der Beziehung alles in Ordnung ist

Antwort 27

Kann es alles sein, muss es aber nicht. Hier erfolgt keine Punktevergabe.

Frage 28

Was stimmt? Ordnen Sie jetzt bitte die beiden folgenden Aussagen jeweils ihm oder ihr zu:

1. Die Ehe ist ein sicherer Hafen.
2. Die Ehe ist ein Prozess der Verständigung über alle Lebensfragen.

Antwort 28

1. 1 Punkt, wenn Sie das den Männern in den Mund gelegt haben. Tatsächlich glauben das viel mehr Männer als Frauen.
2. 1 Punkt, wenn Sie das den Frauen zugeschrieben haben. Tatsächlich glauben das viel mehr Frauen als Männer.

Frage 29

Von dem Geld, das für die Hochzeit ausgeben wird, könnte man sich glatt Folgendes leisten:

1. eine Weltreise
2. eine schnuckelige Singleeigentumswohnung
3. einen Privatjet
4. ein lebenslanges Abo bei einer exklusiven Partnerbörse

Okay, wir ziehen die Frage zurück.

Frage 30

Wie viel Prozent der Deutschen glaubt an die Liebe fürs Leben? Rund …

1. 1,11 Prozent
2. 66,66 Prozent
3. 99,99 Prozent

Antwort 30
1. 0 Punkte
2. 1 Punkt
3. 0 Punkte

Genau: Rund zwei Drittel aller Menschen in diesem Land sind Romantiker. Wie schön! (Übrigens glauben es 62 Prozent der Männer und 71 Prozent der Frauen.)

Frage 31
In einer amerikanischen Studie wurden Paare vor der Hochzeit und nach einigen Jahren Ehe befragt, ob sich ihre Vorstellungen vom Glück zu zweit erfüllt haben. 75 Prozent der Männer und 84 Prozent der Frauen antworteten mit …
1. ja
2. nein
3. keine Ahnung
4. waren verstorben

Antwort 31
1. 0 Punkte. Nein.
2. 1 Punkt. Ja.
3. 0 Punkte
4. 0 Punkte

Dadurch haben sich die Menschen die Ehe zur Hölle gemacht, dass sie sie zu ihrem Himmel machen wollten.

Friedrich Hölderlin

Die Ehe wird glückselig idealisiert, die Erwartungen sind hoffnungslos überfrachtet und komplett irrational. So soll auch bei der Hochzeitsfeier einfach alles perfekt sein. Der schönste Tag im Leben – nun ja, schließlich heißt es ja auch Traumhochzeit.

Frage 32

Was sind die K-Signale bei einer Hochzeit (K = Konvention, siehe Ehelexikon)? Sprich: Was zeichnet eine Feier aus, die Tante Inge mitfinanziert hat?

1. Kerzenhalter in knalligen Farben
2. Kostümzwang
3. komische Konversation
4. Katzentisch

Antwort 32
1. 0 Punkte
2. 0 Punkte
3. 0 Punkte
4. 1 Punkt

Achten Sie einmal darauf! Bei diesen Hochzeitsfesten gibt es immer einen Katzentisch. Daran sitzt aber nicht Onkel Erwin, sondern die unverheiratete Tante/Schwester/Freundin.

Eine Eheverweigerin stört schlicht das romantisch verklärte Bild des Paares. Unverheiratet zu sein ist anstößig, zumindest wenn man nicht mal versucht, den Brautstrauß zu fangen und also erklärtermaßen die Nächste sein will. Das kann nur heißen: Bindungsunfähig, offensichtlich will sie keiner haben, keiner hält es mit ihr aus, sie ist ein schlimmer Sozial-charakter. Arrogant! Eine Ungläubige!

Dabei bringt Heiraten Glück. Bei den Massai in Kenia spuckt aus diesem Grund der Vater der Braut Milch auf den Kopf. Danach kann es ihr allerdings passieren, dass sie von den Verwandten des Bräutigams mit Kuhdung vollgeschmiert und beschimpft wird – was dazu dienen soll, sie auf das harte Leben einer Ehefrau einzustimmen. In Südafrika wird bei den Ndebele eine Hochzeit in drei Stufen durchgeführt – dadurch kann sich die ganze Feierei über Jahre hinziehen.

Frage 33

Die Hochzeitsfeier hält …

1. die Wirtschaft in Schwung
2. die Psychiater in Lohn und Brot
3. die Verwandtschaft zusammen

Antwort 33

1. 1 Punkt. Bedenken Sie, all die Animateure und Bäcker, Cateringunternehmer, Floristinnen und Friseurinnen, Geschenkladenbesitzer, Hochzeitsausstatter, Juweliere, Musikanten, Priester, Reisevermittlerinnen, Schneider und Stylistinnen, Tischkartenhersteller, Visagistinnen etc. pp. leben großenteils davon!
2. 1 Punkt. Der Hochzeitsblues ereilt mindestens jede zehnte frisch Vermählte kurz nach dem schönsten Tag.
3. 0 Punkte. Onkel Erwin und die anderen Verwandten, die das Paar – aus gutem Grund – schon jahrelang nicht mehr ge-troffen hat, die ganze Bande ist nun da. Kann das gut gehen?

Die Bezeichnung „Familienbande"
hat einen Beigeschmack von Wahrheit.   Karl Kraus

Heiraten ist also immerhin volkswirtschaftlich gesehen erfreulich. Schließlich will auch niemand die Handtasche nach ein paar Cent durchwühlen, wenn all die oben genannten Handwerker des Hochzeitsbusiness unter die Bettler gehen müssten. Also, wenn man es genau besieht, ist Nichtheiraten geradezu staatsfeindlich.

Im antiken Griechenland hatte der berühmte Gesetzgeber Solon auch schon den cleveren Gedanken, eine Ehepflicht einzuführen. Aber es hat auch ohne geklappt: In Athen wurden unverheiratete Männer einfach von wichtigen öffentlichen Ämtern ausgeschlossen. Der römische Kaiser Augustus hat später ernst gemacht, die Ehepflicht eingeführt und Ledige bestraft.

Na, heute läuft das ja zum Glück nicht mehr so grob. Heute geht das alles viel subtiler.

Frage 34

Der oben genannte Hochzeitsblues wird durch Folgendes verursacht:

1. schwarzes Loch nach Wunscherfüllung
2. schwerer Kater
3. Geschenke sind doof
4. Rechnungen für die Feier erst hinterher genauer angesehen
5. die Feier war nicht sooo toll
6. blitzartige Erkenntnis: Mit dem/der bist du jetzt für immer zusammen! Immer. Habe ich das wirklich gewollt?

Antwort 34

1. 1 Punkt. Vielleicht schon seit Barbiepuppenzeiten hat sich das Leben um das Thema Hochzeit gedreht. Nach der monate- bis jahrelangen Vorbereitung ist das große Projekt nun beendet. Plötzlich und rasend schnell ist es vorbei – und das soll es dann also gewesen sein? Schnief!

2. 0 Punkte. Obwohl … kann sein, ist aber nicht die wesentliche Ursache – der Kater vergeht, der Blues nicht ganz so schnell.

3. 0 Punkte. Schließlich wurde ja brav die Wunschliste abgearbeitet – und der Rest wird weiterverschenkt.

4. 1 Punkt. Aua, ja – das hatte man in der Planungseuphorie nicht so bedacht.

5. 1 Punkt. Ständig stand vor Augen, was alles schiefgehen kann, trotz minutiöser Planung – und das tat es dann auch, mindestens teilweise …

6. 1 Punkt. Tja …

Vielleicht sollte man das alles vorher bedenken. Muss es denn wirklich sein, dass auch Onkel Erwin eingeladen wird? Muss es denn wirklich sein, dass alles so bieder und konventionell abläuft, nur weil Tante Inge sonst beleidigt ist? Muss es denn so groß – und damit so stressig sein? Ja, das alles muss man selbst entscheiden!

Von großer Liebe und Leidenschaft kann nur eins heilen: die Ehe. Lauren Bacall

Frage 35

Die Hochzeit von Scheich Mohammed bin Rashid Al Maktum 1981 kostete 100 Millionen Dollar. Er ließ für seine 20 000 Gäste ein eigenes Stadion bauen. Wie lange dauerte es, bis das Paar alle Gäste begrüßt hatte?

1. 17 Stunden
2. einen Tag
3. eine Woche

Antwort 35
1. 0 Punkte
2. 0 Punkte
3. 1 Punkt

Wer zahlt eigentlich den ganzen Aufwand, von der Kutsche bis zum Zehngangmenü? Diesen romantischen Supergau? Die große Party, den Traum in Weiß, die Blümchen, mit denen die Jungfrauen dann um sich werfen? Gleich mal einen Kredit aufnehmen? Sich bei den Eltern einschmeicheln, damit die die Kohle rausrücken? Au, das wird teuer, denn dann bestimmen die einfach alles mit – und später auch noch!

Wenn dann das Fest gelaufen ist, der Schampus alle, die Gäste nach Hause getorkelt sind, die Kerzenständer und Besteckkästen ausgepackt (oder zum Weiterverschenken beiseitegelegt), dann geht's so richtig los, oder?

Frage 36

In der Hochzeitsnacht fällt das Brautpaar ins …

1. Liebesglück
2. mit Blumen geschmückte Wasserbett
3. Schlafkoma
4. ausschweifende Sexleben
5. Delirium

Antwort 36

1. 0 Punkte
2. 0 Punkte
3. 1 Punkt
4. 0 Punkte
5. 0 Punkte

Allgemein werden sexuelle Handlungen in der Hochzeitsnacht ins Reich der Mythen verwiesen. Das Paar ist so platt vor Erschöpfung wie vielleicht nie zuvor.

Wer nicht glaubt, dass mehrere Menschen genau denselben Gedanken haben können, der hat noch keinen Tisch mit Hochzeitsgeschenken gesehen.

Peter Sellers

Frage 37

Das Volk der Mosu im Südwesten Chinas lebt im Matriarchat. Es interessiert sich weder für Reichtum noch für Prestige, es ist sehr relaxt und aggressives Verhalten ist verpönt. Was ist – nach seiner eigenen Aussage – die Erklärung für so eine Art von Leben?

1. Es nimmt dreimal täglich berauschende Substanzen zu sich.
2. Es erreicht ein Höchstalter von 12 Jahren.
3. Es gibt es gar nicht.
4. Es heiratet nie.

Antwort 37

1. 0 Punkte
2. 0 Punkte
3. 0 Punkte
4. 1 Punkt

Eine tierische Hochzeit

Ein Taschenkrebs und ein Känguru,
Die wollten sich ehelichen.
Das Standesamt gab es nicht zu,
Weil beide einander nicht glichen.
Da riefen sie zornig: „Verflucht und verdammt
Sei dieser Bürokratismus!"
Und hingen sich auf vor dem Standesamt
An einem Türmechanismus.   Joachim Ringelnatz

Ehe, Alltag, Überlebenskampf

Family values – die ungeschminkte Wahrheit

Was wollen wir von der Ehe? Wir wollen in der Ehe geliebt, geschützt und geborgen sein, gehalten und gerne auch gesponsert werden. Und bitte schön ein selbstbestimmtes, unabhängiges, freies und kreatives Leben führen. Aber klar! Wir wollen also Spannung und Sicherheit. Beides zusammen und gleichzeitig. Man nennt so was auch Quadratur des Kreises. Wenn Sie das allen Ernstes anstreben, landen Sie in der Klapsmühle.

Versuchen Sie, romantisch und realistisch zugleich zu sein – und beantworten Sie die folgenden Fragen besonders sorgsam. Sonst fallen Sie beim Ehe-Führerschein durch. Da gibt's kein Pardon!

> *Was Glück ist, weiß man erst, wenn man geheiratet hat. Und dann ist es zu spät.* Redewendung

So. Nun hat also der Ernst des Lebens begonnen. So ist doch die Redewendung … Oder soll es lustig werden?

Frage 38

Die rundum intakte, immer superglückliche Familie, wo ist sie?

1. Sie sitzt entspannt am Küchentisch, die glückliche Gattin schenkt ihm Kaffee ein, er lächelt ihr dankbar zu …
2. Sie tollt im Garten herum, die Kleinen futtern etwas ganz Gesundes mit Milch und Mama und Papa freuen sich so …
3. Sie kuschelt gemütlich vor dem Kamin, etwas Leckeres aus Italien brutzelt im Ofen …
4. Sie spielt ganz lustig im sonnendurchfluteten Wohnzimmer und Mama hält Papas Bürohemd hoch, aus dem der Fleck doch tatsächlich in der Wäsche rausgegangen ist …

Antwort 38

1. 0 Punkte
2. 0 Punkte
3. 0 Punkte
4. 0 Punkte

Okay, Sie haben recht! Es gibt sie gar nicht, die superglückliche Familie. Außer natürlich im Werbefernsehen. Und da heißt es für: Hauptsache an Herd und WC ist alles okay. In Wirklichkeit sieht's etwas anders aus. Nicht immer. Aber immer öfter.

Nun bricht das Eheleben herein, wie eine nicht angekündigte Naturkatastrophe. Tsunamis, Hurrikans, Vulkanausbrüche. Und noch schlimmer: Dauerregen, Kälteeinbrüche, Dürrezeiten. Niemand hat davon erzählt, woher sollte man das wissen? Jetzt hat es einen kalt erwischt.

Aber zum Glück: Für Sie gilt das alles nicht, denn Sie lesen ja dieses Quiz und sind damit bestens präpariert. Außerdem ist bei Ihnen alles sowieso ganz anders. Er, sie, es ist ja ganz anders. Sie sind ganz anders. Denn Sie haben den **E**inzig **W**ahren **U**nd **G**uten, Ihren EWUG!

Frage 39

Nach relativ kurzer Ehedauer fragt sich (insgeheim), ob sich nicht doch noch ein besserer Partner finden ließe:

1. jede(r) zweite
2. jede(r) vicrte
3. jede(r) fünfzigste

Antwort 39
1. 0 Punkte
2. 1 Punkt
3. 0 Punkte

Und 31 Prozent der jüngeren Männer geben zu, ganz gerne wieder allein sein zu wollen. Die gute Nachricht: Alle anderen sind mehr oder weniger glücklich und zufrieden!

> *In Hollywood heiratet man frühmorgens.*
> *Geht die Ehe schief, ist wenigstens nicht*
> *der ganze Tag vermasselt.* Bruce Willis

Noch eine Frage: Kennen Sie einen äußerst begehrten Job, der schlecht bezahlt ist, meist sogar ehrenamtlich ausgeführt wird, aber in Vollzeit, für den man keinerlei Ausbildung oder

Vorkenntnisse braucht, Referenzen vorheriger Arbeitsgeber eher nachteilig sind und bei dem man zwar fest angestellt ist, aber die vorzeitige, betriebsbedingte Kündigung zu fast 50 Prozent erfolgt?

Haben Sie eben „der Ehejob" gesagt? Bravo! 1 Punkt. Gott sei Dank gibt es da ja noch nicht mal Prüfungen! Nur Einstellungsgespräche. Aber wozu gibt es schließlich die Waffen der Frauen? Und dann kriegen Sie den Job! Hurra! (Nur eine kleine Sorge grummelt im Hinterkopf: Wieso war die Stelle eigentlich noch frei?)

Die Umweltverträglichkeitsprüfung

Heiraten und Ehe sind Privatsache? Oh nein! Nach der Hochzeit fallen Sie hoffentlich nicht gleich von Wolke sieben, aber womöglich aus allen Wolken. Ehe und Familie sind staatlich gewollt, gesellschaftlich obligat, stehen sozusagen unter Schutz und das, was dann daraus meist folgt, ebenfalls. Ob Sie wollen oder nicht! Fangen wir mal im engsten Freundeskreis an und arbeiten uns dann bis zu den politischen Rahmenbedingungen durch.

Frage 40

Wie lautet die Frage, die ihr von nun an von Freunden, Kollegen und Verwandten am häufigsten gestellt wird?

1. Bist du glücklich?
2. Wie hoch ist die Miete?
3. Trägt er auch den Müll runter?
4. Wann ist es denn endlich soweit?

Antwort 40
1. 0 Punkte
2. 0 Punkte
3. 0 Punkte
4. 2 Punkte. Yepp! Ihr historischer Auftrag ist die Reproduktion – und zwar dalli.

Frage 41

Was benötigt die Frischvermählte nach wissenschaftlichen Erkenntnissen, wenn sie Freunde, Bekannte und Kollegen trifft?
1. Ohrstöpsel
2. Freundlichkeit, die weit über das normale Maß der Höflichkeit hinausgeht
3. eine psychische Konstitution, die weit über das Normale hinaus ausgebildet ist
4. ein Tonbandgerät

Antwort 41
1. 0 Punkte. Kann helfen, bringt aber das Gespräch auch nicht weiter.
2. 0 Punkte. Unmöglich aufzubringen, kann nur geheuchelt sein.
3. 1 Punkt. Yes! Genau das.
4. 0 Punkte. Die Idee ist okay, man könnte die Antworten abspulen, aber sonst … siehe Antwort 1.

Denn dann kommt die Frage nach dem Hausbau. Und dann die nach … und dann die … Jungverheiratete sind Freiwild. Jeder darf sie mit Fragen, tollen Tipps und angeblich wohlmeinenden Warnungen überschütten. Und sie auch ungehemmt wegen intimer Informationen löchern. Und dann ist da noch Tante Inge!

Psychologen haben die immense Belastung des Paares durch die Erwartungshaltung der Umwelt an konformes Verhalten als extremen Druck diagnostiziert, der sich auf Psyche, Verhalten und Paarbeziehung ziemlich ungut auswirkt.

Das Familienleben ist ein Eingriff in das Privatleben.

Karl Kraus

Frage 42

Wann endet die Phase der sogenannten temporären Zwangsneurose (wird auch als Zeitpunkt der Entidealisierung tituliert)?

1. zwei Stunden nach der Heirat
2. zwei Wochen nach der Heirat
3. zwei Jahre nach der Heirat
4. zwanzig Jahre nach der Heirat

Antwort 42

1. 0 Punkte
2. 0 Punkte
3. 1 Punkt
4. 0 Punkte

Die rosarote Brille wird also verlegt – und nicht wiedergefunden. Da muss wohl eine andere Brille her!

„Naftali, da stell' ich dir vor meine Frau."
„Chaim, tu mir den Gefallen: Stell sie wieder weg."

Salcia Landmann, Jüdische Witze

Frage 43

Von Eltern, Schwiegereltern und Verwandten wird von der Ehefrau erwartet, dass sie …

1. selbstlos und aufopferungsbereit ist
2. harmoniebedürftig und nett ist
3. dem Ehemann sagt, was er zu tun hat
4. sich anpasst
5. ihre eigenen Belange durchsetzt
6. ordentlich ist

Antwort 43

1. 1 Punkt
2. 1 Punkt
3. 0 Punkte
4. 1 Punkt
5. 0 Punkte
6. 1 Punkt

Selbstverständlich will eine Ehefrau die Erwartungen der anderen erfüllen. Selbst die, die jene noch nicht einmal hatten. Psychologen nennen das eine von außen geleitete Persönlichkeit. Oder auch freiwillige Unterwerfung. Man kann es auch fest verhaktes Rollenbild nennen. Grund? So haben wir's gelernt. Reine Erziehungsfrage … Für Mädels heißt das: lieb sein und zugewandt. Für Jungs: sich abgrenzen und Ellenbogen ausfahren. Freunde und Kollegen, Mama und Papa und Tante Inge sehen das auch ganz genau so. Will sie jetzt etwa zicken? Also ab in die ausgelatschte Frauenrolle. Augen zu und durch. Oder?

Und der Trick dabei: Die Liebe ist der Allzweckreiniger für unser schlechtes Gewissen. Bascha Mika

Frage 44

Welches Gefühl wird dann mit der Zeit für die Ehefrau das herausragende Gefühl?

1. das Glücksgefühl
2. das Hassgefühl
3. das Vergeblichkeitsgefühl
4. das Schuldgefühl

Antwort 44

1. 0 Punkte
2. 0 Punkte
3. 0 Punkte
4. 1 Punkt. So ist es!

Schuldgefühl wird für sie der zweite Vorname. Schon allein, weil sie den Vorbildern in der Werbung, schnulzigen Filmen und den Vorstellungen von Tante Inge in keiner Weise auch nur annähernd gerecht werden kann. Laut Tante Inge ist nämlich das Essen, das sie kocht, viel zu schwer – oder zu leicht, vielleicht auch zu einseitig. Aber … Tante Inge will doch nur ihr Bestes!

Frage 45

Was folgt danach?

1. Verfolgungswahn
2. Größenwahn
3. Perfektionswahn
4. Weltverbesserungswahn
5. Verarmungswahn

Antwort 45

1. 0 Punkte
2. 0 Punkte
3. 1 Punkt. Genau!
4. 0 Punkte
5. 0 Punkte

Sie wird also immer verbissener darum kämpfen, alles noch besser zu machen. Der Perfektionswahn hat sie voll am Wickel. Sie will, nein, sie muss die perfekte Hauswirtschafterin, Köchin, Putzfrau, Gärtnerin, Mutter, Erzieherin, Gattin, Liebhaberin, Freundin, Trösterin, Buchhalterin und Unterhalterin sein.

Wollen Sie das auch? Na, dann mal los! Fragen Sie aber vorher Ihren Arzt oder Apotheker!

Die Heirat ist die einzige lebenslängliche Verurteilung, bei der man aufgrund schlechter Führung begnadigt werden kann. Alfred Hitchcock

Frage 46

Neue Männer braucht das Land. Aber wie ist er, der neue, der moderne Mann? Was macht den neuen, den modernen Mann in den Augen einer Frau aus? Er …

1. hilft bei der Kindererziehung
2. sieht seine Partnerin als gleichberechtigt an
3. hilft im Haushalt
4. sieht seine Partnerin als Haushaltshilfe an
5. ist einfühlsam
6. ist schweigsam
7. ist familienorientiert
8. ist karriereorientiert

Antwort 46

1. 1 Punkt
2. 1 Punkt
3. 1 Punkt
4. 0 Punkte
5. 1 Punkt
6. 0 Punkte
7. 1 Punkt
8. 0 Punkte

Frage 47

Was macht den neuen, den modernen Mann in den Augen eines Mannes aus? Er …

1. kleidet sich gepflegt
2. ist weltoffen
3. hilft im Haushalt

4. ist einfühlsam
5. ist kinderlieb
6. ist sportlich
7. ist familienorientiert
8. ist karriereorientiert

Antwort 47
1. 1 Punkt
2. 1 Punkt
3. 0 Punkte
4. 0 Punkte
5. 0 Punkte
6. 1 Punkt
7. 0 Punkte
8. 1 Punkt

Fazit:

Die eigentliche Grundlage der Ehe ist ein tiefes Einander-Missverstehen.   Oskar Wilde

Autsch. Da hat er aber ganz andere Vorstellungen im Kopf als sie! Aber weiter im Galopp. Sie zumindest hat immer die ideale Ehefrau im Visier. So wie sie zu sein hat … Das muss doch zu schaffen sein!

Ob das nicht ungesund ist, wie vieles andere übrigens auch? Das sehen wir uns mal genauer an:

Gesundheitsrisiko Ehe

Wie kann die Ehe ein Gesundheitsrisiko sein? Na, ganz klar: Er holt sich doch einen Bruch, weil er sie immerzu auf Händen trägt! Erst über die Türschwelle, dann in den Ehehimmel der Liebe und dann immer, immer weiter … weg. Aber vergessen wir auch die anderen Risikofaktoren nicht. Einer ist beispielsweise, Katzen zu streicheln. Warum das ein Risiko sein soll? Sie werden schon sehen … Schön aufmerksam lesen und dann gesundheitsbewusst punkten!

Frage 48

Verheiratete Männer …
1. leben länger als unverheiratete
2. haben weniger Erkältungen als unverheiratete
3. leiden häufiger unter Haarausfall als unverheiratete Männer

Antwort 48
1. 1 Punkt
2. 1 Punkt
3. 0 Punkte

Frage 49

Welchem Risiko sind verheiratete Frauen mehr ausgesetzt als unverheiratete?
1. Raubüberfall
2. Herzbeschwerden
3. Blitzschlag
4. Computersucht

Antwort 49
1. 0 Punkte
2. 1 Punkt.
3. 0 Punkte
4. 0 Punkte

Frauen hängen mehr als Männer von der Unterstützung ihres Partners ab. Fehlt sie, wirkt sich das auf die physische und psychische Gesundheit aus. Innere Wut, Stress und Feindseligkeiten kommen bei Verheirateten wesentlich häufiger vor als bei Singles. Folgen: Bluthochdruck, hohes Cholesterin, zuviel Körperfett, Depressionen. In einer konfliktreichen Beziehung erhöht sich das Risiko für Frauen, einen Herzinfarkt zu bekommen, um 34 Prozent.

> *Heiraten heißt das Mögliche thun,*
> *einander zum Ekel zu werden.*
>
> Arthur Schopenhauer in „Über die Weiber"

Frage 50

Verheiratete Frauen sterben …
1. früher als unverheiratete
2. später als unverheiratete
3. zum gleichen Zeitpunkt wie unverheiratete

Antwort 50
1. 1 Punkt
2. 0 Punkte
3. 0 Punkte

Auf Frauen wirkt sich die Ehe gesundheitlich besonders stark aus, wenn sie lange verheiratet waren. Sie sterben dann deshalb früher, weil sie zugunsten des Ehemannes ihre eigenen Bedürfnisse gern hinten anstellen und viele Opfer in Bezug auf Geld, Freizeit und eigene Wünsche auf sich nehmen.

Verheiratete Frauen werden deshalb auch kränker und fühlen sich einsamer als Singles. Gesundheitsschädigende Einsamkeit in einer Ehe, von der sich anderes erhofft wurde, ist schlimmer als die Einsamkeit eines Singles, haben Wissenschaftler ermittelt.

Frage 51

Verheiratete Männer …

1. werden schneller kriminell als unverheiratete
2. verhalten sich gesundheitsbewusster als unverheiratete
3. übernehmen eher Verantwortung als unverheiratete

Antwort 51

1. 0 Punkte
2. 1 Punkt
3. 1 Punkt

Tatsächlich tun sich unverheiratete Männer schwerer mit der sozialen Ordnung und schlagen schneller über die Stränge. Die Kriminalitätsrate unter ihnen ist wesentlich höher.

Frage 52

Leute zwischen 30 und 50 Jahren haben gute soziale Netzwerke und sind in eine Vielzahl von Aktivitäten eingebunden. Der Satz stimmt für …

1. verheiratete Frauen
2. verheiratete Männer
3. weibliche Singles
4. männliche Singles

Antwort 52

1. 0 Punkte
2. 0 Punkte
3. 1 Punkt
4. 0 Punkte

Frage 53

Dagegen sind andere Leute zwischen 30 und 50 Jahren oft traurig und isoliert. Der Satz stimmt für …

1. verheiratete Frauen
2. verheiratete Männer
3. weibliche Singles
4. männliche Singles

Antwort 53

1. 0 Punkte
2. 0 Punkte
3. 0 Punkte
4. 1 Punkt

Ehe? Gut! Aber vielleicht lieber doch nicht so lange? Die Nomaden, die hordenweise durch die urzeitlichen Steppen zogen, waren historische Vorbilder für die Idee, die Ehe zeitlich zu begrenzen. Laut Anthropologen blieben Paare immer nur so lange zusammen, bis die Jungen sich allein in der Horde bewegen konnten – also um die vier Jahre. Ach ja: Ein Großteil der Ehen wird geschieden, wenn das erste Kind vier Jahre alt ist …

In einigen islamischen Kulturen wurde die Ehezeit nebst Abfindung vorher festgelegt und dann automatisch gelöst. Bei den Schiiten im Iran und in Teilen des Iraks ist auch heute noch eine „Zeitehe" möglich, die aber von den Männern beendet werden kann, wenn sie ihnen nicht mehr in den Kram passt, und die in erster Linie von geschiedenen Frauen oder Witwen in wirtschaftlicher Not akzeptiert wird. Im alten Japan konnten Fünfjahresehen vereinbart werden.

Frage 54

Je jünger eine Frau im Verhältnis zu ihrem Ehemann, um so …
1. früher stirbt der Gatte
2. länger lebt der Gatte

Antwort 54
1. 0 Punkte
2. 1 Punkt

Für Männer, deren Frauen zwischen sieben und neun Jahre jünger sind, verringert sich ihr Sterberisiko um 11 Prozent.

Frage 55

Je jünger ein Mann im Verhältnis zu seiner Ehefrau, um so …

1. früher stirbt die Gattin
2. länger lebt die Gattin

Antwort 55

1. 1 Punkt
2. 0 Punkte

Für Frauen, deren Männer zwischen sieben und neun Jahre jünger sind, erhöht sich ihr Sterberisiko um 20 Prozent.

Frage 56

Knapp die Hälfte der verheirateten Frauen …

1. bleibt figürlich wie sie war
2. nimmt in der Ehe ab
3. leidet an Übergewicht

Antwort 56

1. 0 Punkte
2. 0 Punkte
3. 1 Punkt

Nur 23 Prozent der unverheirateten Frauen haben Übergewicht.

Frage 57

Für frisch verheiratete Frauen steigt das Risiko einer erheblichen Gewichtszunahme um …

1. 0,8 Prozent
2. 8 Prozent
3. 48 Prozent
4. 98 Prozent

Antwort 57
1. 0 Punkte
2. 0 Punkte
3. 1 Punkt
4. 0 Punkte

Frage 58

Bei frisch verheirateten Männern steigt das Risiko einer kleineren Gewichtszunahme um …
1. 8 Prozent
2. 18 Prozent
3. 28 Prozent
4. 98 Prozent

Antwort 58
1. 0 Punkte
2. 0 Punkte
3. 1 Punkt
4. 0 Punkte

Fazit: Ehe macht dick! Aber nur sie. Er kommt mit ein paar kleinen Pfunden mehr davon … Übrigens fördert die Ehe eine Gewichtszunahme für Frauen bis zu einem Grad, der ein Gesundheitsrisiko darstellen kann.

Frage 59

Wie ändert sich der Alkoholkonsum in der Ehe?

1. Männer trinken mehr als vorher
2. Männer trinken weniger als vorher
3. Frauen trinken mehr als vorher
4. Frauen trinken weniger als vorher
5. beide trinken unverändert

Antwort 59

1. 0 Punkte
2. 1 Punkt
3. 1 Punkt
4. 0 Punkte
5. 0 Punkte

Frauen gleichen sich dem Trinkverhalten der Ehemänner an, die eh immer ein paar Gläschen mehr zwitschern als die Gattinnen. Und Männer verzichten nun eher mal ein bisschen (sonst Ärger).

Kann man Vertrauen zu einer Frau haben,
die einen selber zum Mann nimmt? Curt Goetz

Eins ist klar, egal wie gut ausgebildet Frauen sind, Männer sind einfach geschickter. Sie halten sich alles Lästige vom Hals und konzentrieren sich auf den beruflichen Erfolg. Frauen kümmern sich um dies oder das oder um alles gleichzeitig. Folge, besonders bei Kindern im Haus: Mama get's the blues.

Allerdings, so das Ergebnis von Studien, leiden berufstätige Mütter seltener unter Depressionen als Mütter, die zu Hause bleiben. Nur wenn sie unrealistisch hohe Anforderungen an ein harmonisches Miteinander von Beruf und Familie hat, dann steigt das Depressionsrisiko wieder. Also gesund bleibt die Mutter, die realistisch Abstriche macht, an dem, was überhaupt zu schaffen ist! Aber wie ist das zu schaffen?

Frage 60
Wissenschaftler meinen, herausgefunden zu haben:
1. Männer und Frauen passen einfach nicht zusammen.
2. Parasiten im Hirn bewirken bei Männern Dominanz, Aggressivität und das Festhalten an traditionellen Geschlechterrollen.
3. Fehlendes Testosteron bewirkt, dass Frauen nicht für Chefposten geeignet sind.

Antwort 60
1. 0 Punkte. Nein! Das hat der Gesellschaftsforscher Loriot herausgefunden.
2. 2 Punkte. Gratulation! Sie sind topfit! Toxoplasmoseparasiten im Hirn machen Männer obendrein auch noch kritisch und eifersüchtig!
3. 1 Punkt. Tatsächlich wurde damit begründet, dass Frauen untauglich für solche Jobs sind, weil sie keinen Konkurrenzkampf wollen. Hey, die fühlen sich wohl in schlecht bezahlten Jobs, einfach, weil sie so lieb sind.

Da haben wir's also endlich: Parasiten sind schuld, wenn die Ehe schiefgeht, weil an ungerechten Rollenbildern festgehalten wird! Diese bösen Viecher! Vorsicht: Toxoplasmose wird durch Katzen, Eier oder rohes Fleisch übertragen. Aber die gute Nachricht: Infizierte Frauen werden dadurch intelligenter und unabhängiger! Darum lieben so viele Frauen also Katzen!

Fazit: Glaube keiner Studie, die du nicht selbst gefälscht hast. Und außerdem: Mit Pseudowissenschaft kann man so viele schöne Sachen begründen.

Sehen wir uns das alles mal lieber näher an:

Wenn zwei das Gleiche tun, ist das noch lange nicht dasselbe

Nun sind die ersten Hürden genommen. Das Eheleben hat das Paar jetzt voll am Wickel. Es startet durch. Mit der Ehe. Mit dem Job. Mit allem. Alles gemeinsam, es will das Gleiche. Es tut das Gleiche. Ihm ist eine partnerschaftliche Beziehung ganz wichtig. Auch wenn … Ach, die Umstände mögen sein, wie sie wollen – es legt los. Vor allem sie! Gut ausgebildet, wie sie ist. Sie macht Karriere, verdient super. Klettert von Stufe zu Stufe. Mindestens zwei oder drei Jahre lang. Jetzt wird es härter im Job, Wind bläst weiter oben oft von vorn. Aber weiter geht's. Kids kommen später mal auf die Tagesordnung … Oder doch bald? Schließlich haben wir das Elterngeld – und die Elternzeit. Auch für ihn … Ach – ein Kind. Ja!

Endlich! Die gesamte Familienbande atmet auf. Sie sind doch ganz normal! Nachwuchs im Anzug! Tante Inge geht hellblaue Strampler aussuchen für Max.

Frage 61

Was genau ist die Schwangerschaftsgymnastik?
1. Kopfstand aller Werte
2. Geschlechterrolle rückwärts
3. Gleichgewichtstraining
4. im Laufrad laufen

Antwort 61
1. 1 Punkt. Alle Prioritäten ändern sich, denn das Kind steht jetzt in jeder Hinsicht im Vordergrund.
2. 1 Punkt – sie beamt sich rund 50 Jahre zurück, wenn sie Mutter wird. Glauben Sie nicht? Sehen wir mal weiter …
3. 1 Punkt. Oh ja, denn jetzt gibt es viel, was im Gleichgewicht bleiben soll – ein hartes Training!
4. 1 Punkt. Genau! Wie der bekannte Hamster wird jetzt im Laufrad gerannt, denn alles soll gleichzeitig klappen – Kind, Karriere, Kampfsport, Küche, Kreativität …

Und eine große Frage steht für sie jetzt auch bald an: Supermutter und Unterstützerin, Teilzeitmama und Haushaltsjongleurin oder Powerfrau – oder alles gleichzeitig? Oder irgendwas dazwischen?

Neue Wohnung, ein Auto, Kinderstuhl und massenhaft Erziehungsratgeber. Da muss schon genau gerechnet werden. Er verdient ja etwas besser als sie. Da ist es nur vernünftig, wenn er kürzer Elternzeit nimmt als sie. Er macht dann abends alles wett, hilft und tut. Glauben beide wirklich.

Und was sich nun auch langsam lohnt, ist die steuerliche Geschichte.

Frage 62

Wissen Sie, was Ehegattensplitting bedeutet?

1. Brauch, bei dem das Brautpaar einen Baumstamm durchsägen muss, um zu sehen, bei wem mehr Holzsplitter anfallen (der hat dann in der Ehe die Hose an)
2. berühmter englischer Hochzeitspudding mit Mandelsplittern
3. staatliche Beihilfe zum Gattenhass
4. kommt von Ehegattensplatter = Subgenre des Horrorfilms

Antwort 62

1. 0 Punkte. Ganz falsch!
2. 0 Punkte (Nicht immer gleich ans Futtern denken!)
3. 1 Punkt. Oh ja!
4. 0 Punkte

Im Gegensatz zum Hochzeitsbrauch des Baumstammsägens, das für Gleichberechtigung in der Ehe steht, denn nur wenn beide gleichmäßig ziehen, klappt's – steht das Ehegattensplitting für eine Entfremdung der Ehegatten untereinander – zumindest langfristig gesehen. Der Steuervorteil bringt besonders viel, wenn einer deutlich mehr verdient als die andere. Praktischerweise genau das Richtige für unser Alphatier (Anwalt, Arzt, Abgeordneter …) mit seiner Gattin, die ihm den berühmten Rücken freihält. Bis zu rund 15.000 Euro spart der Sehrgutverdiener damit im Jahr. Wow, das lohnt sich für ihn.

Was sich nicht lohnt, sind diese lächerlichen Jobs für sie. Davon kann sie nicht mal den Babysitter für die Zeit bezahlen, in der sie jobbt. Sie muss schließlich ab dem ersten Euro, den sie verdient, so viele Steuern zahlen, dass ihr die Ohren sausen. Ihr Steuersatz ist gigantisch. Seiner ist super. Obendrein ist sie ja auch bei ihm beitragsfrei in der gesetzlichen Kranken- und Rentenversicherung mitversichert. Und das will sie auch aufgeben? Ach, Quatsch. Da bleibt sie lieber gleich zu Haus! Findet er auch.

Frage 63
Wie viele Euro lässt sich der Staat die einseitige Unterstützung des traditionellen Einverdienermodells im Jahr kosten?
1. 2 Millionen
2. 2 Milliarden
3. 20 Milliarden

Antwort 63
1. 0 Punkte
2. 0 Punkte
3. 1 Punkt

Hey, was könnte man damit alles anfangen!

Frage 64

Welche Länder in Europa haben das gleiche Steuersparmodell zur Zementierung der konventionellen Ernährerrolle?

1. außer Deutschland nur noch die Schweiz
2. alle europäischen Länder handhaben das so
3. bis auf Griechenland, die Türkei und Norwegen alle anderen Länder

Antwort 64

1. 1 Punkt. So ist das!
2. 0 Punkte
3. 0 Punkte

Auch wenn einer einfach nur mehr als die andere verdient (zu rund 90 Prozent ist das der Ehemann) und dann obendrein eine Steuervergünstigung bekommt, wächst das finanzielle Ungleichgewicht. Und damit auch die Unzufriedenheit der anderen. Lassen Sie es lieber nicht so weit kommen!

Wir können nicht in einem Land leben, in dem sich der Heiratsmarkt für Frauen mehr lohnt als der Arbeitsmarkt.

Jutta Allmendinger, Präsidentin des Wissenschaftszentrums Berlin für Sozialforschung (WZB)

By the way: Wenn beide Partner ungefähr gleich viel verdienen, ist es auch ganz egal, ob sie verheiratet sind oder nicht. Steuerklasse I von Singles entspricht der Steuerklasse IV für ähnlich viel verdienende Eheleute.

Frage 65

Es war in letzter Zeit immer so viel von Wahlfreiheit die Rede. Welche Wahl gibt es denn nun wirklich?

1. Windeln oder Windows
2. Mama und Kevin allein zu Haus oder Multitasking
3. Kita oder gutes Gewissen

Antwort 65

1. 1 Punkt. Noch immer oder sogar immer mehr
2. 0 Punkte. Mit „Multi" allein ist es nicht getan
3. 1 Punkt. Das darf sie mit sich ausmachen, Rabenmutter ist sie sowieso, ganz egal, was sie tut – besonders für Tante Inge

Wahlfreiheit oder Alternativlosigkeit? Das ist hier die Frage!

Eine arbeitende Mutter zu sein ist hart.

Victoria Beckham in „Bunte"

Frage 66

Wonach richten sich viele Frauen bei der Wahl des gemeinsamen zukünftigen Wohnortes?

1. danach, wo es ihr am besten gefällt
2. danach, wo ihre beste Freundin wohnt
3. danach, wo sie beruflich die besten Aufstiegschancen hat
4. danach, wo seiner Karriere am besten aufgeholfen wird
5. danach, wo die beste Schule für die zukünftigen Kinder steht

Antwort 66
1. 0 Punkte
2. 0 Punkte
3. 0 Punkte
4. 1 Punkt
5. 0 Punkte

Die eigenen Karriereaussichten werden von vielen Frauen nicht annähernd so wichtig genommen wie die des Gatten.

Frage 67

Für die meisten Männer heißt es in dieser Phase des Berufslebens:
1. Pensionsansprüche berechnen
2. Sabbatjahr planen
3. Karriere durchstarten

Antwort 67
1. 0 Punkte
2. 0 Punkte
3. 1 Punkt

Frage 68

1. Für die jungen Mütter heißt es währenddessen:
2. Teilzeitjob
3. ganz aussteigen
4. voll ins Berufsleben stürzen

Antwort 68

1. 1 Punkt. So ist es, klar! Nach der Babypause will oder kann sie nicht wieder voll einsteigen
2. 1 Punkt. Vielleicht wird die Architektin dann doch lieber Yogalehrerin oder Heilpraktikerin? Wenn die Kleinen aus dem Gröbsten raus sind …
3. 0 Punkte

Gründe gibt es viele: die Umwelt, die Freunde – bloß nicht so genau hingucken.

Halt! War da nicht vor Kurzem noch der Anspruch an Eigenständigkeit und Gleichheit? Wo ist der geblieben? Sie ist jetzt – mit Kind – so richtig „unter der Haube" – und das ist die gleiche alte Lockenwicklerhaube aller Generationen vor ihr. Selbst aufgestülpt, fast ohne es zu merken. Schön warm und bequem ist sie ja. Und nun ist sie auch nie wieder schuld. Denn jetzt entscheidet sie ja nur noch die Menüfolge.

Religion und Familie sind die größten Feinde des Fortschritts.   André Gide

Frage 69

In den letzten zehn Jahren hat sich in Deutschland für Mütter (auch hochqualifizierte) der Anteil der Arbeit für Geld (sprich Job) im Verhältnis zur Arbeit ohne Geld (sprich Familie) …

1. kontinuierlich erhöht
2. stetig verringert
3. ist gleich geblieben

Antwort 69
1.   0 Punkte
2.   1 Punkt (Sie passen immer noch auf. Bravo!)
3.   0 Punkte

In puncto viel Familienarbeit gegen wenig Geldverdienen von Frauen macht uns in Europa niemand etwas vor! Man nennt diese Familienform jetzt das „modernisierte Ernährermodell". Wenn Sie ein Kind bekommen, spielen Sie also russisches Roulette. Sie setzen sich fröhlich den Lauf eines Revolvers an die Schläfe und hoffen, dass keine Patrone in der Kammer ist. Wenn es mit Ihrem Auserwählten schiefgeht, war eine Patrone gerade an der richtigen Stelle. Künstlerpech …
Oder aber Sie alle beide managen das anders … Denn dass es von alleine gut geht oder Recht und Gesetz das regeln, darauf sollten Sie nicht wetten.

Solange wir Weiber uns das alles bieten lassen, wird sich nichts ändern.   Renate Schmidt, ehm. Familienministerin

Ist das nicht ein Hammer? Wir haben eine Kanzlerin, eine Familienministerin, eine Justizministerin und eine Arbeitsministerin, eine Bildungsministerin und eine Landwirtschaftsministerin auch noch. Tolle Sache, das! Da müsste das Leben für Frauen eigentlich paradiesisch sein. Die Realität? In Bezug auf Steuer-, Sozial- und Arbeitsrecht sind wir erzkonservativ und traditionsbewusst patriarchalisch. Und Europas Schlusslicht. Na bravo! Was fehlt da bloß? Ich hab's: eine Finanzministerin!

Zumindest die der eigenen Familie. Raus aus der Deckung und weg mit dem alten Hut!

Fazit: Alles muss man selber machen! Reden wir mal drüber.

Kommunikation. Wenn ja, warum?

Wie funktioniert gute Kommunikation? Manche halten sie in der Ehe für eher unwahrscheinlich. Sagen wir mal so: Es kommt darauf an! Für den Notfall vergessen Sie eins bitte nicht: Alles, was Sie sagen, kann gegen Sie verwendet werden. Und wird es. Wenn nicht heute, dann morgen. Oder übermorgen. Oder nie?

Frage 70

Wer sagt hier was?

1. Er/sie/es hört mir nie zu!
2. Immerzu soll ich etwas müssen!

Antwort 70

1. 1 Punkt. Genau! So stöhnt sie.
2. 1 Punkt. Richtig! So stöhnt er.

Frage 71

Wie lange sprechen Ehepartner täglich miteinander über persönliche Dinge?

1. 1 Stunde
2. 2 Stunden
3. 2 Minuten
4. 45 Minuten

Antwort 71
1. 0 Punkte
2. 0 Punkte
3. 1 Punkt! Sie sind ein gnadenloser Realist! Insgesamt wurde eine Sprechzeit von 10 Minuten ermittelt. Und dann noch meistens aneinander vorbei …
4. 0 Punkte

Das hat die Statistik bis jetzt gewusst. Einer Studie zufolge reden Verheiratete 93 Minuten täglich miteinander. Tendenz fallend mit den Ehejahren. Glatt 21 Minuten täglich weniger als unverheiratete Paare. Allerdings werden 29 Minuten per soziale Netzwerke, Skype oder Handy verplappert.

Richtig verheiratet ist erst der Mann, der jedes Wort versteht, das seine Frau nicht gesagt hat. Alfred Hitchcock

Frage 72
Winzige Stressauslöser wie auf den Bus warten oder kritisiert werden, lässt die Kommunikation unter Eheleuten noch mal schlechter werden. Und zwar um …
1. 5 Prozent
2. 10 Prozent
3. 40 Prozent

Antwort 72
1. 0 Punkte
2. 0 Punkte
3. 1 Punkt

Tatsächlich. Die Kommunikation wird destruktiv, gereizt, sarkastisch – oder komplett eingestellt.

Wenn Sie die Bewunderung vieler Männer gegen die Kritik eines einzigen Mannes eintauschen wollen, dann los, heiraten Sie! Katherine Hepburn

Frage 73
Worüber wird in einer Ehe am wenigsten gesprochen?
1. Fehler
2. Feiern
3. Fortpflanzung
4. Finanzen

Antwort 73
1. 0 Punkte
2. 0 Punkte
3. 0 Punkte
4. 2 Punkte. Genau so ist es!

In der Ehe wird am wenigsten darüber geredet, worüber bei der Scheidung am meisten geredet wird: Geld. Geld ist Macht, Freiheit, Sicherheit, Unabhängigkeit. Ein Thema, über das geschwiegen werden sollte? Frauen neigen besonders dazu, zum Thema Finanzen zu schweigen. Lieber nehmen sie Nachteile in Kauf, als sich für eine gerechte Verteilung der erwirtschafteten Finanzen starkzumachen. Übrigens: Nicht gerade wenige Frauen unterschreiben die gemeinsame Steuererklärung, ohne einen Blick darauf zu werfen!

Frage 74

Welche Frage wollen Sie nicht beantworten?

1. Liebst du mich eigentlich noch?
2. Liebst du mich auch noch, wenn ich dick, alt und hässlich bin?
3. Warum liebst du mich eigentlich?
4. Woran denkst du gerade?

Okay, wir ziehen die Frage zurück.

> *Mit manchem Mann versteht man sich vor und nach der Ehe*
> *ausgezeichnet – bloß dazwischen klappt es nicht.*
>
> Zsa Zsa Gárbor

Tatsächlich wirkt sich ein Gespräch – selbst darüber, abnehmen zu wollen – so positiv aus, dass der Wert des Stresshormons Cortisol im Blut sinkt. Und das hat wiederum einen positiven Effekt auf die Gesundheit! Sogar Wunden heilen dann schneller …

Na bitte! Also reden, reden, reden! Immer und über alles. (Na ja, fast.)

Frage 75

Wie viel Prozent der Ehepaare sprechen ausschließlich über praktische Dinge?

1. 10
2. 50
3. 90

Antwort 75
1. 0 Punkte
2. 1 Punkt
3. 0 Punkte

Frage 76

Jedes wievielte Paar spricht über seine Beziehung und seine Gefühle?
1. jedes
2. jedes zweite
3. jedes zehnte

Antwort 76
1. 0 Punkte
2. 0 Punkte
3. 1 Punkt

Frage 77

Um wie viel mal mehr sollte mit einer positiven Haltung gesprochen werden statt mit einer negativen, um die Ehe nicht zu gefährden?
1. doppelt so oft
2. 5-mal so oft
3. 30-mal so oft

Antwort 77
1. 0 Punkte
2. 1 Punkt
3. 0 Punkte

Frage 78

Womit kann Kommunikation gelingen?

1. Sprechen in Reimen
2. Nasenspray
3. singen statt streiten
4. permanenter Gesprächstherapie

Antwort 78

1. 0 Punkte
2. 1 Punkt. Sie haben ja wirklich was drauf!
3. 0 Punkte
4. 0 Punkte

Die Wissenschaft bringt Rettung. Bald können sich stress-geprüfte Ehepaare ein Nasenspray in der Apotheke holen, gefüllt mit dem Hormon Oxytocin. Denn das mindert die Aggressionen. So einfach ist das! Einfach rein in die Nase und Schluss ist mit Unterbrechen, Kritisieren oder Abwerten. Dann wird zugehört, bestätigt und gelächelt. Immer? Zumindest immer länger, je nach Dosis.

Es gibt nur einen Weg, eine glückliche Ehe zu führen, und sobald ich erfahre, welcher das ist, werde ich erneut heiraten. Clint Eastwood

Frage 79

In der ehelichen Kommunikation kommt es zuallererst darauf an, …

1. dass dreimal täglich „Schatz" gesagt wird
2. auf das, was nicht gesagt wird
3. das letzte Wort zu haben

Antwort 79

1. 0 Punkte
2. 1 Punkt. Lernen Sie zwischen den Zeilen zu lesen!
3. 0 Punkte. Kann sich ja ewig hinziehen.

Können Sie eigentlich Ehe-Esperanto? Das ist eine interfamiliäre Sprache, die Außenstehenden oft nicht verständlich ist. Ähnlich dem Orwellschen Zwisprech aus dem Zukunftsroman „1984" übrigens. Das Fatale an der Sache: Eher früher als später geht Zwisprech in Zwidenk über!

Einführung in das Wörterbuch: Ehe – Deutsch / Deutsch – Ehe

Ehe – Deutsch für Anfänger

Aber gerne, Liebling!
 = Mach deinen Mist doch alleine!

Bitte reiche mir doch mal das Salz, mein Schatz.
 = Du hast mir mein ganzes Leben versaut.

Cellulite? Du doch nicht!
 = Du weißt genau, wie schlimm deine Oberschenkel aussehen.

Du siehst heute so männlich aus.
> = Geh dich endlich duschen, du Ferkel!

Endlich kommt deine Mutter wieder zu Besuch.
> = Diesmal erwürg ich die Alte!

Fein, was du in deinem Job so alles machst!
> = Wenn du wenigstens anständig Kohle verdienen würdest, wär's ja okay.

Gott, was gibst du dir mit dem Haushalt für Mühe!
> = Hier sieht es aus wie im Saustall.

Habe Kopfschmerzen.
> = Lass deine Pfoten bei dir und mich schlafen.

Ich bin nicht sauer.
> = Ich bin stinksauer!

Ja.
> = Nein.

Kaputt, der neue Flachbildfernseher? Das kann ja mal passieren.
> = Du dämlicher Trampel!

Lecker, das Essen!
> = Gruseliges Zeug!

Mensch, du hast es drauf mit Computern!
> = Kann jedes Kind besser.

Nein, das macht mir gar nichts aus.
> = Dafür wirst du zahlen!

Oh, wie hübsch das neue Kleid!
> = Was hat der doofe Fummel gekostet?

Passt doch wie angegossen.
> = Da kann man ja jede Speckfalte zählen.

Quatsch, was Mutti sagt – du hast recht!
> = Quatsch, was du sagst – Mutti hat recht.

Rate mal was die Bluse gekostet hat?
> = Du kannst lange raten, was die Bluse gekostet hat, denkst du etwa, ich sag' die Wahrheit?

Sehr gut gemacht.
    = Was für eine Katastrophe!

Toll, wie du mit den Kindern umgehst, Werner!
    = Diese kleinen Quälgeister da sind von dir, weißt du wenigstens
    ihre Vornamen?

Unternehmen wir am Wochenende was?
    = Untersteh dich, was unternehmen zu wollen. Ich will endlich
    mal meine Ruhe.

Verzeihung!
    = Gern geschehen.

Was wünschst du dir zum Geburtstag?
    = Wehe, du willst was!

X-Faktor? Klar, gucke ich gerne mit dir!
    = Wenn du doch nur einmal ein Buch lesen würdest.

Yes we can.
    = Aber nicht mit mir.

Zu Hause ist es am schönsten.
    = Am schönsten wäre es, nicht zu Hause zu sein.

Deutsch – Ehe für Anfänger

Angeber! = Du bist so toll!

Bin total beleidigt! = Nein, ich hab' nichts.

Clever ist was anderes. = Du bist ein Checker!

Du gehst mir auf den Keks. = Hab dich lieb.

Elternversammlung ist um acht und sag ja nicht wieder, du musst
    noch was arbeiten! = Ich gehe hin, du hast doch sicher noch zu
    tun!

Fußballkram kannst du dir sonst wohin stecken.
    = Sind die Grünen unsere?

Geh mir aus den Augen. = Ohne dich kann ich nicht sein.

Halte doch endlich die Klappe und lass mich in Ruhe. = Prima.

Ich weiß noch nicht genau, wie, ich weiß aber, dass du dafür
büßen wirst! = Ist schon in Ordnung.

Jetzt beeil dich doch mal!
= Lass dir ruhig Zeit, Liebling.

Komm doch mal zum Punkt!
= Erzähl bitte weiter, Schnuckel.

Langweilig!
= Sehr interessant.

Machst du vielleicht einmal den Abwasch!
= Lass mal, das mach ich schon.

Nerv' mich doch nicht mit dem Mist.
= Natürlich, gerne!

Ostern und Weihnachten müssen wohl auf einen Tag fallen, bevor
du mal freiwillig Wäsche aufhängst. = Das mit der Wäsche
musst du doch nicht auch noch machen, du Guter!

Pass bloß auf, noch einmal so was, dann gehe ich!
= Das ist aber gar nicht schlimm.

Quäl mich doch nicht ewig und drei Tage mit deinen öden Job-
geschichten! = Wie war dein Tag, Liebling?

Ruhe jetzt himmelherrgottdonnerwetternochmal!
= Willst du nicht ein wenig mit Max spazieren gehen? Das tut
dir sicher gut!

Stehst du jetzt mal auf, du Faultier oder hörst du nicht, dass Max
schreit? = Ich geh schon, schlaf weiter, mein Bärlein!

Testosteron kann man sich zur Not auch nachspritzen lassen,
du Langweiler! = Du bist ein Löwe!

Unsere Vorstellungen vom Leben passen zusammen wie Kuscheln
und Ballerspiele. = Wir verstehen uns ja so gut, wir zwei beide.

Wenn du in den Klamotten mit mir ausgehen willst, tu ich einfach
so, als ob wir uns nicht kennen. = Toll, wie du heute wieder
aussiehst!

Vergiss deine blöde Packung „Merci" zum Muttertag! Koch einfach mal du jeden Abend! = Wie lieb, dass du daran gedacht hast!

Xbox spielen kostet dich mehr Geld, als du je für mich ausgeben würdest, du Egoist! = Ich spiel doch immer gern mit dir FIFA, mein Süßer!

Yvonne, deine Freundin ist am Telefon, willst du mal wieder ganz kurz paar Stunden telefonieren? = Wie schön, dass du so eine gute Freundin hast.

Zuhören war ja noch nie deine Stärke!
= Dass du dir das merken konntest, Mausi!

Das klappt aber auch mühelos mit Gesten:
Sie kocht ihm was Leckeres, sein Lieblingsessen, einfach so.
Er: „Gibt es da einen anderen?"
Oder er bringt ihr außerplanmäßig Blumen mit.
Sie: „Wie heißt sie?"
Gerne auch so: Sie: „Schmeckt dir das Essen?"
Er: „Warum musst du immer Streit anfangen?"
Eines sollten Sie jedoch niemals durcheinanderbringen: Wenn sie sagt: „Mach doch, was du willst!", meint sie es nicht so!

Legen Sie sich am Besten Ihr privates Ehewörterbuch an. Dann können Sie bei jeder Gelegenheit nachschlagen, wenn Sie einmal nicht wissen sollten, was jetzt gemeint ist.

Tja, reden … Wenn das nur nicht immer so ausarten würde! Aber schließlich muss so viel geklärt werden: Macht und Einfluss, Meinungs- und Pressefreiheit, Konkurrenz und Vormachtstellung. Um es in Soziologensprech auszudrücken: Viele Ehen sind von einer einseitigen Kommunikation geprägt und legen ein destruktives Verhalten an den Tag. Aua! Was folgt daraus? Sehn wir mal.

Survival of the fittest – Ehe als Nahkampf

Achtung: Folgender Abschnitt ist nichts für zarte Nerven! Bitte überspringen Sie ihn, wenn Sie ein sanftmütiger und eher harmoniebedürftiger Charakter sind! Die Punktean-zahl wird dann allerdings weniger … also vielleicht tief Luft holen und schnell durch?

Die Ehe ist ein Kampf auf Leben und Tod.
Honoré de Balzac in „Physiologie der Ehe"

Gefährliche Minenfelder, böse Fallen, scharfe Eheklippen – muss das denn sein? Wie zum Teufel ist Kriegsvermeidung möglich? Für den Fan von Horror und Gänsehaut hier ein paar Einblicke ins Gruselkabinett der Eheabgründe. Ihnen wird das ja zum Glück nicht mehr passieren können – denn Sie beantworten ja jetzt alle entscheidenden Fragen richtig. Hoffen wir doch. Folgen Sie uns also ins Bad im Drachen-blut, aber achten Sie immer schön auf Lindenblätter! Denn so eines fiel im „Nibelungenlied" Siegfried dabei auf die Schulter, sodass eine einzige verwundbare Stelle blieb – mit unschönen Folgen.

Jetzt, nach der berüchtigten Phase der Entidealisierung, stellt sich eine grundlegende Frage: Ehepazifismus oder Krieg?

Wer zum Letzteren tendiert, kann sich schon mal frisch machen. Denn dann beginnt ein verbissener Guerillakrieg, der gelegentlich in offene Kampfhandlungen umschlägt. Die meiste Zeit läuft man über ein Minenfeld. Gesellschaftspolitisch gesehen ist hier die Ehe eine Diktatur. Nix mit Reisefreiheit,

Kritiker werden ausgewiesen, Korruption und Bestechung sind völlig normal, Gehirnwäsche ist an der Tagesordnung (mit Weichspülmittel, aber im Kochwaschgang). Und der Geheimdienst ist überall – vor allem in einem selbst.

Also friss oder werde gefressen? Bedenken Sie: Hier können Sie nicht auf die Mittel der modernen Kriegsführung zurückgreifen. Kaum mal ein Bombenabwurf aus großer Höhe, selten strategische Planspiele mit Zirkel und Bleistift am grünen Tisch. Keine computergesteuerte Fernzündung und niemals grüne Nachtsichtbilder von Gefechten. Dieser Krieg heißt Nahkampf und alle Mittel sind geheiligt. Alle. Mann gegen Frau und umgekehrt. Zahn um Zahn. Kinder, Verwandte, Freunde gelten von nun an nur noch als Kollateralschäden.

> *„Sami, morgen wollen wir das fünfundzwanzigste Jubiläum unserer Ehe ganz groß feiern.“*
> *„Nein, warte noch fünf Jahre!*
> *Dann feiern wir den Dreißigjährigen Krieg.“*
>
> Salcia Landmann, Jüdische Witze

Frage 80

Im Worst-Case-Szenario heißt Ehe nun:

1. Persönlichkeitsrechte wie Datenschutz werden eingeschränkt
2. gegenseitige Unterstützung, Respekt, Zugewandtheit
3. Sätze werden in einem beißenden Tonfall gesprochen, dass die Ohren schmerzen

Antwort 80
1. 1 Punkt. Sie durchsucht seine Anzugtaschen, er liest ihr Tagebuch, sie hört am Nebenanschluss mit, er checkt ihre Mails, sie klickt sich durch seine SMS, er schnüffelt in ihrer Post, sie sieht seine Handyanrufliste durch.
2. 0 Punkte. Ergänzen Sie doch bitte Ihr Ehewörterbuch zu diesen drei Themen.
3. 1 Punkt. Üben Sie schon mal, den Satz: „Bringst du bitte den Müll runter, Schatz!" in einem so scharfen Tonfall rüberzubringen, dass eine rote Chilischote dagegen blass aussieht.

Diese Auswüchse sind systemimmanent, wenn Eheterror herrscht. Es geht schließlich um die Existenz. Und, nicht zu vergessen, um die innere Sicherheit. Dazu ist das alles notwendig.

Frage 81
Wie viel Prozent der Männer behalten bei Konflikten ihre Gefühle für sich?
1. 10 Prozent
2. 30 Prozent
3. 90 Prozent

Antwort 81
1. 0 Punkte
2. 1 Punkt
3. 0 Punkte

Frage 82

Wie viel Prozent der Frauen behalten bei einem Streit ihre Gefühle für sich?

1. 1 Prozent
2. 20 Prozent
3. 90 Prozent

Antwort 82

1. 0 Punkte. Tja, so kann man sich täuschen!
2. 1 Punkt
3. 0 Punkte

Okay, Sie lagen bei dem mittleren Wert jetzt wieder richtig. Aber glauben Sie ja nicht, dass das nun immer so ist. So einfach ist das nicht!

Ehekrach

Das ist schwer: ein Leben zu zwein.
Nur eins ist noch schwerer: einsam sein.

Theobald Tiger (Kurt Tucholsky)

Frage 83

Wenn Frauen bei einem Ehekrach ihre Gefühle unterdrücken, um wie viel höher ist bei ihnen der Anteil der Todesfälle im Verhältnis zu den Frauen, die nicht zurückstecken?

1. doppelt so hoch
2. dreimal so hoch
3. viermal so hoch

Antwort 83
1. 0 Punkte
2. 0 Punkte
3. 1 Punkt

Gehen Ihnen etwa beim Streit die Gegenargumente aus?
Üben, üben, üben.

Eine glückliche Ehe ist eine, in der sie
ein bisschen blind und er ein bisschen taub ist.   Loriot

Frage 84

Welche Paare sagen von sich, dass sie in ihrem gemeinsamen
Leben sehr zufrieden sind?
1. eher verheiratete Paare
2. eher unverheiratete Paare

Antwort 84
1. 0 Punkte
2. 1 Punkt

Das war jetzt zu leicht. Aber, nun gut. Ledige Paare sind zufriedener. Sagen sie jedenfalls.
Wer kennt sie nicht, die vielen Spitzen, verklausulierten Ge-
meinheiten, Giftspritzen und Anspielungen, die alle nur
einem einzigen Zweck dienen: den jeweils anderen fertig-
zumachen. Den Frust rauszulassen, aneinander gekettet zu
sein. Gibt es irgendjemanden, der so kritisiert, herumkom-
mandiert, schikaniert, beschimpft und unter Druck gesetzt

wird wie der Ehepartner, gleich welchen Geschlechts? Merke: Nirgendwo kann sich das Leben so perfekt zur Hölle gemacht werden wie in einer Kleinfamilie. Und merke weiterhin: kann! Soll nicht! Muss nicht! Darf eigentlich nicht! Also immer schön weiter unsere Fragen beantworten!

Das Geheimnis einer glücklichen Ehe? Totale Unterwerfung!

Will Smith

Frage 85

Welche Emotionen bewegen Ehemänner am meisten, wenn es in der Beziehung kracht?
1. Angst, Trauer, Schuldgefühle
2. Zorn, Ärger, Wut, Verachtung

Antwort 85
1. 0 Punkte
2. 1 Punkt

Frage 86

Welche Emotionen bewegen Ehefrauen am meisten, wenn es in der Beziehung kracht?
1. Angst, Trauer, Schuldgefühle
2. Zorn, Ärger, Wut, Verachtung

Antwort 86
1. 1 Punkt
2. 0 Punkte

Sprich: Auch im Streit schlägt das geschlechtsspezifische Rollenverhalten mal wieder voll zu.

Und obendrein, wir erinnern uns: Die Familie ist die Keimzelle der Gesellschaft – und ihr Spiegelbild …

> *Die meisten Beziehungskonflikte sind Ausdruck gesellschaftlicher Verhältnisse. Sie entstehen etwa durch Arbeitslosigkeit oder wenn Frauen Beruf und Kinder haben wollen, dann aber feststellen, dass sie mit diesem Wunsch alleingelassen werden.*
>
> Anne Klein, ehem. Senatorin für Jugend, Frauen und Familie, später Fachanwältin für Familienrecht

Mit der Zeit wird der verbale Kleinkrieg immer ausgefeilter, Facetten und Nuancen des Dauerfeuers feiner, in den Dosierungen der Sticheleien, dem Tonfall, der Perfidie … und die Trefferquote erhöht sich, wenn man nur anständig daran arbeitet.

Frage 87

Wie lauten die drei berühmten Ws in dieser Ehephase?

1. wer
2. wie lange
3. wie viel
4. warum
5. weshalb
6. wieso

Antwort 87
1. 1 Punkt
2. 1 Punkt
3. 1 Punkt
4. 0 Punkte
5. 0 Punkte
6. 0 Punkte

Jetzt heißt es rechnen können, sprich: die eheinterne Abrechnung. Themen gibt es jede Menge. Wer schreibt den Geburtstagsbrief an Tante Inge? Wie lange hast du am Sonntag auf Laura aufgepasst? Wie viel vom Haushaltsgeld hast du schon wieder für Kosmetik ausgegeben? Und vor allem: Wer ist schuld? Männer lieben Exceltabellen, Frauen behalten das alles eher im Kopf. Wissenschaftler nennen so etwas „pathogene Struktur der Kleinfamilie".

Die meisten Frauen setzen alles daran,
einen Mann zu ändern, und wenn er sich dann geändert hat,
mögen sie ihn nicht mehr.   Marlene Dietrich

Frage 88
Wie sieht es aus, welche Kriegsführungsstrategien sind eher ihre Sache als seine?
1. offene Aggression
2. Liebesentzug
3. lange Diskussionen

Antwort 88
1. 0 Punkte
2. 1 Punkt
3. 1 Punkt

So sieht es aus! Aggression ist eher sein Ding. Ansonsten ist sein erklärtes Ziel: In Ruhe gelassen werden.
Sie kann dafür ausgezeichnet meckern, da kommt er wieder nicht mit.
Männer vergessen außerdem leichter. Streit hat für ihn nicht so ein großes Gewicht. Bei Frauen summiert sich dagegen Punkt für Punkt – bis zum Eklat.

Nichts ist beglückender, als den Menschen zu finden, den man den Rest seines Lebens ärgern kann.

Agatha Christie

Frage 89

Wer der Kriegsführung entsagt oder einfach nicht mehr kann, greift meist zu folgender Alternative:
1. heucheln, dass es kracht
2. schweigen, schweigen, schweigen
3. zu unterschiedlichen Zeiten zu Hause sein
4. die Vorgaben, Vorlieben und Vorurteile des anderen übernehmen

Antwort 89

1. 1 Punkt. Das macht den Umgang so schön einfach. Und alle sind glücklich. Ist das nicht herrlich? Wer schmeichelt, wird auch verblüfft feststellen, dass ihm noch die gröbste Unwahrheit geglaubt wird.
2. 0 Punkte. So ein Verhalten führt bei jahrelangem Gebrauch zu Aggression und Wahnsinn.
3. 0 Punkte. Klappt einfach nicht immer.
4. 1 Punkt. Geschieht oft, getarnt als Toleranz: Man nimmt einfach nichts mehr krumm – und abends eine Valium.

Vieles auf der Welt kommt zusammen,
aber selten die richtigen Paare. August Strindberg

Frage 90

Welche Umgangsformen ergeben sich aus Heuchelei und Selbstverleugnung?

1. Hasi nennt ihr Bärlein Schatzi.
2. Textblöcke und leere Worthülsen werden ausgetauscht.
3. Beide schwindeln immer dreister – und glauben irgendwann selbst daran.

Antwort 90

1. 1 Punkt. Infantilisierung und Regression als Betäubungsmittel. Sprachliche Magersucht ist ansteckend.
2. 1 Punkt. Auch das kommt dann oft vor. Mit den Gedanken ganz wo anders.
3. 1 Punkt. Leider ja!

Nach ein paar Jahren des zärtlichen Umgangs mit Verkleinerungsformen bei gleichzeitigem Wachstum von Missgunst und Eifersucht haben sie dann ungefähr das geistige Niveau von Zehnjährigen erreicht. Und deren Art, mit Problemen umzugehen. Wenn er dann Mutti zu ihr sagt, ist es definitiv zu spät.

Betrübt wird sie feststellen: Einst war sie selbstständig und clever. Plötzlich fragt sie sich, ob sie wirklich eine Glühbirne ersetzen kann, ohne Schaden anzurichten. Der andre greinert, weil er seine Zahnpasta nicht findet. Er hat den Verdacht, dass sie die versteckt hat. Nur um ihn zu ärgern. Sie schielt auf seinen Teller. Hat er sich etwa ein Hühnerbeinchen mehr gegönnt?

Ja, nun. Alles nicht so einfach. Aber so schlimm ist es nun auch wieder nicht. In der frühen römischen Geschichte durfte der Ehemann seine Frau ganz nach Belieben züchtigen, verkaufen oder töten. Und das geht heute einfach nicht mehr. Na bitte!

Frage 91

Woher stammt der Begriff Familie?

1. vom französischen Wort für Frau: la femme (gespr.: fam) – ursprünglich war die Familie von der Frau dominiert
2. vom englischen Wort für Ruhm: fame – ursprünglich war die Familie konstruktiv und kreativ
3. vom lateinischen Wort: familia, leitet sich von famulus her, übersetzt Haussklave – ursprünglich gehörte auch das Hausgesinde zur Familie

Antwort 91
1. 0 Punkte
2. 0 Punkte
3. 1 Punkt

Jawoll! Familie muss ja nicht nur Eheleute oder Eltern plus Kinder heißen. Früher konnte sie die gesamte Großfamilie, nahe und ferne Verwandtschaft, Diener, Freunde und Gäste mit einschließen.

Ach ja, was meinen Sie, wer mit dem Begriff Haussklave heute wohl gemeint ist?

Das bringt uns doch sofort zum nächsten Thema: das bisschen Haushalt!

Jacke wie Hose: Rollenverteilung im Haushalt

Vor der Hochzeit war er sicher, dass er nach der Heirat viel mehr Zeit mit seiner Süßen verbringen wird. Besonders, wenn ein Kind kommt. Und viel mehr im Haushalt helfen wollte er dann auch.

Frage 92

Wie viel mehr hilft laut Untersuchungen der Ehemann im Haushalt tatsächlich, wenn Kinder da sind?
1. 1 Stunde
2. 45 Minuten
3. gar nicht
4. 6 Minuten

Antwort 92
1. 0 Punkte
2. 0 Punkte
3. 0 Punkte
4. 1 Punkt. Gutes Gespür!

„Nirgendwo ist es so anstrengend wie zu Hause", stöhnt der frisch gebackene Vater Volker. Wussten Sie schon, dass sobald Kinder da sind, der Vater mehr und länger arbeitet als vorher? Und zwar jedes Jahr ein bisschen mehr.

Nirgendwo sonst, außer in einem Haushalt, ist der direkt sichtbare Erfolg der Arbeit praktisch gleich null. Oder innerhalb von weniger Minuten im vorherigen Zustand: aufgegessen, wieder schmutzig, und schon wieder völlig unordentlich! Rette sich, wer kann!

Mehr als die Hälfte der deutschen Bevölkerung ist für die traditionelle Arbeitsteilung. Ob das die Männer sind?

Frage 93

Väter, die sich bereitfanden, für Forschungszwecke kurzfristig den gesamten Familienhaushalt zu führen, fanden danach, es sei …

1. sehr befriedigend
2. enorm anstrengend und stressig
3. ein toller Spaß
4. ein kompletter Freizeitkiller
5. eine wunderbare Herausforderung an die eigene Flexibilität
6. nervtötend

Antwort 93

1. 0 Punkte
2. 1 Punkt
3. 0 Punkte
4. 1 Punkt
5. 0 Punkte (Herausforderung ja, wunderbar nein)
6. 1 Punkt

Zusammenfassend fanden die Studienteilnehmer die ganze Veranstaltung äußerst belastend und unbefriedigend.
Aber: Die Scheidungsquote bei Paaren, bei denen der Mann sich beim Putzen, Einkaufen und der Kinderbetreuung beteiligt, ist auffallend niedriger! Und das unabhängig davon, ob Mama arbeitet oder nicht.

Frage 94

Wenn beide Ehepartner gleichermaßen berufstätig sind, wie viel Prozent der Hausarbeit erledigt sie?

1. 50 Prozent
2. 30 Prozent
3. 70 Prozent

Antwort 94

1. 0 Punkte
2. 0 Punkte
3. 1 Punkt

Und mit den Jahren dann immer mehr.

Soziologen fanden heraus, dass sich im Beruf erfolgreiche Frauen überproportional im Haushalt engagieren. Weil sie ein schlechtes Gewissen haben … Warum nur? Das ist doch klar: Der Mann leidet schließlich an der Seite einer erfolgreicheren Frau – sie sieht nicht zu ihm auf. Das muss die kluge Frau irgendwie kompensieren.

Und wissen Sie was? Unverheiratete Männer, die mit ihren Partnerinnen zusammenleben, sind in puncto häuslicher Pflichten viel fleißiger! Ob das die Angst ist, dass sie sonst nicht geheiratet werden?

Fazit: Auch wenn sich Männer und Frauen als gleichberechtigt ansehen, nach der Heirat übernimmt die Frau peu à peu das Dreckwegmachen. In diesem Punkt sind wir in Deutschland genau wie Ehepaare in anderen Ländern auch.

Die Ehe ist das teuerste Verfahren,
seine Wäsche umsonst gewaschen zu bekommen.

Franklin P. Jones

Frage 95

Mit welchen Dingen kommt ein Ehemann im Haushalt zusammen?

1. Windeln
2. Wischmopp
3. Waschmaschine
4. Reinigungsmittel
5. Rasenmäher
6. Reparaturkasten

Antwort 95
1. 0 Punkte
2. 0 Punkte
3. 0 Punkte
4. 0 Punkte
5. 1 Punkt
6. 1 Punkt

Rasen mähen und kleinere Reparaturen, das kann er. Auch Auto waschen. Aber, wie der Volksmund so hübsch sagt: Ein Mann ist durchaus in der Lage, eine Waschmaschine zu erfinden, aber niemals, sie zu bedienen. Laut neuesten Studien können sich Männer einfach nicht vorstellen, Sachen mit „W", siehe oben, anzufassen.

Trotzdem, nicht vergessen: Wenn ein Mann sagt, er repariert das, dann repariert er das. Da muss sie ihn nicht gleich alle sechs Monate daran erinnern!

Frage 96

Er sieht in den knallvollen Kühlschrank, der mit Gemüse, Joghurt und anderen gesunden Sachen gefüllt ist. Was sagt er?
1. Lecker, was du wieder eingekauft hast!
2. Gleich mach ich uns was Feines, mein Liebes!
3. Mist! Nichts zu essen!

Antwort 96
1. 0 Punkte
2. 0 Punkte
3. 1 Punkt

Essen war für die Frau mal ein Genuss: leichte Sachen, viel Gemüse. Er sieht das anders: Ein Mann braucht Fleisch! Jede Menge, möglichst blutig. Also: Ein Grill wird angeschafft. Richtige Männer grillen. Wenn kein Bier im Kühlschrank ist, da ist er doch berechtigt sauer. Wenn er seinen Job so machen würde, wie sie ihren …

Frage 97

Die Kinder helfen zu Hause bei der Hausarbeit, zu …

1. 85 Prozent
2. 55 Prozent
3. 15 Prozent

Antwort 97

1. 0 Punkte
2. 0 Punkte
3. 1 Punkt. Mehr nicht! Warum nicht? Weil sie keinen Bock haben.

Besonders die Jungs meinen, dass das Frauensache sei. Das haben die wohl zu Hause so gelernt …
Noch ein, zwei Zahlen zur Erheiterung?

Frage 98

Wie viel Prozent der Ehemänner machen zu Hause nicht einen einzigen Handschlag?

1. 10 Prozent
2. 20 Prozent
3. 60 Prozent

Antwort 98

1. 0 Punkte
2. 0 Punkte
3. 1 Punkt

Aber andererseits: Ganze drei Prozent der Frauen haben einen Mann, der den größten Anteil der Hausarbeiten übernimmt. Also, die Chancen stehen gar nicht soooo schlecht für sie.
Raten Sie jetzt mal: was steht an erster Stelle der Ehekonflikte? Jawollja, der Haushalt ist und bleibt der Dauerbrenner. Da hat sich seit rund 50, 60 Jahren nichts geändert.

Frage 99

Was steht nach dem Haushalt auf Platz zwei der auszufechtenden Schlachten?

1. Kindererziehung
2. Fernsehprogramm
3. Finanzhaushalt der Bundesregierung
4. Finanzhaushalt der Familie

Antwort 99

1. 0 Punkte
2. 1 Punkt. Sie wissen Bescheid!
3. 0 Punkte
4. 0 Punkte

Erstaunlich eigentlich, weder der Nachwuchs noch das Geld, sondern die Qual der Wahl im TV lässt das Paar die Klingen kreuzen! Fußball oder Liebesfilm? Kochsendung gegen

Schlammcatchen? Talkshow gegen Actionfilm? Ärgerlich, die wirklich wichtigen Fragen beantworten Forscher dann doch wieder nicht!

Frage 100
Welchen Satz sagt er selten oder nie?

Antwort 100
1 Punkt. Richtig! Sie haben es gewusst! Natürlich: „Süße, nimm du doch bitte die Fernbedienung!"

Und was sagt er noch seltener? Genau! „Ich schmuse sowieso lieber, als schon wieder diese Champions League …" Aber das gehört ja zum Allgemeinwissen, hier gibt's also keinen Punkt.

Und jetzt doch mal was Positives zum Thema Männer und Hausarbeit: In zehn Jahren hat sich der Anteil der Beteiligung der Männer an der Hausarbeit erhöht. Um zehn Minuten. Jedes Jahr eine Minute. Na, wenn das so weitergeht …
Und noch eine Veränderung: Im gleichen Zeitraum verwendeten Frauen weniger Zeit fürs Kochen und Männer mehr. Um wie viel veränderte sich das Verhältnis? Um drei Minuten! Na bitte, es geht voran!

Frage 101

Was braucht der Mann, wenn er kocht?

1. eine Schürze, auf der steht: Hier kocht der Chef
2. jemanden, der hinterher eine Generalreinigung der bis zur Decke verdreckten Küche durchführt
3. eine Schar begeistert lobender Gäste
4. einen ausgeklügelten Maschinenpark

Antwort 101

1. 0 Punkte. Wäre schon schön, muss aber nicht.
2. 1 Punkt. Selbstverständlich!
3. 1 Punkt. Das ist ja wohl das Mindeste. Am besten mit dem verzückten Zusatz: „Dass er das auch noch schafft!"
4. 1 Punkt. Logisch! Boys and toys! (Darf sie denken, aber bitte nicht laut sagen.)

Und wenn er dann auch mal einkaufen geht (Muttertag oder Ähnliches), darf sie staunen: Er kauft richtig ordentlich ein, er liebt Vorratshaltung und Großpackungen. Mit einem Wort: Er zeigt ihr mal, wie das mit dem preis- und zeitbewussten Einkaufen wirklich geht. Ist doch ganz einfach, wieso beschwert sie sich da eigentlich immer?

Und dann? Dann ist er erschöpft und kann beruhigt den Rest des Jahres alles ihr überlassen. Er hat schließlich sein Möglichstes getan. Und morgen hat er eine wichtige Sitzung. („Psst, seid leise, Max und Laura, Pappi muss sich ausruhen!") Also gut, den Haushalt hat sie an der Backe. Aber das ist längst nicht alles: Sie wartet auch noch auf den Mann von der Telekom. Der kommt nämlich irgendwann zwischen acht und siebzehn Uhr. Wenn er kommt. Sonst nächste Woche.

Und natürlich ist sie auch die Elternsprecherin in der Klasse von Max und hilft außerdem bei der Volkstanzgruppe in der Vorschule aus. Denn alles rund ums Kind bleibt bei wem wohl kleben? Eben!

Mein Kind, dein Kind, unser Kind

Wir und unser Kind … Wie war das noch? Elternzeit und so? Nach der ersten Entdeckerfreude verabschiedet Papi sich ganz flott wieder in den Job. Mann nimmt zwei Monate – wenn überhaupt. Die meisten verzichten. Deutschland, ein vaterloses Land!

Und Mutti? Kinder, Teilzeit, Minijob, wenn überhaupt – daraus folgt: Mit ein, zwei Kindern hat sie sich in die Steinzeit der Emanzipation zurückgebombt.

Genau genommen geht rund die Hälfte der Mütter mit Kindern unter 12 Jahren überhaupt keiner Arbeit nach. Bei der anderen Hälfte handelt es sich zu 75 Prozent um Teilzeitstellen. Dass er ganz zu Hause bleibt, hat Seltenheitswert (so um die 0,2 Prozent).

Frage 102

Als was können sich Ehefrauen mit Kind nach kurzer Zeit bezeichnen:

1. als erziehende Verheiratete
2. als verheiratete Alleinerziehende

Antwort 102
1. 0 Punkte
2. 1 Punkt

Väter beschäftigen sich im Durchschnitt (!), das Wochenende mit eingerechnet, 20 Minuten am Tag mit ihren Kindern. Na immerhin! Wenn am Wochenende zwei Stunden Fußball gespielt wurde, reicht es dann rein rechnerisch in der Woche abends kaum noch für ein Gutenachtküsschen.

Wie nennt man dann die Vater-Kind-Beziehung? Speeddating! Und den Papa? Teilzeitvater, Hobbypapa, Eventdaddy, Gelegenheitsjobber.

Wenigstens wird darüber geredet, wenn auch im Konditional – das ist die Vatersprache: Er sollte, könnte und vor allem würde er gerne. Wenn er Zeit hätte. Dann würde er wirklich sofort zum Elternabend gehen. Aber …

Der Soziologe Ulrich Beck nannte das schon vor über 20 Jahren „verbale Aufgeschlossenheit bei relativer Verhaltensstarre". Tatsache ist: Je stärker Väter eine gleichberechtigte Partnerschaft betonen, desto weniger tun sie für die Familie.

Frage 103
Väter finden, dass sie für die Karriere zu viel Zeit aufwenden. Bei einer Umfrage, wofür sie zu wenig Zeit hätten, schaffte es auf Platz 1:
1. die Kinder
2. der Haushalt
3. das Liebesleben
4. die persönliche Freiheit

Antwort 103
1. 0 Punkte
2. 0 Punkte
3. 0 Punkte
4. 1 Punkt

Immerhin: Die Antwort „Kinder" landete auf Platz drei.

Frage 104

Nach dem ersten Kind macht die Frau zu Haus bald so gut wie alles allein, wenn sie …
1. besser gebildet ist als er
2. schlechter gebildet ist als er
3. arbeitet
4. nicht arbeitet
5. mehr als 40 Stunden in der Woche arbeitet
6. wenig verdient
7. viel verdient
8. in den neuen Bundesländern lebt
9. in den alten Bundesländern lebt

Antwort 104
1. 1 Punkt
2. 1 Punkt
3. 1 Punkt
4. 1 Punkt
5. 1 Punkt
6. 1 Punkt
7. 1 Punkt
8. 1 Punkt
9. 1 Punkt

Man könnte es auch schlicht mit einem Wort sagen: immer. Noch bevor das erste Kind drei Jahre alt wird, sind mehr als die Hälfte aller Mütter für alles rund um die Familie alleine zuständig. Wow! Ein Allroundservice oder Rundumsorglospaket. Ehrlich mal, welcher Mann, der noch bei klarem Verstand ist, lässt sich so ein Schnäppchen entgehen? Hierzu ein Studienergebnis: Väter sind mit der Arbeitsteilung im Haushalt sehr zufrieden.

Das ist in Deutschland unterschiedlich: In den neuen Bundesländern heiratet nur jedes zweite Paar mit Kind. In den alten Bundesländern sind die Eltern in drei Vierteln der Familien Eheleute.

Eine Frage – ausnahmsweise eine, auf die wir keine Antwort wissen, also außerhalb der Punktezählung: Wie kann es sein, dass Vater Volker zwar Filialleiter einer Bank ist, aber nicht die passenden Socken für Laura finden kann? (Obwohl sie ihm rausgelegt wurden.) Das muss ein ähnliches Phänomen sein wie das spurlose Verschwinden von Einzelsocken in Waschmaschinen. Oder?

Frage 105

Väter arbeiten deutlich länger als kinderlose Männer. Immer, das ganze Leben lang. Und wenn er der Alleinernährer ist, dann übernimmt er wie viel Prozent der Aufgaben rund um den kleinen Schatz?

1. 3 Prozent
2. 33 Prozent
3. 66 Prozent

Antwort 105
1. 1 Punkt
2. 0 Punkte
3. 0 Punkte

Aber der neue Papa, der zeigt, was er kann! Sein Freizeitverhalten lässt sich sonntags besonders gut am Vormittag beobachten. Der perfekte Vater nutzt seine „Quality time"!

Die größte Traditionalisierungsfalle ist Kind 1.
Und die allergrößte ist Kind 2.
Stefan Reuyß, SowiTra – Institut für sozialwissenschaftlichen Transfer

Damals, mit Rudi

Können Sie sich noch erinnern, haben Sie davon gehört? Damals, mit Rudi (Papa Rudi, Opa Rudi) auf den Barrikaden? Wer zweimal mit derselben pennt … Ach, die 68er! Was hatten die da nicht alles angestellt? Das Schuldprinzip in Scheidungsprozessen, der Kuppeleiparagraph und das Abtreibungsverbot wurden abgeschafft. Die Ehe ist ein Relikt der bürgerlichen Repression und des Patriarchats, erkannte man damals.

Nehmen Sie sich bitte einen Zettel und notieren sich in Stichpunkten, was sich danach alles an den konservativen Familienmustern geändert hat.

Wenn Ihnen nichts einfällt, können Sie ja ein paar lustige Strichmännchen malen.

Da, auf dem Foto, der mit dem Bart, das ist Rudi. Und der da, mit dem Anzug, der angepasste Aufsteiger? Ja, das ist Rudi später. Warum hat er sich denn so geändert? Na, für die Familie! Für die Ehe.

Ehe – Begriffserklärungen

Verlobung: Eine sinnvolle Einrichtung, eine Art Ausnüchterungszelle für Berauschte. (Evelyn Waugh)

Braut: Eine Frau, die eine schöne Glückserwartung hinter sich hat. (Ambrose Bierce)

Bräutigam: Ein stürmischer Bräutigam ist besser als ein windiger. (Unbekannt)

Heirat: Eine wunderbare Sache, solange es nicht zur Gewohnheit wird. (William Somerset Maugham)

Hochzeitstag: Der nahtlose Übergang von dürfen zu müssen. (Oscar Wilde)

Ehe: Ein Vertrag; nur der erste Anfang ist frei, der Fortbestand wird durch Zwang und Gewalt durchgesetzt. (Michel de Montaigne)

Ehering: Eine Tapferkeitsauszeichnung, die man am Finger trägt. (Noël Coward)

Ehemänner: Sind vor allem dann gute Liebhaber, wenn sie ihre Frauen betrügen. (Marilyn Monroe)

Ehefrau: Eine ehe-malige Geliebte (Henry Louis Mencken)

Das Totschlagargument Geld

Wer das Geld hat, entscheidet. Mies, was?

Statistisch gesehen ist es sehr wahrscheinlich, dass er nun also wesentlich mehr verdient als sie. Geld ist ihr ja auch nicht so wichtig. Sie arbeitet oft in den typischen schlecht bezahlten Frauenberufen, besonders im sozialen Bereich, in der Kinderbetreuung und Behindertenfürsorge, als Arzthelferin, Pflegerin, Friseurin oder in Dienstleistungs- und Behördenjobs.

Oder sie legt eine Babypause ein, dann vielleicht noch eine. Möglicherweise geht sie ihm nun auch ein wenig zur Hand. Rechnungen schreiben, Praxis putzen, irgendwie kann sie sich doch nützlich machen …

Wie sieht es in der überwiegenden Mehrzahl der Familien in Deutschland aus? Er verdient, sie verdient ein bisschen was dazu. Sprich, sie ist Hobbyberuflerin. Frauen managen die Familie und arbeiten meist in Teilzeit. Oder aber sie steigen gleich ganz aus.

Frage 106

Wie viele Hausfrauen gibt es in Deutschland?

1. 150 000
2. 1 500 000
3. 15 000 000

Antwort 106

1. 0 Punkte
2. 0 Punkte
3. 1 Punkt

Die Hälfte der deutschen Hausfrauen hat übrigens keine Kinder. Wie viele Hausmänner gibt es eigentlich? Die Anzahl ist so verschwindend gering, dass sich noch niemand die Mühe gemacht hat, sie zu zählen. Kennen Sie einen? Die Wahrheit ist: Wer Hausmann ist, versteckt sich. So was von Weichei!

Frage 107
Wie berechnet sich der Rentenanspruch für Hausfrauen?
1. nach den Jahren als Hausfrau
2. nach dem Verdienst des Ehemannes in dieser Zeit
3. gar nicht, denn er ist gleich null

Antwort 107
4. 0 Punkte
5. 0 Punkte
6. 1 Punkt

> *Heiraten Sie niemals einen Mann, der eine Börse fürs Kleingeld besitzt!* Coco Chanel

Wenn per Zufall sie das sein sollte, die mehr Kohle ranschafft – na, dann hat sie ein Problem. Für die meisten Beziehungen ist es problematisch, wenn die Frau mehr als ihr Partner verdient. Dann steigt auch die Scheidungsrate. Was nun? Umdenken vielleicht?

Frage 108

Wie viel Prozent der Frauen fühlen sich in der Rolle als Hausfrau und Mutter prima und ausgefüllt?

1.   4 Prozent
2.   14 Prozent
3.   41 Prozent
4.   81 Prozent

Antwort 108

1.   0 Punkte
2.   1 Punkt
3.   0 Punkte
4.   0 Punkte

Macht sie nun aber beispielsweise Karriere und Familie und verdient auch ganz gut – was dann? Sich wirklich um Finanzplanung, Altersvorsorge etc. zu kümmern, ist für viele Frauen keine Selbstverständlichkeit. Wenn sie dann später wegen Baby Max und Omas Alzheimer zu Hause bleibt, klappt die Falle zu. Moment mal, das Paar wollte doch alles teilen! Warum nun nicht auch das Gehalt? Erst ihrs. Dann seins. Zum Beispiel.

> *Manche Ehe ist ein Todesurteil,*
> *das jahrelang vollstreckt wird.*   August Strindberg

Aber: Geld ist das Tabuthema! Die meisten Paare reden eher über geheime sexuelle Fantasien als über Geld – und wenn doch einmal, dann fliegen die Fetzen!

Frauen neigen zur Verdrängung solch unschöner Themen wie Finanzen. Oder sie führen heimlich ein Konto. 4,5 Millionen tun das in Großbritannien, kam bei einer Umfrage heraus. Und in den USA hat gleich bei einem Drittel aller Paare einer ein geheimes Konto.

Warum machen Sie's nicht wie Oprah Winfrey? Die US-Moderatorin hat laut Forbes innerhalb eines Jahres schlappe 165 Millionen Dollar verdient. Unter den Umständen kann man das Thema Geld dann vergessen – und sich um die wirklich wichtigen Dinge kümmern.

Frage 109

Wie viele Männer arbeiten eigentlich Teilzeit?
1. 60 Prozent
2. 16 Prozent
3. 6 Prozent

Antwort 109
1. 0 Punkte
2. 0 Punkte
3. 1 Punkt

So unfair ist das alles in der Ehe … Ist er also ein schlimmer Bösewicht? Keineswegs! Er muss ja verdienen, schließlich muss er ja die Familie ernähren. Und er hat da nun mal bessere Karten. Sie kennen das ja, die Sache mit der Katze und dem Schwanz. Und außerdem, hey: Ein vollwertiger Mann arbeitet Vollzeit. Und sie steckt beruflich zurück. Dem Kind zuliebe, der Familie zuliebe, der Liebe zuliebe.

Und das ja auch nur für eine kleine Weile! Denkt sie. Was hat sie vergessen? Dass es keinen Rückweg gibt! Raus ist raus. Wenn sie nach jahrelanger Pause wegen Kindern und Familie wiedereinsteigen will, hat sie großes Glück, wenn sie eine befristete Teilzeitstelle als stellvertretende Aushilfskraft ergattert.

Der Mann muss hinaus ins feindliche Leben, muss wirken und streben und pflanzen und schaffen, erlisten, erraffen, muss wetten und wagen, das Glück zu erjagen …
Und drinnen waltet die züchtige Hausfrau, die Mutter der Kinder … und reget ohn' Ende die fleißigen Hände …

Schiller, „Die Glocke"

Frage 110

Nach dem klassischen Ernährermodell (sie bleibt zu Hause) – wenn Kinder im Vorschulalter sind – lebt rund die Hälfte aller Familien. Wie viele von ihnen finden, dass das genau das ist, was sie wollten?

1. 99 Prozent
2. 66 Prozent
3. 6 Prozent

Antwort 110

1. 0 Punkte
2. 0 Punkte
3. 1 Punkt. Toll, dass Sie darauf gekommen sind!

Eben! So ist es. Trotzdem folgt das Fazit: Er leitet eine Firma. Sie eine Non-Profit-Organisation!

Er zahlt mit Geld, sie mit ihrer Zeit – und ihrer Unabhängigkeit.

Und jetzt nur noch ein ganz klein wenig mehr davon: Wenn die beiden – unser gleichberechtigtes Paar vom Anfang – idealistisch mit dem Gedanken, dass alles so bleibt, wie es ist, in die Ehe gestartet sind, wie wird ihr Leben möglicherweise nach sechs Jahren Ehe aussehen und wie nach 14 Jahren? Achtung, jetzt kommt Mathe!

Frage 111

Einer renommierten Langzeitstudie zufolge befanden sich bei der Heirat rund 25 Prozent in einer stark traditionellen Familie (Alleinernährer) und rund 45 Prozent in einer partnerschaftlichen Beziehung. Wie sah es nach nur sechs Jahren Ehe aus?

1. stark traditionell waren genauso viele Familien
2. stark traditionell waren mehr als doppelt so viele Familien
3. partnerschaftlich waren weniger als die Hälfte der Familien
4. partnerschaftlich waren genauso viele Familien

Antwort 111
1. 0 Punkte
2. 1 Punkt (von 25 auf 55 Prozent)
3. 1 Punkt (von 44 auf 18 Prozent)
4. 0 Punkte

Manche Zahl sagt mehr als tausend Worte. Soziologen nennen das den „Ehedauereffekt".

Frage 112
Und wie war das dann nach 14 Jahren?

Antwort 112
Fragen Sie nicht!

Frage 113
Fünf Jahren nach der Heirat ist die ganze Beziehungsgeschichte wo angelangt? Auf dem …
1. Höhepunkt
2. Ausgangspunkt
3. Tiefpunkt

Antwort 113
1. 0 Punkte
2. 0 Punkte
3. 1 Punkt. Absolut.

Wen wundert's? Genau das war am Anfang mit Abgrund gemeint. Daran vorbei führt natürlich auch ein Weg. Man muss ihn aber suchen. Und finden! Wegweiser? Immer und überall Ausschau halten! Und natürlich hier bei uns, in diesem Buch! Denn das ist ja der Sinn der Sache mit unseren vielen Fragen.
Anstrengend? Und ob. Also, jetzt steht uns mal eins zu: Urlaub!

Was ist eigentlich Urlaub?

Endlich Urlaub! Ab auf die Insel! Nun kann es beginnen, das Glück der Liebe in der Ehe. Im Alltag geht das halt schon leicht verloren. Das wird jetzt alles ruckizucki nachgeholt! Endlich frei, nur er und sie und die lieben Kleinen.

Jetzt stellen sich allerdings die Fragen: wohin und wie und was und wie lange?

Frage 114

Wie entscheiden sich Paare bei der Wahl: Gebirge oder Meer, Fahrrad oder Flugzeug, Toskana oder Usedom?

1. nach dem besseren Erholungswert für den Ernährer
2. I Ging werfen
3. nach tage- und nächtelangem Diskutieren

Antwort 114

… das fragt man sich! Keine Punktevergabe bei diesem heiklen Thema.

Weiter geht's: Wandern oder Shopping? Mäkeln oder tolerieren? Abenteuer oder Abhängen? Und dann vielleicht noch: Zug verspätet, Hotel mies, Klima zu heiß oder zu kalt, am Büffet Kampf, Essen auch noch schlecht, Sprache fremd, Strand voll, Kinder Durchfall, Laune Nullpunkt. All inclusive? Na, davon können Sie ausgehen!

Urlaub? Was ist eigentlich Urlaub? Und dann auch noch von morgens bis abends zusammen – wann hat man schon sonst je so einen Stress? Und was soll man bloß die ganze Zeit reden? Er will sagen, wo's langgeht: auf den Berg hinauf oder hinein ins Kanu. Sie ist sauer, weil er schon wieder bestimmen will. Außerdem will sie an den Strand und ein Buch lesen.

Frage 115

Was kommt dann?
1. Schatz, wo ist eigentlich meine Badehose?
2. Liebling, wo ist eigentlich meine Badehose?

Antwort 115
1. 1 Punkt. Genau!
2. 1 Punkt. Stimmt auch!

Frage 116

Die Folgen sind:
1. Kopfschmerzen
2. Appetitlosigkeit
3. Hautausschlag
4. Ehekrise

Antwort 116
Ja (jeweils einen Punkt).

Wie an die Heirat, sind auch die Erwartungen an den Urlaub so übertrieben, dass die Realität da unmöglich mithalten kann. Jetzt herrscht der Glückszwang. Soziologen sehen in den freien Tagen für Ehepaare einen hoch konfliktbesetzten Bereich.

Aus Versehen ist in Bonn neulich ein Ehemann allein in den Urlaub gestartet. Er dachte, seine Frau säße hinten, sagte er der Polizei. Seine verlassene Gattin hatte die Polizei alarmiert, als er beim Packen nach einem Streit einfach losgefahren war und nicht wiederkam. Der Mann versprach, umzukehren.

Frage 117

Wann wird jede dritte Scheidung eingereicht?

1. zum 45. Hochzeitstag
2. nachdem die Kinder ausgezogen sind
3. direkt nach dem Urlaub

Antwort 117

1. 0 Punkte
2. 0 Punkte
3. 1 Punkt

Die Ehe ist nicht zur Verlustierung da.

Romain Rolland in „Meister Breugnon"

Obwohl … eigentlich sollte es doch lustig werden, im Urlaub und überhaupt. Die meisten Frauen haben Humor ziemlich weit oben auf der Wunschliste der herausragenden Merkmale der Spezies der Traumprinzen stehen. Denn sie lachen schließlich gern. Aber Achtung: Er mag das nicht so, wenn sie zu ungehemmt lacht und zu witzig ist, denn das demonstriert Stärke und Unabhängigkeit – nichts für ihn, wenn er die gute Laune nicht verlieren soll. Sie sollte einfach nur fröhlich sein. Denn Fröhlichkeit und Natürlichkeit zeigen, dass sie sich mit ihm wohlfühlt.

Aber … wir wissen es ja! Humor ist, wenn man trotzdem lacht.

Erzähl doch mal was Lustiges! Rollenspiele im Alltag

Das Niveau der Alltagskultur offenbart sich gern im Witz. Er war und ist das probate Mittel der Unterdrückten, ein Ventil zu schaffen, wenn an den tatsächlichen Verhältnissen nichts geändert werden kann. In Gefängnishaltung und unter permanenter Kontrolle hilft nur noch Lachen. Am Besten über sich selbst.

> *Frau vor dem Spiegel: „Dieses Ekel gönn ich ihm!"*
>
> Salcia Landmann, Jüdische Witze

Lustig und gern gesehen, zum Beispiel bei Feiern, sind ja auch Spiele. Sehen wir uns doch mal die Rollenspiele in der Ehe an:

Frage 118

Sie ist eher der ängstliche Typ. Welche Rolle wird er übernehmen?

1. Er gleicht sich an und wird ein ganz Vorsichtiger.
2. Er wird zum Haudegen.
3. Er bleibt, wie er ist.

Antwort 118
1. 0 Punkte
2. 1 Punkt
3. 0 Punkte

Denn die Devise heißt hier nämlich: Dann erst recht! Je kontaktfreudiger sie ist, um so mehr wird er zum Muffel. Damit sie mal sieht, wie das für ihn ist, wenn er immer danebensteht. Je lauter er wird, umso leiser wird sie. Reicht ja, wenn einer schreit. Ist ihr schnell etwas peinlich, wird er der King in Anzüglichkeiten.

Ausgewogenheit spielt ja in der Ehe bekanntlich eine große Rolle. Jeder erfüllt seinen Part und schon ist die Harmonie perfekt. Und sie ergänzen sich so gut! Und in ihren Rollen, da werden sie immer perfekter.

Er hat ja seine sofort: Er ist der Ernährer. Der Mann mit dem Portemonnaie. Wer was abhaben will, muss freundlich sein. Sie ist dann also die Freundliche. Lieb, nett, hübsch zurechtgemacht, Unterstützerin und Supermami – und das aber volle Kanne.

Irgendwann ist sie dann also weichgekocht. Sie wehrt sich nicht mehr. Sie ist jetzt bereit für Kompromisse. Und die Wäsche muss schließlich auch noch gemacht werden. Man kann sich ja nicht um alles kümmern.

Frage 119

Wie heißen in Deutschland Mütter, die schon ein paar Jahre, nachdem Baby Max auf die Welt gekommen ist, wieder arbeiten gehen?

1. Supermütter
2. Übermütter
3. Rabenmütter

Antwort 119
1. 0 Punkte
2. 0 Punkte
3. 1 Punkt

Und das, obwohl Raben sehr umsichtige und liebevolle Eltern sind!

Frage 120
Kennen Sie diese Werbung? „Ich will so bleiben, wie ich bin! Du darfst!" Wer sagt hier was?

Antwort 120
Richtig! 1 Punkt. „Ich will so bleiben, wie ich bin!", sagt er. „Du darfst!", sagt sie.

> *Wenn du damit beginnst, dich denen aufzuopfern,*
> *die du liebst, wirst du damit enden, die zu hassen,*
> *denen du dich aufgeopfert hast.* George Bernhard Shaw

Die Aufgabenbeschreibung für die Rolle als Ehefrau zu Hause können Sie bei Henriette Davidis in „Die Hausfrau" und „Beruf der Jungfrau" nachlesen. Die Bestsellerautorin aus dem 19. Jahrhundert hat außer ihren berühmten Kochbüchern nämlich auch Anstandsbücher geschrieben, an die Sie sich noch immer unbesorgt halten können. Henriette Davidis war clever, sie verkaufte die Benimmregeln für Ehefrauen ganz hervorragend – und blieb zeitlebens unverheiratet. Was ihr da wohl alles entgangen ist? Sehen wir mal!

Was Sie niemals über Sex wissen wollten

Die Ehe hat ganz sicher auch ihre Vorzüge: Sex macht alleine einfach weniger Spaß.

Gar zu gern glauben die meisten an die lebenslange Liebe und enthemmten tabulosen Sex mit ihm auf immer. Also Monogamie? Na, zumindest serielle Monogamie, von Ehemann zu Ehemann. Zumindest meistens.

Frage 121

Jeder wievielte Ehemann geht hin und wieder ins Bordell oder bestellt sich auf der Geschäftsreise eine bezaubernde Lady vom Escortservice ins Hotel?

1. jeder zweihundertste
2. jeder zwanzigste
3. jeder zweite

Antwort 121
1. 0 Punkte
2. 0 Punkte
3. 1 Punkt. Stimmt haargenau!

Fragen Sie mal Emmanuelle vom Club Intim aus Wuppertal, wie viele ihrer Kunden verheiratet sind!

Der sicherste Weg zur Impotenz ist die eheliche Treue.

Napoleon I.

Achtung: Falls sie auf Abwegen wandeln will, genau hinsehen, wenn scharfe Dessous unterm Weihnachtsbaum liegen. Eine brasilianische Firma hat Dessous (nur für die Dame, keine für den Herren) auf den Markt gebracht, mit denen er sie via Satellit jederzeit orten kann, dank eines eingebauten GPS-Senders.

Einen Seitensprung leistet sich (so ergaben jüngste Befragungen) nicht nur jeder Zweite, sondern auch jede Zweite.

Frage 122

Um wie viel erhöht sich die Wahrscheinlichkeit, dass der Gatte fremdgeht, wenn sie schwanger wird?

1. um das Doppelte
2. um das Dreifache
3. um das Fünffache

Antwort 122

1. 0 Punkte
2. 0 Punkte
3. 1 Punkt

Der Gatte: Der Begriff kommt übrigens tatsächlich von … begatten.

Frage 123

In wie vielen der bisher erforschten Zivilisationsformen wurde die Monogamie als Lebensform praktiziert?

1. 90 Prozent
2. der Hälfte
3. einem Fünftel

Antwort 123
1.   0 Punkte
2.   0 Punkte
3.   1 Punkt

Ein Mann braucht Abwechslung? Immer das gleiche Essen, wer will das schon. Sie ist da besser: Verdrängen können, was sie selbst will, das hat sie ja schon mit der Muttermilch eingesaugt. Frau richtet sich nach den Bedürfnissen ihrer Lieben! Und außerdem: Zu Selbstbetrug und Heuchelei wird nun einmal nach dem Jawort fortan Du gesagt.
Fazit: Ehe ist das Verschmelzen vom Einzel zum Doppel. Zumindest beim Thema Moral ist das richtig.

> *Zwei Herren kommen in der Bar ins Gespräch.*
> *„Wissen Sie, ich hatte mit meiner Frau vor der Ehe nichts.*
> *Und Sie?" Der andere überlegt. „Keine Ahnung", sagt er,*
> *„wie war denn ihr Mädchenname?"*   Unbekannt

50 Prozent der bis zu 30-Jährigen glauben, dass Leidenschaft für eine glückliche Beziehung wichtig ist. Diese Überzeugung lässt mit den Jahren deutlich nach.

Frage 124
Bei den Mitte Vierzigjährigen findet Sex sehr wichtig:
1.   63 Prozent der Männer
2.   36 Prozent der Männer
3.   63 Prozent der Frauen
4.   36 Prozent der Frauen

Antwort 124
1. 1 Punkt
2. 0 Punkte
3. 0 Punkte
4. 1 Punkt

Kurz mal zum historischen Sex in der Ehe: Prostitution und Konkubinat – alles, was hier und heut fleißig unterm Deckmäntelchen läuft – die Römer hatten nichts dagegen. Selbst ihre Ehegesetze waren ziemlich gerecht und trugen wesentlich zur Emanzipation der Frauen bei. Diese Römer!

Salomo im alten Israel hatte nicht weniger als 700 Frauen und 300 Konkubinen. Allerdings waren damals die Frauen entweder Besitztum des Vaters oder des Ehemannes. Doppelmoral war hier an der Tagesordnung – sexuelle Erfüllung garantiert, für die Männer aber nur. Also heute: im Westen nichts Neues!

Dabei ist Ehe:

... die Verbindung zweier Personen verschiedenen Geschlechts zum lebenswierigen wechselseitigen Besitz ihrer Geschlechtseigenschaften. Immanuel Kant

Und – wissen Sie was? Alle Klischees sind wahr! Rund die Hälfte aller etwas reiferen Herren findet die erotische Anziehungskraft der Partnerin relativ uninteressant. Was ist ihnen da viel wichtiger? Sie haben's erraten: dass sie gut bekocht werden.

Und jetzt eine sich da zwangsweise anschließende Frage.

Frage 125
Was finden denn nun etwas reifere Damen ziemlich reiz-voll – im Gegensatz zu ihren Partnern?
1. Wellnessreisen
2. Swingerclubs
3. Bildungsreisen
4. ein Leben als Single

Antwort 125
1. 0 Punkte
2. 0 Punkte
3. 0 Punkte
4. 1 Punkt. Wie das wohl kommt?

Das eheliche Beischlafprogramm fängt also irgendwann an, nicht mehr ganz so prickelnd zu sein? Sie überdenkt das Thema mit dem lange nötigen Deckenanstrich oder denkt an England? Vielleicht bildet sie sich ganz fest ein, er wäre George Clooney?

Frage 126
Wer träumt mehr vom Sex mit einem Promi?
1. Männer und Frauen gleich viel
2. Männer doppelt so oft wie Frauen
3. Frauen doppelt so oft wie Männer

Antwort 126
1. 0 Punkte
2. 0 Punkte
3. 1 Punkt

Moderator Kai Pflaume stand da bei einer Umfrage auf Nummer eins. Noch vor Schauspieler Moritz Bleibtreu. Während Frauen von Sex mit Promis träumen, treiben es Männer im Schlaf gern mit mehreren Frauen. Sex in der Ehe? Manche meinen, man könne sich praktisch an alles gewöhnen. Herzkasper im Ehebett sollen selten sein. Und irgendwann hört das mit dem Sex ja auch auf. Ist ja schließlich nicht alles. Es gibt ja doch noch Kreuzworträtsel. Man kann sich außerdem schon mal überlegen, wo man begraben sein will.

> *„Wie geht es, Kohn?"*
> *„Danke die Frage. Es geht noch. Monatlich ein-, zweimal …"*
> *„Aber, aber! Ich habe es doch nicht so gemeint!*
> *Ich frage: Wie geht es zu Hause?"*
> *„Ja, zu Hause …? Zu Hause geht es überhaupt nicht mehr."*
> Slacia Landmann, Jüdische Witze

Aber andererseits war ja da mal was … Wo zum Teufel ist sie nur hin, die Lust? Beim letzten tête-à-tête zum Thema Haushaltsgeld unter den Tisch gefallen? Am nächsten Morgen versehentlich mit weggesaugt? Kann passieren.

Noch schnell ein Forschungsergebnis mit auf den Weg? Geld macht geil. Einer Studie zufolge haben Frauen häufiger einen

Orgasmus, wenn sie mit reichen Männern schlafen. Obendrein wächst mit dem Einkommen (bei Männern, nicht bei Frauen) der Reproduktionserfolg. Ist das nicht einfach super: heißer Sex und viele Kinder! Frauen, nehmt 'nen Reichen! Apropos Kinder …

Frage 127

Nach Babys Geburt ist Feierabend mit der schönsten Nebensache der Welt? Kein Sex mehr hat dann jede wievielte Ehe?

1. jede dritte
2. jede dreizehnte
3. jede dreißigste

Antwort 127

1. 1 Punkt
2. 0 Punkte
3. 0 Punkte

Das ist nebenbei bemerkt einer der häufigsten Scheidungsursachen in den ersten Ehejahren. Und – was sagen die Forschungsergebnisse über die Ursache? Na, raten Sie mal! Die Glückserwartungen an das Baby und das gemeinsame Familienleben sind oft vollkommen überzogen! Offenbar wollen viele mit aller Macht an Märchen glauben!

Märchen und Träume

Der Kinderglaube an das unendliche Glück im Eheinstitut, was richtet der nicht alles an! Und all die kleinen Anzeichen, die das Paar zwar wahrnimmt, aber nicht wahrhaben will? Lieber zu zweit blindlings auf das Ende zutaumeln, als sich allein mit offenen Augen der unschönen Wahrheit stellen?

Aber, falls es Ihnen so ergehen sollte, trösten Sie sich: Sie sind nicht allein! Die meisten Menschen seien nahezu blind gegenüber Risiken und drohenden Katastrophen, so meint die Risikoforschung. Die Wahrnehmung sei oft verzerrt, weil immer geglaubt würde, was bisher gut ging, ginge auch weiter gut. Katastrophen brechen über die Menschen herein, obwohl sie diese hätten erwarten können. Wie beim Truthahn, sagt der Wissenschaftler Nassim Taleb: Von Menschen gezüchtet und gefüttert, muss der zwangläufig der Meinung sein, dass es die Menschen gut mit ihm meinen. Diese falsche Wahrnehmung endet sehr plötzlich – an Thanksgiving. Merke: Passieren kann immer etwas. Außer Ihnen! Sie sind ja schließlich kein Truthahn.

Frage 128

Wissenschaftler haben ausgemacht, dass Paare das Risiko des Scheiterns erhöhen, wenn sie …

1. Verträge gemacht haben
2. durch Vererbung vorbelastet sind
3. verhaltensgestört sind

Antwort 128

1. 1 Punkt. Kommt aber immer auf den Vertrag an! Wenn einer misstrauisch und geizig ist, ist das wohl die Ursache.
2. 1 Punkt. Tja, Mama und Papa sind doch schuld!
3. 1 Punkt. … (ohne Worte)

Also lieber doch kein Märchenglück erträumen? Das hängt davon ab! Lesen Sie Ihren Töchtern aber niemals Märchen à la König Drosselbart vor. Können Sie sich noch an die Geschichte erinnern? Die spöttische, ein wenig oberflächliche Königstochter wird wegen Selbstständigkeit und Witz von ihrem Vater verdonnert, den nächstbesten Bettler, der aufkreuzt, zu ehelichen. Das ist natürlich der von ihr bös verspottete und bitter gekränkte Drosselbart. Er führt ihr vor Augen, was ihr alles an materiellen Gütern versagt geblieben ist, als sie ihn davonjagte – und prompt bereut sie, die kleine Primadonna! Dann zwingt er sie zu niederen Diensten, macht sie moralisch fertig, bis sie völlig gebrochen und ein braves Frauchen ist – und zum Lohn ihn doch noch als reichen König haben darf. Ach, die Gebrüder Grimm. Vielleicht waren sie einfach nur Realisten. Und sind aktuell bis heute! Das Dumme an Märchen ist ja nur … es bleibt nicht aus. Irgendwann kommt es, das böse Erwachen.

Frage 129

Sie trauert allem hinterher, was sie verloren hat. Was ist es? Ihre ehemalige …

1. Selbstständigkeit
2. Figur
3. Lebenseinstellung
4. Lustigkeit

Antwort 129
Jeweils ein Punkt.

Frage 130

Er betrauert den Verlust von …

1. seinem alten Motorrad
2. seinem Spaß
3. seinen Kumpels
4. seiner Fußballvereinsmitgliedschaft
5. seiner Freizeit

Antwort 130
Jeweils ein Punkt.

Er ist jetzt von morgens bis abends im Büro. Manchmal auch am Wochenende. Sagt er jedenfalls. Sie ist jetzt dreifach berufstätig: Ehefrau, Hausfrau, Mutter. Vielleicht macht sie ja irgendwo noch einen kleinen Aushilfsjob, halbtags.

Frage 131

Er lernt zufälligerweise lauter Frauen kennen, die sich dadurch von seiner Angetrauten unterscheiden, dass sie …

1. älter
2. jünger
3. schlanker
4. dicker
5. blonder
6. klüger sind

Antwort 131
1. 0 Punkte
2. 1 Punkt
3. 1 Punkt
4. 0 Punkte
5. 1 Punkt
6. 0 Punkte

Sie wird zufälligerweise einmal auf einer Party angesprochen. Small-Talk-Thema Nummer eins: „Und was machen Sie so beruflich?"

Frage 132

Was passiert?
1. Es ergibt sich ein angeregtes Gespräch.
2. Prickelnde Erotik erfasst beide Gesprächspartner.
3. Er ist schneller wieder weg, als sie das Wort Haushalts-führung zu Ende sprechen konnte.

Antwort 132
1. 0 Punkte
2. 0 Punkte
3. 1 Punkt

Hat sie nun noch außerhalb der Familie etwas vor im Leben? Ein Buch schreiben? Etwas erfinden? Ein großes Übersetzungswerk verfassen? Egal was, irgendetwas Eigenständiges? Dann braucht sie nur drei Dinge: ein eigenes Zimmer, Geld und Zeit. Jetzt wäre sie schon froh, wenn sie nur eins davon hätte? Tja, dumm gelaufen!

Eine Frau muss Geld haben und ein Zimmer für sich allein.
Virginia Woolf

Was soll man dann dazu noch sagen? Wenigstens reden!

Wir müssen reden!

Jahre später … Der persönliche Lebensstil ist auf Eheniveau getrimmt. Sie sieht immer mit ihm „Tatort", weil er das so gerne mag. Ihr persönlicher Geschmack, eine Wohnung einzurichten? Nun, in der Ehe schließt man Kompromisse. Die Feiertage immer im trauten Familienkreis, immer dieselben alten Geschichten von seinen Heldentaten als Kind, immer Sportschau? Das nennt sich also Gemeinsamkeit? Oder kleinster gemeinsamer Nenner?

Sie, die Ehefrau, erinnert sich jetzt hoffentlich an ihre „soft skills". Sie ist als Frau sozial und emotional die Kompetenz. Wenn sie jetzt stänkert oder nicht mehr mitmachen will, ist sie eine Egoistin. Total unweiblich!

Das Paar hat nun viele gemeinsame Erlebnisse, einige zumindest. Die gehen ein in das Mythenalbum der Ehezeit. Das ist so etwas wie ein orales Fotoalbum. Mit Bildern, auf denen alle immer lächeln. Das hält nicht ewig, aber ein Weilchen.

Früher, ganz früher einmal, meinten beide eine Beziehung auf Augenhöhe zu führen. Wenn er jetzt in ihre Augen schauen will, sagt er gerne Kleines … Es gab mal eine Zeit, da war sie darüber noch gerührt.

Frage 133

Das Gesetz, dass Männer das Entscheidungsrecht und Frauen die Folgepflicht haben, galt bis:

1. 1927
2. 1957
3. 1977

Antwort 133
1.   0 Punkte
2.   0 Punkte
3.   1 Punkt

Sie ist jetzt öfter so nervös, reizbar. Er ist sehr selten zu Hause. Die Kids sind längst ausgezogen. Und dann, eines Tages, ist es soweit. Er sagt: „Wir müssen reden!" Dann wird er mit ihr über ihre Selbstwertprobleme sprechen. Verständnisvoll. Tolerant. Er will helfen. Er sieht einen Teil seiner Schuld ein: Das mit den Unterlegenheitsgefühlen – an seiner Seite – kann nun mal leicht passieren. Sorry. Er empfiehlt einen selbstbewusstseinsfördernden Korbflechte-Kurs. Oder Töpfern.

Raten Sie mal, was die häufigste Frage ist, die sich Ehefrauen in Internetforen gegenseitig stellen? Wie kann es nur sein – und wie ist es dazu gekommen – dass er so dermaßen überheblich ist. Alles ein Missverständnis? Er versteht sie nicht mehr – sie versteht ihn nicht mehr?

Vielleicht ist ein stufenweiser Prozess die Ursache? Hier folgt ein Erklärungsversuch:

Die Ehe-Interne-Eskalations-Skala (EIS) von Stufe 1 bis 10 – auf fast wissenschaftlicher Basis

Hinweise/Warnungen zum Umgang mit der EIS:
Beachten Sie, dass die Abfolge der einzelnen Stufen nicht immer linear verläuft. Es können durchaus Phasen über-

sprungen oder einzelne Phasen miteinander vermischt werden. In manchen Fällen wurde beobachtet, dass von den einzelnen Stufen hin- und zurückgesprungen wurde.

Beachten Sie weiterhin, dass der Beschleunigungsfaktor hoch sein kann! Befinden Sie sich in einer der Phasen, müssen Sie in extremen Fällen mit einem fortschreitenden Verlauf von in etwa dem Faktor x^3 rechnen. Gelegentliche Übelkeit und Kopfschmerzen sind nicht auszuschließen. Das Fahrverhalten kann beeinflusst werden. Auswirkungen bei Schwangerschaften sind noch nicht hinlänglich untersucht.

Haftung wird ausgeschlossen.

Die EIS

Stufe 1: Auf dieser Stufe nervt es Sie wie die Hölle, dass Ihr Partner sich die Nagelhaut mit den Zähnen abbeißt. Sie sagen aber nichts. Sie halten sich für tolerant. Und für realistisch. Sie können mit den Schwächen des anderen umgehen. Sie sind auf der Stufe „Toleranter Realismus".
Wehret den Anfängen! Sprechen Sie es an! Alles! Na gut, fast alles!

Stufe 2: Auf Stufe 2 haben Sie schon viel gelernt. Sie wissen jetzt: Es hilft nichts! Sie haben sich schließlich für diesen Partner entschieden. Sie sind nun glasklar ausgerichtet. Mittagessen gibt's um Zwölf. Was muss, das muss. Da sind Sie ganz pragmatisch. Sie sind auf der Stufe „Totaler Pragmatismus".
Eins nie vergessen: Always look on the bright side of life!

Stufe 3: Auf Stufe 3 kämpfen Sie um Ihre Stellung bis aufs Blut. Sie wollen jetzt nicht mehr dulden, dass der Partner in der

Nachverliebtheitsphase plötzlich alles bestimmen will. Die Frage, ob rechts oder links entlang der kürzere Weg ist, lässt die Kreuzung zum Kriegsschauplatz geraten. Bei jeder Kleinigkeit müssen Sie sich beweisen – und draufhauen. Sie sind auf der Stufe „Hau drauf".

Treten Sie doch mal einen eleganten Schritt zur Seite! Einfach nicht mitspielen!

Stufe 4: Auf dieser Stufe haben die Nahkämpfe Pause. Sie können nicht mehr. Sie sind weichgekocht. Sie geben dem Partner recht. Sie laden dessen Eltern zum Kaffeetrinken ein. Sie sind ganz lieb. Sie sind auf der Stufe „Bin ganz lieb".

Bleiben Sie sich selbst treu! Erinnern Sie sich an Ihre Prioritäten!

Stufe 5: Auf Stufe 5 ist es Ihnen gelungen, so ziemlich alles Unangenehme zu verdrängen. Dass der Partner die Nagelhaut abbeißt, finden Sie jetzt niedlich. Sie lächeln immer und finden alles toll. Sie sind auf der Stufe „Alles toll".

Jetzt immer die Realitäten im Blick behalten! Trotz allem und auch wenn es schwerfällt!

Stufe 6: Auf Stufe 6 beginnt ein ziemlich schizophrener Prozess. Sie funktionieren wie am Schnürchen, haben aber erste Ausfälle. Hin und wieder reißt der barmherzige Schleier vor Ihren Augen und Sie sehen einzelne realistische Ausschnitte in schmerzhafter Helligkeit. Kleine zu allem entschlossene Terrorzellen, subversive Umstürzler, treiben ihr Unwesen in Ihrem Hirn. Das ist die fünfte Kolonne. Sie befinden sich auf der Stufe „Fünfte Kolonne".

Wieder auf die eigenen Wünsche und Bedürfnisse konzentrieren! Halten Sie damit nicht hinterm Berg!

Stufe 7: Auf Stufe 7 hat Ihr Selbstwertgefühl eine achterbahnähnliche Talfahrt hinter sich. Sie sind dem Partner dankbar, dass er Sie trotz Ihres Versagens liebt. Denn Sie sind der permanenten Überforderung nicht Herr geworden. Ihren alten Job, den Sie wegen der Kinder aufgegeben hatten, kriegen Sie auch nicht wieder. Im Grunde sind Sie kurz vor dem Durchdrehen. Sie befinden sich auf der Stufe „Kurz vorm Durchdrehen". Sehen Sie sich das doch alles mal von der umgekehrten Seite an! Genau!

Stufe 8: Auf dieser Stufe haben Sie so ziemlich alles durch. Und die eine oder andere Entziehungskur hinter sich. Vor allem haben Sie sich selbst gekonnt entzogen. Sie sind gar nicht mehr da. Sie stecken den Kopf in den Sand, wie der sprichwörtliche Vogel Strauß. Sie befinden sich auf der Stufe „Vogel Strauß". Gehen Sie zum Friseur – und lassen Sie sich den Kopf richten! Trumpfen Sie auf!

Stufe 9: Auf Stufe 9 sind Sie vollständig rundgeschliffen, angepasst wie ein Maßanzug. Sie reden, wie der Partner denkt, wählen die gleiche Partei und essen am liebsten, was er gern isst. Aber Achtung: Diese Stufe ist die gefährlichste von allen. Denn hier kommt die Fünfte Kolonne von Stufe 6 ins Spiel, die die ganze Zeit höchst erfolgreich im Untergrund tätig war. So ganz ist Ihnen das aber noch gar nicht klar. Das Grundgefühl ist das der kompletten Resignation. Sie befinden sich auf der Stufe „Komplette Resignation".
Karten auf den Tisch! Noch mal mischen! Neues Spiel – neues Glück!

Stufe 10: Auf Stufe 10 ist es dann so weit. Hier entscheidet sich, ob Sie vollends aufgeben und sich damit abfinden, dass Sie mit der Ehe nicht vom Halbsein zum Ganzsein gefunden haben, sondern umgekehrt. Oder Sie lassen sich scheiden. Es heißt jetzt: alles oder nichts mit der Ehe. Sie befinden sich auf der Stufe „Alles oder nichts". (rot-blink, rot-blink, rot-blink …) Eben: alles … oder nichts! Aber: Entscheiden Sie sich!

Vom Traumpaar zum Albtraum?

Sie sind wahrhaft unendlich, die Möglichkeiten, miteinander unglücklich zu sein. Zwar hatte der eine oder die andere schon vor dem Standesamt Bauchschmerzen, aber sie hofften halt. Hat aber nichts gebracht. Und nun?

Muss es nun so weit kommen? Zum bitteren Ende? Oder können Sie Ihr Eheschiff glücklich an den vielen Klippen vorbeisteuern?

Frage 134

Was empfehlen Therapeuten, wenn es heftig kriselt?

1. Reden und die Sätze mit „Du" anfangen.
2. Reden und die Sätze mit „Ich" anfangen.
3. Nicht reden

Antwort 134

1. 0 Punkte
2. 1 Punkt
3. 0 Punkte

Wenn Sätze mit „Du hast" anfangen, hagelt es ja gerne Vorwürfe, Unterstellungen und Schuldzuweisungen. Erzählen wir etwas von uns selbst, hat der andere immerhin eine gewisse Chance, zu verstehen. Erinnern Sie sich an das Kapitel zum Thema Kommunikation, dann wissen Sie wenigstens, wie Sie es nicht machen sollen!

Machen Sie jetzt aber mal eine kleine Pause. Schauen Sie sich tief in die Augen! Wortlos. (Jetzt!)

So. Und nun machen wir weiter. Schließlich wollen wir immer schön am (Ehe-)Ball bleiben. Vielleicht sogar, bis dass der Tod uns scheidet.

Bis dass der Tod …

Der Spruch geht auf das Mittelalter zurück. Als die Kirche die Ehe ins heilige Sakrament erhob und Gott sei Dank ein beidseitiges Einverständnis für eine Heirat erforderlich wurde – wurde dafür die Scheidung abgeschafft. Seither geistert die letale Gruselformel durch die Ämter und vor den Altären herum.

Frage 135

Wie viel Prozent der Brautleute benutzt die Formulierung „Bis dass der Tod uns scheidet"?

1.   8 Prozent
2. 18 Prozent
3. 80 Prozent

Antwort 135

1. 0 Punkte
2. 0 Punkte
3. 1 Punkt

Die Brautleute sind ja so um die 30, sie haben also rein statistisch gesehen bereits die vierte feste Beziehung. Damit haben sie sich selbst also schon dreimal bewiesen, dass das ein einziger Schwindel ist.

Weil die Ehemänner durchschnittlich drei Jahre älter sind als ihre Frauen und Frauen insgesamt länger leben, ist die Chance, dass sie ihn überlebt, zwar wesentlich höher als umgekehrt, es dauert allerdings ziemlich lange, im Durchschnitt um die 50 Jahre.

Frage 136

Wenn sie nicht so lange warten will, was tut sie?
1. greift zur gusseisernen Bratpfanne
2. greift zur Fleischgabel
3. mischt Tröpfchen für Tröpfchen ein bisschen Zyankali ins Sauerkraut

Antwort 136
1. 1 Punkt
2. 1 Punkt
3. 1 Punkt

Das kann alles passieren. Und was tut er? Es gibt wesentliche Unterschiede zwischen Gattenmord und Gattinnenmord.

Frage 137

Meistens killt …
1. sie kühl und überlegt, mit guter Vorbereitung
2. er kühl und überlegt, mit guter Vorbereitung
3. sie im Affekt ganz plötzlich
4. er im Affekt ganz plötzlich

Antwort 137
1. 1 Punkt
2. 0 Punkte
3. 0 Punkte
4. 1 Punkt

So ist es! Frauen morden – Männer töten.
Das heißt, sie geht planvoll und kühl zu Werke, mitunter mit jahrelanger Vorlaufzeit. Gerne vergiftet sie beispielsweise über lange Monate oder erlegt den meist körperlich Stärkeren im Schlaf. Das Strafmaß ist in diesen Fällen ziemlich ungünstig. Er killt seine Angetraute oft aus Wut. Und kommt besser davon: Das Strafmaß ist bei Affekthandlungen bedeutend geringer. Auch die Gründe für das manuelle Nachhelfen, um endlich dem beliebten Trauspruch gerecht zu werden, sind grundsätzlich verschieden: Männer töten, weil sie nicht verlassen werden wollen – schön unlogisch, bedenkt man den Effekt. Frauen dagegen holen zum Befreiungsschlag aus, weil sie ihn endlich loswerden wollen (immerhin leuchtet das mehr ein).

> *Und als das Rehlein ging zur Ruh,*
> *das Häslein tat die Augen zu,*
> *erlegte sie direkt von vorn,*
> *den Gatten über Kimm und Korn.*   Loriot

Sie wissen doch, was der „Tatort"-Kommissar grummelt, wenn er über eine Leiche stolpert? „Wo ist der Ehepartner?" Bei Tötungen sind Beziehungsdelikte die Regel, weiß die

Kripo. Gewaltexzesse, beispielsweise nach einer gescheiterten Ehe, sind gar nicht so selten.

Lesen Sie die Schlagzeilen! Ehefrau mit Kabel erdrosselt. Malermeister betonierte seine Frau ein. Ehemann schlug mit Eisenstange zu. Ehemann gesteht Badewannenmord … sticht seiner Frau in den Hals … gab Mord an seiner Frau in Auftrag. Oder auch: 80-Jährige erschlägt Ehemann mit Spazierstock. Ehefrau erstickte Mann mit einer Plastiktüte, Ehemann mit Axt erschlagen, … zersägt, … mit Medikamentenmix vergiftet …

Endlos viele nette Varianten. Aber lohnt sich die Mühe? Das Erbe ist dann jedenfalls futsch. Und das Leben hinter schwedischen Gardinen ist auch nicht sehr angenehm. Hier ist schlicht Prävention angesagt.

Ah ja. Das Erbe! Lohnt es sich vielleicht, deshalb zu heiraten? Die Antwort ist ein klares Ja. Materielle Ehegründe sind gewünscht. Sie werden belohnt. Weit über das Leben hinaus. Gehen wir das mal durch.

Ein Werbeslogan für die Ehe könnte so gehen: Partner hinüber? Na, hoffentlich verheiratet gewesen!

Die rechtlichen Regelungen sind auch im Todesfall aufseiten der Ringeträger. Staatliche Hinterbliebenenrente und Betriebsrente bekommt natürlich nur, wer verheiratet war. Und ob Riester- oder Rürup-Zulage: nur für Ehepartner. Erbrecht für Unverheiratete? Pustekuchen! Der unverheiratete Partner gilt als Fremder. Ah, es gibt ein Testament! Na, Glück gehabt. Aber: Die Erbschaftssteuer ist happig. Dafür ist der Freibetrag niedrig. Ein gemeinsames Testament darf man auch nur verheiratet machen. Und der Pflichtteil an die

Familienbande fällt bei Verheirateten geringer aus. Also, falls nicht schon geschehen: Nix wie heiraten!

Witwenschaft ist oft die einzige Entschädigung,
die eine Frau für die Ehe bekommt. Bertha von Suttner

Frage 138

Versierte Anwälte empfehlen in diesen unsicheren Zeiten …

1. der Dame auszuharren, egal wie traurig der Zustand der Ehe ist, und mit der Scheidung auf bessere Zeiten zu warten
2. der Dame, die Segel zu streichen und Land zu gewinnen
3. dem Herrn, keinesfalls die Flinte ins Korn zu werfen
4. dem Herrn, schnellstens die Reißleine zu ziehen und sich abzuseilen

Antwort 138

1. 1 Punkt
2. 0 Punkte
3. 0 Punkte
4. 1 Punkt

Goldene Zeiten, die Ex abzuwracken. Also die schlechten Zeiten nutzen?

Nach vielen Jahren voller Streit, im Frust oder in eisigem Schweigen wird klar: Dieser Mensch und ich – da geht gar nichts mehr zusammen. Also … bleiben oder gehen?

Frage 139

Viele entscheiden sich trotzdem zu bleiben. Was meinen Psychologen, warum?

1. manische Existenzangst
2. Schuldgefühle
3. Anklammerungsbedürfnis eines Depressiven
4. Loyalität
5. strukturelle seelische Defizite
6. konservative Einstellungen
7. Verlassenheitspanik
8. mangelhafte Bewältigung von Trennungskonflikten im Laufe der kindlichen Entwicklung
9. Orientierungskonflikte
10. Hass

Antwort 139

Stimmt alles. Jeweils 1 Punkt.

Frage 140

Was meinen Soziologen, warum Paare in einer sehr unglücklichen Ehe bleiben und sich nicht trennen?

1. Geld
2. Haus
3. Status
4. Sicherheit
5. Tante Inge

Antwort 140

1. 1 Punkt
2. 1 Punkt
3. 1 Punkt
4. 1 Punkt
5. 1 Punkt

Sie ist finanziell nicht abgesichert und hat keine Reserven. Sicherheit, wenn auch in Käfighaltung, ist immer noch besser, als mit dem dreckigen Stock ins Auge. Glaubt sie. So lange, bis er sie entsorgt zumindest. Und was Tante Inge sagt, wollen wir jetzt wirklich nicht wissen.

Außerdem – wer will schon allein sein? Sie wissen ja sicherlich, wie hoch beispielsweise die Wahrscheinlichkeit für eine Frau über vierzig ist, einen neuen Partner zu finden? Zehnmal geringer, als vom Blitz erschlagen zu werden, will mal jemand herausgefunden haben. Na dann.

Alle Männer sind auf der Suche nach der idealen Frau, vor allem nach der Hochzeit. Helen Rowland

Frage 141

Es gibt rund 1,5 Millionen Medikamentenabhängige. Wie viele davon sind Frauen?

1. 10 000
2. 100 000
3. 1 000 000

Antwort 141
1. 0 Punkte
2. 0 Punkte
3. 1 Punkt. Genau!

Also erst den Ärger herunterschlucken und dann die Pille? Schlaflosigkeit, Depressionen und Ängste sind die Folge der Entwertung von Frauen, wenn der Mann seine Arbeit in den Mittelpunkt setzt und die Kinder aus dem Haus sind, heißt es. Die Deutsche Hauptstelle für Suchtfragen kommt zu dem Schluss: Die Pillen helfen, veränderungsbedürftige Situationen in Familie und Gesellschaft aufrechtzuerhalten. Und wir reden hier noch gar nicht von denen, die man üblicherweise als Schluckspechte bezeichnet!

Wie sieht es denn nun aus, nach einem gemeinsam verbrachten Lebensabschnitt, beispielsweise mit dem Geld? Wenn sie Pech hat? Erinnern wir uns, die Zugewinngemeinschaft: Wer die Kohle ranschafft, kann auch darüber verfügen. Und das war nun mal in weit größerem Umfang er. Zum Glück gibt es ja aber im Alter die Rente!

Frage 142

1. Wie hoch ist der durchschnittliche Unterschied bei der eigenen Rente von Männern und Frauen?
2. Er erhält genauso viel wie sie.
3. Er erhält etwas mehr als 200 Euro mehr im Monat.
4. Er erhält fast 1.000 Euro mehr im Monat.

Antwort 142
1. 0 Punkte
2. 0 Punkte
3. 1 Punkt. Ja.

Die durchschnittliche gesetzliche eigene Rente von Frauen beträgt 645 Euro, die von Männern 1.595 Euro im Monat. Ja, das ist schon eine kleine Menge mehr. Sie hat dafür die Familie versorgt, die Kinder gehütet, ihre und seine Eltern gepflegt … Das war doch lieb von ihr.
Hallo! Alle aufwachen! Hinsehen! Anders regeln!
Und sonst so? Was geht ab? Warten auf das Goldene Zeitalter?

The end? Oder doch goldene Hochzeit?

Werden Sie es schaffen? 50 Jahre! Wow, das wäre doch toll. Sie haben ja nun vieles gelesen, was dagegen sprechen könnte. Könnte! Sie machen es besser! Wir drücken die Daumen.
50 Jahre dauerte eine berühmte (und skandalfreie) Ehe bis zu seinem Tod 2008: Paul Newman und Joanne Woodward.
2004 haben sie goldene Hochzeit gefeiert: Kirk Douglas und die gebürtige Deutsche Anne Buydens.

Frage 143

Wie viele Ehepaare haben in Deutschland schon goldene Hochzeit gefeiert? (Kleine Hilfe: Es gibt im Lande 20 Millionen Ehen.)

1. 10 000
2. 100 000
3. 1 000 000

Antwort 143

1. 0 Punkte
2. 0 Punkte
3. 1 Punkt

Zehn Millionen Ehepaare haben die Silberne Hochzeit geschafft. Und sogar 10 000 Ehepaare haben bereits die Eiserne Hochzeit hinter sich. Das heißt 65 Jahre Ehe.

Wissen Sie, wie lange das älteste Ehepaar der Welt verheiratet war? Um die 80, 90 Jahre – hier sind sich die Wissenschaftler uneins. Vielleicht können Sie es ja auch werden?

Immer schön punkten! Wir sind noch nicht fertig. Wenn Sie den Ehe-Führerschein bestehen, dann sind Ihre Chancen, es bis zur goldenen Hochzeit zu schaffen, gar nicht so übel! Also, auf zum Endspurt!

Schluss, aus, vorbei!

Abgerechnet wird zum Schluss

Wie war es möglich, dass aus einer großen Liebe eine kleinliche Hölle wurde? Die Männer sind alle Verbrecher? Sie hatte sich doch solche Mühe gegeben! Im Ernst: Wer ist schuld? Logisch: der jeweils andere! Aber was sind die Gründe?

> *Es gibt sicher viele Gründe für die Scheidung,*
> *aber der Hauptgrund ist und bleibt die Hochzeit.* Jerry Lewis

Also Scheidung. Das gehörte doch verboten! In Italien wurde sie erst 1970 möglich, in Chile 2004, auf Malta sogar erst 2011. In Deutschland ist die Scheidungsrate in den letzten Jahren auf ähnlich hohem Level geblieben. Die meisten Eheleute marschierten in Berlin vor den Scheidungsrichter, in Thüringen und Sachsen die wenigsten.

In den USA sind sich konservative Meinungsführer sicher: Scheidungen sind ein typisches Verhalten von Schwarzen und Randexistenzen. Also, wenn Sie nicht zufällig eine schwarze Randexistenz sind …

Rund jede zweite Ehe zerbricht im Schnitt: Es kamen in den letzten Jahren auf rund 380 000 Eheschließungen jährlich 190 000 Scheidungen.

Bei Hochzeiten hatte ein Drittel der Paare schon was hinter sich? Genau, eine Scheidung! Aber seien Sie beruhigt: Die erste Scheidung ist immer die schwerste.

Frage 144

Wer reicht in den meisten Fällen die Scheidung ein?

1. er
2. sie

Antwort 144

1. 0 Punkte
2. 1 Punkt

Der Scheidungsantrag wird in über der Hälfte der Fälle (53 Prozent) von Frauen gestellt und nur zu 38 Prozent von Männern. Der Rest hat ihn gemeinsam eingereicht. Warum? Ihr ist eine gute Beziehung wichtig, wenn es nicht funktioniert, steigt sie schneller aus. Er ist da eher unbekümmert, meinen Psychologen. Männer bleiben länger in einer unerfreulichen Beziehung, sie wollen … genau, einfach nur in Ruhe gelassen werden.

Frage 145

Nach wie vielen Ehejahren zerbricht ein großer Teil der Ehen? Nach

1. 3 Jahren
2. 7 Jahren
3. 25 Jahren

Antwort 145

1. 0 Punkte
2. 1 Punkt
3. 0 Punkte

Tatsächlich: Es ist das verflixte siebte Jahr! Immerhin: Die meisten Paare halten laut Statistik länger als drei Jahre durch. Ganze 13 Prozent trennen sich im Schnitt nach 26 oder mehr Ehejahren. Wenn Sie noch eine Zahl verkraften können: Die durchschnittliche Ehedauer beträgt 14 Jahre.

Heutzutage ist bei der Scheidung sie (wieder der statistische Durchschnitt) 42 Jahre alt und er 45 Jahre.

Frage 146
Wirken sich Trennungen psychisch auf Frauen schlimmer aus als auf Männer?
1. ja
2. nein

Antwort 146
1. 1 Punkt
2. 0 Punkte

Frauen brauchen auch länger, um Trennungen zu verarbeiten. Es ist keine Seltenheit, dass er am Tag nach der Trennung ein Bier trinken geht und mit der Neuen aus der Kneipe heraus spaziert. Während sie Monate oder Jahre damit verbringt, zu analysieren, was alles schiefgelaufen ist. Und vor allem, was sie falsch gemacht hat. Zum Verrücktwerden? Allerdings! Aber, die gute Nachricht: Die psychische Gesundheit bleibt relativ stabil, wenn Frauen ihr Leben als Single verbringen. Oder die Ehe anders anpacken!

Frage 147

Wie wirkt sich die Scheidung auf die Gesundheit aus?

1. sie bleibt gleich
2. Geschiedene leben rund neun Jahre länger
3. Geschiedene sterben rund neun Jahre früher

Antwort 147

1. 0 Punkte
2. 0 Punkte
3. 1 Punkt

So ist es. Das Scheitern des großen Traums vom Glück in der Ehe sitzt im Nacken wie ein böser Zwerg. Das kann ja nicht gesund sein! Andere meinen:

Die Ehe ist ein viel zu interessantes Experiment, um es nur einmal zu versuchen. Rita Hayworth

Was hatten die beiden nur erwartet? Viel zu viel! Sie hatte bei der Partnersuche den perfekten Familienvater im Auge – er die sexy Hexy. Sie hat auf Gleichheit gesetzt – in seiner Welt geht's um Hierarchien. Das hat nun nicht wirklich geklappt. Jetzt wird es also ungemütlich. Wer, wie viel, wie lange – die drei großen Ws der Ehe wachsen bei der Scheidung ins Unermessliche. Es wird also alles genauso schlimm, wie sie befürchtet hatten? Nein! Es wird schlimmer.

Die Scheidung ist die Korrektur eines tragischen Irrtums.

Loriot

Den anderen beim Finanzamt anzeigen? Jeden klitzekleinen Cent aufrechnen? Freunde und Verwandte gnadenlos für die eigene Kriegsführung einspannen? Aber hallo! Ein Rosenkrieg ist ein Rosenkrieg ist ein Rosenkrieg (frei nach Gertrude Stein). Wie nennt ihn der Duden: heftige, sich steigernde Auseinandersetzung bis zur Selbstzerfleischung in der Ehe. Alles wird so kleinlich, wie weder er noch sie es je zu albträumen wagte.

Wussten Sie eigentlich, dass sich die Bezeichnung „Rosenkrieg" für konfliktstarke Scheidungen von dem gleichnamigen Film von Danny de Vito herleitet? In der 1989 gedrehten Komödie prügeln sich Kathleen Turner und Michael Douglas bei der Scheidung ums Haus. Wissen Sie noch, wie der Film endet? Ansehen!

Ein Tipp: Beim Onlineversender Amazon in Amerika können Sie für 4,69 US-Dollar (runtergesetzt) eine „Ex Husband Voodoo Doll" erwerben. Mit beigelegten Nadeln zum Quälen.

Und wo wir nun schon mal bei Filmen sind: Sehen Sie sich zwischendrin einfach einmal „Ein unmöglicher Härtefall" von den Coen-Brüdern mit George Clooney als Scheidungsanwalt an. Da können Sie über das ganze Thema herrlich lachen! Wenn Sie bereits im Vorfeld Ärger vermeiden wollen, achten Sie immer auf Ihren Facebook-Status. Eine junge IT-Expertin aus Indien hatte die Scheidung eingereicht. Grund? Sie hatte das Vertrauen in ihn verloren. Er hatte auf Facebook seine Heirat verschwiegen.

Tja – und nun kommt das Thema auf, das die ganze Zeit vermieden wurde. Und das kommt besonders sie teuer zu stehen. Aber was ist schon Geld, macht doch auch nicht glücklich! Aber ohne ist es doch recht unkomfortabel.

Die meisten Frauen lassen sich bei den Scheidungsverhandlungen übervorteilen. Er hat jahrelange Übung und kennt sich mit Geschäftsgebaren aus. Er weiß, wie das geht mit dem Über-den-Tisch-ziehen. Und alles, was sie über den Tisch gezogen hat, war im Zweifelsfall die Tischdecke …

Und das neue Unterhaltsgesetz? Na, gute Unterhaltung!

Es bleibt alles beim Alten. Besser gesagt: beim Alten.

Harald Schmidt

Das Auto ist natürlich auf ihn angemeldet, er kann es schließlich von der Steuer absetzen. Klar, dass er es auch behält. Und auch den Schadensfreiheitsrabatt bei der Versicherung.

Fazit: Sie hat den Schaden – er den Schadensfreiheitsrabatt.

Frage 148

Wovon hat sie noch nie etwas gehört oder gesehen?

1. Wertpapierdepots
2. Grundbucheinträge
3. Aktienfonds
4. Kontoauszüge (seine)

Antwort 148

1. 1 Punkt
2. 1 Punkt
3. 1 Punkt
4. 1 Punkt

Nach Untersuchungen tun sich die meisten Frauen mit diesen Dingen ziemlich schwer (lesen Sie noch einmal die Fragen und Antworten zum Kleingedruckten).

In der Familie repräsentiert der Mann die Bourgeoisie, die Frau das Proletariat.

Friedrich Engels in „Ursprung der Familie, des Privateigentums und des Staates"

Frage 149

Was tun, wenn nach dem Rosenkrieg das Geld weg ist?
1. Sich um eine äußerst positive Lebenseinstellung bemühen.
2. Sich nach dem kürzesten Weg zum nächstgelegenen Sozialamt erkundigen.
3. Sich der regionalen Verbrecherorganisation anschließen.
4. Sich auf Banküberfälle oder Bankgründungen verlegen.

Antwort 149
Wir bitten um Verständnis: Aus rechtlichen Gründen dürfen wir an dieser Stelle keine Punkte vergeben.

Aber trotzdem, die allgemeine Lebenszufriedenheit ist jetzt bei Frauen erheblich höher als die der Männer. Nur: Ältere Frauen, die viele Ehejahre hinter sich haben, fallen nach der Scheidung besonders häufig unter die Armutsgrenze.
Also, lieber schnell handeln? Popsternchen Britney Spears war in ihrer jüngsten Ehe nur 55 Stunden verheiratet.
Nach der Scheidung ist vor der Scheidung? Nicht unbedingt. Denn: Beim nächsten Mal wird alles anders. Das ist häufig

der Fall. In der zweiten oder dritten Ehe wird sich meist viel mehr Mühe gegeben.

Außerdem ergibt sich in Patchworkfamilien ein herrliches Familienkuddelmuddel. Der Schriftsteller Harold Brodkey fragte in einem Essay: „In welchem Verhältnis steht der Cousin ersten Grades des Exmannes Ihrer jetzigen Frau zu Ihnen?" Wenn Sie das raus haben, kann in puncto Verwandtschaftsverhältnisse rein gar nichts mehr schiefgehen.

Und: Jetzt ist eine Scheidungsparty angesagt. Nicht ganz so aufwendig wie die Hochzeit, die Anwälte haben beide schließlich ganz schön abgezockt, aber ordentlich Party muss schon sein. Am besten: Feiern, bis der Arzt kommt. Oder aber – es erst gar nicht dazu kommen lassen!

Besser wäre es, oder? Und auch in jeder Hinsicht weniger teuer. Aber vielleicht geht es Ihnen ja auch wie Anna Torv, der zweiten Ehefrau von Medienmogul Rupert Murdoch. Sie erhielt 1990 eine Abfindung von 1,7 Milliarden US-Dollar in Form von Aktien an seinem Unternehmen und 100 Millionen in bar.

Der russische Oligarch Roman Abramowitsch (auch Besitzer des englischen Fußballclubs FC Chelsea) legte nach 16 Jahren Ehe mit Irina 1,5 Milliarden Euro für sie hin. Kultregisseur Steven Spielberg zahlte an seine Frau Amy nach vier Jahren Ehe 100 Millionen Dollar.

Diane Richie stellte ihre grundlegenden Lebensbedürfnisse zusammen und forderte von Soulsänger Lionel 15000 Dollar für Kleidung, 50 000 für Maniküre, Massage und Ähnliches und 20 000 für Schönheitsoperationen. Monatlich.

Vielleicht haben Sie ja auch Glück!

Also dann – eines schönen Tages, im Mai vielleicht, haben sie es dann hinter sich, die beiden. Geschieden. Was jetzt? Dumme Frage. Na, heiraten!

Frage 150

Was stimmt?
1. Weniger als die Hälfte der geschiedenen Frauen wagt die Ehe noch einmal.
2. Zwei Drittel aller Frauen strebt flugs wieder zum Traualtar.
3. Weniger als die Hälfte der geschiedenen Männer wagt die Ehe noch einmal.
4. Zwei Drittel der Männer wandert bald wieder frohgemut zum Standesamt.

Antwort 150
1. 1 Punkt
2. 0 Punkte
3. 0 Punkte
4. 1 Punkt

Übrigens heiraten die meisten Männer in zweiter Ehe eine … ? Genau! Eine Jüngere natürlich.

An dieser Stelle könnten Sie den Ehetest dann ja auch von vorne beginnen.

Scheidung? Ach, wir können auf diese Erfahrung gut verzichten! Und bei Ihnen ist die Gefahr nun auch nicht mehr so groß. Sie haben ja erkannt, worauf es ankommt. Das können Sie im Folgenden einmal kurz überprüfen. Danach wird's aber ernst – dann werden die Punkte gezählt!

A bis Z – das Ehelexikon

Wissen Sie Bescheid? Haben Sie alles richtig verstanden und sich die wesentlichen Dinge auch gemerkt? Die Erläuterung bitte erst nach der eigenen – gegenseitigen – Begriffserklärung lesen!

Anmache
    = Vorbedingung, um irgendwann bis zur Hochzeit zu kommen
Böses Erwachen
    = erwischt Frauen bei der Scheidung,
      wenn die Hälfte des Zugewinns ganz genau null ergibt
Bis dass der Tod uns scheidet
    = Letale Gruselformel für Horrorfreunde am Traualtar
Cellulite
    = Supergau für sie
Dinks
    = Double Income No Kids – Begriff für Ehepaare, die beschließen,
      das Geld für den Nachwuchs lieber anderweitig zu verjubeln
D-Day
    = Decision Day – Entscheidungstag, wenn die Frage aller Fragen
      beantwortet werden muss, bekannt als Beginn größerer bewaff-
      neter Operationen
Elternzeit für Väter
    = dreiwöchiger bis zweimonatiger Urlaub für Väter nach der Geburt
      ihres Kindes, in dem sie vor begeisterten Zuschauern den Kinder-
      wagen hin- und herschieben – hochgradig prestigebesetzt
Ernstfall
    = Heirat
Eheversprechen
    = wenn sich jemand verspricht
Frauenmagazine
    = 122 Blätter, die ihr erklären, wie sie Mr. Right kriegen und halten
      kann

F-Wort
= Nicht, was Sie denken! Feminismus – ein Unwort, wenn Sie Familienmutter sind

Gatte
= der Begriff kommt tatsächlich von „begatten"

Hobbyberuflerin
= Begriff für „dazuverdienende" Ehefrauen in Deutschland – das Eineinhalb-Verdienermodell ist hier die Norm

Internetpartnerbörse
= Einkaufstraße für das perfekte Partnerprodukt

Ich
= auf der Liste der vom Aussterben bedrohten Arten

Jawort
= ein kleines Wort im falschen Moment, das unter Umständen ein Leben zerstört

Konventionen
= Traditioneller Blödsinn, den er und sie nie, aber auch niemals, beachten – bis zur Hochzeit. Denn sonst ist doch Tante Inge sauer!

Konditional
= Vatersprache. Er würde, wenn er könnte, hätte er nur. Wirklich!

Kind
= Traditionalisierungsfalle

Kinder
= größere Traditionalisierungsfalle

lebenslänglich
= angestrebte Ehedauer, früher als Höchststrafe bekannt

Mutti
= wenn die Ehefrau von ihrem Gatten so genannt wird, ist es definitiv zu spät

Nahkampf
= alltäglicher Zustand nach zwei Jahren Ehe, wenn laut Untersuchungen die Phase der Entidealisierung des Partners beginnt

Nine eleven
= Hochzeitstag, aus 20 Jahren Entfernung betrachtet

Oxytocin
= Hormon, als Nasenspray – wirkt bei Streit beruhigend

Paniksingle
> = Frau über dreißig, bei der die biologische Uhr ohrenbetäubend tickt

Quadratur des Kreises
> = der Wunsch, in einer Ehe geliebt, gehalten, geschützt und gesponsert zu werden – und dabei ein selbstbestimmtes, unabhängiges, freies und kreatives Leben zu führen – sprich: Spannung und Sicherheit in der Ehe

Rabenmutter
> = Begriff, der landesüblich für Mütter gilt, die schon ein paar Jahre nach der Geburt ihres Kindes wieder arbeiten

Single
> = ein Zustand, nach dem sich Eheleute später immer wieder sehnen werden

Speeddating
> = Vater-Kind-Verhältnis

Therapie für Paare
> = Therapieform, die wenn schon sonst nichts bringt, immerhin zumindest zur Verfeinerung ihrer Kriegskünste dient

Unterhaltsgesetz/neu
> = Nach der Scheidung bleibt alles beim Alten – sprich: beim Alten!

Vater
> = Teilzeitvater, Hobbypapa, Eventdaddy, Gelegenheitsjobber

Vormachtstellung
> = Kampfziel von ihm und ihr, über das bereits bei der Hochzeitsvorbereitung entschieden wird

Windeln oder Windows
> = Wahlfreiheit für Frauen, die Kinder wollen

x-beliebig
> = Themen, die zum Streit zwischen Eheleuten führen

young, forever
> = genauso realistisches Ziel wie forever honeymoon

Zyankali
> = letzter Ausweg, um einer unerträglichen Ehe zu entkommen

Was haben Sie erreicht?

Auswertung der erreichten Punkte

Jetzt haben Sie's geschafft. Einmal das Horrorspektakel betrachtet, in das die Ehe auszuarten imstande sein kann. Also sollte man sie abschaffen, die Ehe? Keinesfalls! Aber eins sollte man im Auge behalten: Die Ehe ist kein Spiel zu zweit – Staat und Gesellschaft, Kultur und Konventionen spielen mit. Und Tante Inge mischt sich auch noch ein. An dieser Stelle ein letztes Forschungsergebnis: Wissenschaftler kamen zu dem klugen Schluss, dass die Art, wie eine Gesellschaft definiert, was es bedeutet, verheiratet zu sein, das Verhalten in der Ehe bestimmt. Da müssen Sie jetzt ganz genau aufpassen, was Sie selbst wirklich wollen. Nur Sie! Denn Ehe ist trotzdem immer das, was man daraus macht! Nach Auswertung aller dieser wissenschaftlichen Studien, Gutachten, Bücher, Meinungsumfragen, Statistiken und Artikel fehlt immer noch etwas. Und das haben empirische Untersuchungen mit einer an Sicherheit grenzenden Wahrscheinlichkeit ergeben:

- Es tut nicht weh, Teller abzuwaschen. (Männer sollen ja sehr schmerzempfindlich sein.)
- Papierkram zum Thema Finanzen explodiert nur äußerst selten. (Frauen achten ja sehr auf ihre Hände.)
- Und es ist unmöglich, einer irrational hohen Erwartung gerecht zu werden.

Was der zwangsweise auf dem Fuße folgt, ist Enttäuschung, spätere Scheidung nicht ausgeschlossen. Und außerdem? Alles muss man selber machen! In jedem Fall selbst seine

Eheklippen-Umschiffungstaktiken herausfinden. Wie sieht es denn nun bei Ihnen aus? Wie haben Sie gepunktet?

Zählen Sie nun einfach einmal durch! Seien Sie ehrlich! Wie viele Punkte sind es? Denn nun schreiten wir zur Auswertung!

0−100 Punkte: Ihnen fehlen noch ganz entscheidende Grundkenntnisse der Ehe! Sie müssen einiges lernen, vieles beachten und bei manchem umdenken − sonst wird die Ehe ein Fiasko. Mindestens für einen von Ihnen. Aber mit ein bisschen Mut fangen Sie einfach noch mal von vorne an. Gehen Sie zurück auf Los! Und auf Frage 1. Fragen Sie bitte außerdem erfahrene ehegeschulte Freunde und Verwandte (nur die, die wenigstens halbwegs ehrlich sind). Sammeln Sie Erfahrungen und Wissen, wo immer Sie können. Falls Sie noch nicht geheiratet haben gilt: Finger weg vom Ehering! Falls ja: Es ist nie zu spät, es anders zu machen.

100−230 Punkte: Fast geklappt. Aber noch nicht ganz. Sehen Sie sich die Fragen noch mal an. Fragen Sie sich selbst noch einmal. Es fehlt ja nur noch ein winziges kleines bisschen. Aber auch das kann entscheidend sein. Wo hat es gefehlt? Welcher Wissenskomplex ist noch nicht ausreichend gesichert? Holen Sie das nach. Und dann geht es ran an die Hochzeitsvorbereitungen oder die Planung der goldenen Hochzeit. Aber erst dann!

230−250 Punkte: Super! Sie sind der absolute Ehetyp! Sie können unbesorgt heiraten oder die Edelmetallstufen der Hochzeitstage hinaufklettern! Herzlichen Glückwunsch!

Jetzt trennen Sie den Ehe-Führerschein auf Seite 176 aus dem Buch.

Und dann? Dann soll es rote Rosen regnen.

Aber vorher noch eine – nein, keine Frage mehr – eine kleine Aufgabe, wenn Sie wollen:

Nehmen Sie den Ehe-Führerschein und basteln Sie daraus einen Papierflieger oder ein Schiffchen. Je nachdem, ob Sie eher ein Luft- oder Wassertyp sind. Kleiner Tipp: Man kann den Ehe-Führerschein auch in der Mitte durchtrennen und einen Flieger und ein Schiffchen bauen! Das müssen Sie können. Schließlich werden Sie das sowieso Ihren Kindern beibringen müssen. Nun notieren Sie einen besonderen Wunsch für Ihre Ehe darauf und schicken Sie Schiffchen und Flieger auf die Reise.

Denn so ist es eben, im Ehe-Quiz wie im wahren Leben – auch die Ehe ist eine Reise ins Ungewisse. Und wie auf jeder Reise zählen auch hier Mut, Abenteuergeist, Respekt und Fantasie. Und natürlich die Liebe – ohne die nun wirklich nicht geheiratet werden sollte.

Und nun her mit den Rosen! Ja! Ja, auf Händen tragen und getragen werden, über die Türschwelle, hinein in den siebten Himmel. Und tolle Ringe bei Tiffany aussuchen. Und ja, sie sich gegenseitig anstecken. Die goldene Hochzeit feiern, die Ehe nach zwanzig Jahren erneuern oder eben den Bund fürs Leben schließen … wenigstens für eine Weile. Wider besseren Wissens, trotz aller Erfahrungswerte, mit der Scheidungsrate im Kopf. Den Aberglaube verlachen und dreimal auf Holz geklopft.

Die Sehnsucht nach Zweisamkeit, sie stirbt nicht aus. Offenbar kann auch nichts uns das Heiraten austreiben, keine abschreckenden Beispiele, keine konservative Familienpolitik, keine von Herren reiferen Alters dominierte Wirtschaftswelt, einfach gar nichts. Allerdings wird es der Staat nicht richten, wenn es schiefgeht. Und dass es nicht schiefgeht, bleibt ganz allein Ihnen überlassen. Trotzdem wird mit Sicherheit immer geheiratet werden. Und hoffentlich auch mit Glück!

Wenn Sie über dieses Büchlein lachen – und es im Hinterkopf behalten – vielleicht werden Sie es dann ja anders machen und nicht den bekannten Schreckensweg von der Heirat bis zur Hausratsaufteilung abarbeiten. Wenn Sie die vielen fiesen Tücken, die das Eheleben so mit sich bringt, nicht ignorieren, wer weiß? Vielleicht schaffen Sie es dann ja ins „Guinnessbuch der Rekorde" mit der längsten und glücklichsten Ehe aller Zeiten!

Und dann soll es immer rote Rosen regnen! Immerzu! Das Leben ist viel zu kurz, um es nicht in vollen Zügen zu genießen. Aber eins sollten Sie bedenken und Ihre Kinder wissen lassen, auf dass es zukünftige Generationen besser machen:

Liebe ist nicht zuletzt, auf die Freiheit des anderen zu achten.

Denn schließlich ist eins klar: Ehe gut – alles gut!

Bibliographie

Allensbach Institut für Demoskopie: Vorwerk-Familienstudie, 2008–2012

Allmendinger; Jutta: Frauen auf dem Sprung. Wie junge Frauen heute leben wollen. Brigitte-Studie, München 2009

Andress, Hans. J. et al: Wenn aus Liebe rote Zahlen werden, VS Verlag für Sozialwissenschaften, 2003

Dr. Benzeval, Michaela, Partnership History and mental health over time, Journal of Epidemiology and Community Health, 2004

Dr. Bispinck, Reinhard: Frauenlohnspiegel, Hans-Böckler-Stiftung, März 2009

Prof. Dr. Blossfeld, Hans-Peter, Universität Bielefeldt: Karrieren von Ehepartnern in der modernen Gesellschaft, erschienen in: Careers of Couples in Contemorary Society: From Male-Breadwinner to Dual-Earner Families, Oxford University Press, 2001; Nationales Bildungspanel, NEPS

Bourdieu, Pierre: Der Einzige und sein Eigenheim, Vsa-Verlag, 2002

Bundesministerium für Familie, Senioren, Frauen und Jugend: Familienreport 2011; Lebenssituation, Sicherheit und Gesundheit von Frauen in Deutschland, 2004; Neue Wege – Gleiche Chancen, Gleichstellung von Frauen und Männern im Lebensverlauf, erster Gleichstellungsbericht 2011, Partnerschaft und Ehe – Entscheidungen im Lebensverlauf, 2011

Buss, David: Die Evolution des Begehrens. Geheimnisse der Partnerwahl, Goldmann Wilhelm Verlag, 1997

Coler, Ricardo, Das Paradies ist weiblich, Kiepenheuer Aufbau Verlagsgruppe, Berlin, 2009

Deutsche Hauptstelle für Suchtfragen e.V.: Die Tablette ist wie ein Freund, Pressemitteilung, 20.1.2009

Deutsches Jugendinstitut München, Wege in die Vaterschaft: Vaterschaftskonzepte junger Männer, Bertelsmann-Stiftung, 2008

Felder, Stefan: The gender longevity gap: explaining the difference between singles and couples, Journal of Population economics, 2006

Gottman, John M.: Die 7 Geheimnisse der glücklichen Ehe, Ullstein Verlag 2002

Haberle, Erwin J.: Die Sexualität des Menschen, Verlag Walter de Gryter, 1985

Haubl, Rolf: Geld, Geschlecht und Konsum, Psychosozial-Verlag, 1998

Hawkley, Louise C., Cacioppo, T.: Aging and Loneliness Downhill Quickly? Center for Cognitive and Social Neuroscience, Ohio State University, 2001–2006, Journal of Epidemiology and Community Health, 2004

Mayrhofer, Meyer, Steyrer (Hrsg.): Macht? Erfolg? Reich? Glücklich? Einflussfaktoren auf Karrieren, Linde International, Wien 2005

Mika, Bascha: Die Feigheit der Frauen, C. Bertelsmann, 2011

OECD, Studie: Gender equality, 2012

Dr. Orth-Gomer, Kristina, Marital Stress Worsens Prognosis in Women With Coronary Heart Disease, Journal of the American Medical Association, 2000

Retzer, Arnold: Systemische Paartherapie, Klett Cotta, Stuttgart, 2004

Rohmann, Elke, Bierhoff, Hans-Werner: Hausarbeit als Problem in Partnerschaften, Das Familienhandbuch des Staatsinstituts für Frühpädagogik (IFP)

Röttger-Rössler, Birgitt und Engelen, Eva-Maria (Hrsg.): Tell me about love – Kultur und Natur der Liebe, Mentis Verlag 2006

Statistisches Bundesamt, Mikrozensus Zusatzbefragung, 2003, 2011

Vinken, Barbara: Die deutsche Mutter. Der lange Schatten eines Mythos, Piper Verlag, München, 2001

de Vogli, Roberto: Getting Control of your Anger, University College London, Archives of Internal Medicine, 2007

Universität Rostock, Institut für Soziologe und Demographie, Workshop: Haus- und Elternarbeit in der Paarbeziehung, 9.11.2007

Wengler, A. et al: Partnerschaftliche Arbeitsteilung und Elternschaft, Materialienband 127, Bundesinstitut für Bevölkerungsforschung, Wiesbaden, 2008

EHE-FÜHRERSCHEIN

für

_____

und

_____

Das Ehe-Quiz
wurde bestanden am:

_____

Stressfrei arbeiten

Elke Nürnberger
Roland R. Geisselhart
Christiane Hofmann

Inhalt

Teil 1: Gelassenheit lernen

Teil 2: Stress ade

Teil 1: Gelassenheit lernen

Vorwort

Es ist sehr beeindruckend, wenn jemand auf Angriffe von anderen gelassen reagiert. Wer wünscht sich nicht, in emotional geladenen Situationen ruhig und souverän zu bleiben? Manche Menschen beherrschen das spielend, bei anderen steigt schon der Puls, wenn sie nur an diese Begebenheiten denken. Kennen Sie das auch: täglichen Ärger, Angespanntheit, Stress bis hin zu lauten Wutausbrüchen? Dann halten Sie das richtige Buch in Ihren Händen.

In vielen Fällen schadet mangelnde Gelassenheit auf Dauer der Gesundheit – und natürlich dem beruflichen Erfolg. Aber nicht nur das. Ein chinesisches Sprichwort sagt: „Werde nie zornig, sonst könntest du an einem einzigen Tag das Holz verbrennen, das du in vielen sauren Wochen gesammelt hast." Tatsächlich kostet es uns nach einem Wutausbruch viel Kraft und Zeit, Kränkungen wieder auszubügeln. In manchen Beziehungen bleiben sogar Narben zurück.

Gelassenheit kann man trainieren. In diesem TaschenGuide erfahren Sie, welchen Einfluss Sie selbst auf Ihr Denken und Ihr Kommunikationsverhalten nehmen können, um sowohl im Alltag als auch in schwierigen Situationen besonnen zu bleiben. Zahlreiche Beispiele, Checklisten und Hilfen für die tägliche Praxis zeigen Ihnen, was Sie gezielt tun können, um schrittweise gelassener zu werden. Carpe diem

Elke Nürnberger

Warum Sie mit Gelassenheit weiterkommen

Wer sich vornimmt, zukünftig gelassener zu sein, merkt schnell, dass das nicht so einfach ist. Es lässt sich nicht ohne Weiteres ein Schalter umlegen, und schon ist man gelassen. Die Grundlage für Gelassenheit liegt in unserem Kopf, denn gedankliche Einstellungen sind die Basis für unser Verhalten.

In diesem Kapitel lesen Sie,

- was Gelassenheit ausmacht,
- warum sie erlernbar ist,
- was körperlich und emotional mit uns passiert, wenn wir die Fassung verlieren,
- welche Ursachen mangelnde Gelassenheit hat,
- was es Ihnen bringt, souverän zu bleiben.

Was ist Gelassenheit?

Beispiel:

Kennen Sie solche Tage? Ihr Teamkollege hat zum dritten Mal Aufgaben, die eigentlich bei ihm lagen, wegen unaufschiebbarer Termine an Sie delegiert. Sie haben wieder einmal die ganze Zusatzarbeit. Sie sind über diese Ungerechtigkeit stocksauer. Als er am nächsten Morgen fröhlich pfeifend ins Büro kommt, haben Sie keine Lust, ihn zu grüßen, und vermeiden das Gespräch mit ihm.

Aufgrund eines Fehlers hat Sie Ihr Chef vor anderen ungerechtfertigt kritisiert. Ihnen reicht es für heute. Als Sie abends nach Hause kommen, fragt Ihre Tochter auch noch, ob Sie ihr bei den Hausaufgaben helfen können. Sie brüllen sie an, dass das ihre Aufgabe sei, dass Sie sich nicht um alles kümmern könnten und jetzt endlich Ihre Ruhe bräuchten. Ihre Tochter steht mit Tränen in den Augen vor Ihnen ...

Jeder kennt solche Situationen. Wenn es uns zu viel wird, teilen wir aus. In diesen Fällen blockieren starke Emotionen unseren Verstand und verdrängen objektives Denken. Gefühlsstürme aus Wut und Enttäuschung lassen uns unbedacht handeln und sprechen. Die Kontrollinstanz, die uns an gute Erziehung, Konventionen, Regeln erinnert und bremst, fällt dabei aus. So kommt es zu unbedachten Reaktionen oder irrationalem Verhalten. Im schlimmsten Fall ticken wir aus und erkennen uns und unser Verhalten im Nachhinein nicht wieder.

Was heißt gelassen sein?

Diese und andere Beispiele lassen sich positiv bewältigen, wenn wir gelassen bleiben. Die Basis für Gelassenheit bilden folgende vier Punkte:

1 Ruhe und Ordnung im Kopf,

2 Akzeptanz von Unabänderlichem,

3 maßvoller Umgang mit sich und anderen und

4 angemessenes Benehmen.

Ruhe und Ordnung im Kopf

Familiäre Probleme, anhaltender Arbeitsdruck, Überforderung oder unliebsame Mitmenschen: Das alles sind Gründe dafür, uns aus dem Gleichgewicht zu bringen. Sobald wir Angst, Ärger oder Stress verspüren, entfernen wir uns von der Gelassenheit. Gelassene Menschen schaffen es hier, rasch wieder eine realistische Einschätzung der Lage und die nötige Ruhe zu bekommen.

Gelassenheit schafft Ordnung im Kopf. Das ist weit mehr als nur das Fehlen von Stress: Es ist ein Zustand von Souveränität und Angstfreiheit. Dies gibt Zuversicht und die Gewissheit, eine schwierige Situation in den Griff zu bekommen. Gelassenheit verhindert das Hineinsteigern in Emotionen. Sie ist die Fähigkeit, besonnen zu denken, zu handeln und zu kommunizieren.

Akzeptanz des Unabänderlichen

Zudem steckt im Begriff Gelassenheit auch das Wort „lassen". Tatsächlich gelangt man zu Gelassenheit, wenn man es schafft, andere Menschen so sein zu lassen, wie sie sind. Wenn wir akzeptieren, bestimmte Dinge geschehen zu lassen, auch wenn wir sie nicht gut finden. Und manchmal ist es hilfreich, etwas ganz wegzulassen.

> Love it, change it or leave it: Versuchen Sie die Dinge, die Sie tun, gerne zu tun. Vielleicht können Sie manches auch anders tun, so dass es leichter oder besser von der Hand geht. Möglicherweise könnten Sie das eine oder andere gar nicht mehr tun, damit Sie sich entlasten?

Maßvoll mit sich und anderen umgehen

Wer gelassen ist, fühlt und verhält sich ausgeglichen. Dadurch wirkt er auf andere ausgleichend. Gelassenheit ist die souveräne Beherrschung einer Situation. Sie ermöglicht achtsamen Umgang mit sich und anderen. Wer gelassen ist, ist Herr der Lage und findet Lösungen.

Angemessenes Benehmen

Wenn wir Alarmsignale wahrnehmen, bevor die Stimmung kippt, können wir aktiv gegensteuern und uns viel zielführender verhalten. Denn, je nachdem, wie wir eine Situation einordnen, wird in der „Schaltzentrale" Gehirn über die nachfolgende Handlung entschieden. Durch eine veränderte Einstellung zu einer Situation kann man vermeiden, auf 180 zu kommen. Dies bewahrt uns vor unangemessenen Handlungen.

Denn eines ist klar: Die meisten Menschen bedauern hinterher ihre Aussetzer oder unfreundlichen Bemerkungen.

Entscheidend: Handlungsfähigkeit

Die Frage, die darüber entscheidet, ob wir gelassen bleiben oder nicht, ist: Wie sehen wir unsere Lösungsfähigkeit in Bezug auf ein Problem? Fühlen wir uns imstande, eine Aufgabe oder ein Problem anzupacken und zu bewältigen, dann sind wir in der Lage, gelassen zu bleiben.

Empfinden wir es so, dass wir von Schwierigkeiten überrollt werden, fühlen wir uns ohnmächtig – ohne Macht zur eigenen Intervention. Hier erkennen wir keinen eigenen Handlungsspielraum und fühlen uns ausgeliefert. Dabei greifen wir dann gern auf die archaischen Lösungsstrategien zurück: Kampf oder Flucht.

Auch wenn sich diese während der frühen Menschheitsgeschichte bewährt haben: Es ist klar, dass beide Optionen nicht zu den eleganten Bewältigungsstrategien im modernen Leben zählen. Wenn wir also gelassen bleiben wollen, müssen wir dafür sorgen, die eigene Lösungsfähigkeit zu erkennen, zu erhalten und auszubauen. Dadurch ergibt sich eine positive Spirale: Je mehr Möglichkeiten wir wahrnehmen, desto besonnener bleiben wir – und je gelassener wir an die Dinge herangehen, desto mehr Handlungsspielraum haben wir.

Gelassenheit ist erlernbar

Gelassenheit ist sehr unterschiedlich und individuell in unserer Persönlichkeit verankert. Manche Menschen verfügen über ein unaufgeregtes Naturell und sind weniger schnell emotional. Sie besitzen ein ruhiges Temperament, haben geringere Ansprüche und sind zufrieden mit dem, was ist. Manchmal bringt dies sogar einen Hang zu Trägheit und Gleichgültigkeit mit sich.

Engagierte sind weniger gelassen

Das Gegenteil sind aktive, ehrgeizige, zuverlässige und engagierte Menschen. Sie sind häufig sehr emotional, sensibel und perfektionistisch. Die Kehrseite der Medaille ist: Sie sind weniger gelassen. Sie sind anfälliger für Störungen und leichter aus der Ruhe zu bringen.

Verschiedene Persönlichkeitstypen agieren auf unterschiedliche Art. Erbmasse und Erziehung spielen hierbei sicher eine Rolle. Dennoch: Jeder Mensch kann gelassen bleiben. Gelassenheit ist, unabhängig von der Persönlichkeitsstruktur, für jeden trainierbar. Wir können uns in Gelassenheit üben, jeder auf seine Weise und in seiner Geschwindigkeit.

Der Weg der kleinen Schritte

Stets in allen Lebenslagen gelassen zu bleiben, ist nicht leicht und vor allem nicht schnell im Crashkurs zu erlernen. Es gehören Wille, Disziplin und eine Portion Durchhaltevermögen dazu. Doch machen Sie sich klar: Jede kleine Verbesserung ist bereits ein Fortschritt, auch wenn Sie nicht gleich rundum Dalai-Lama-Qualitäten erreichen.

Auf diesem Weg ist es wichtig, vor allem gelassen mit sich selbst umzugehen. Es ist nicht schlimm, wenn wir uns ab und an in alten Mustern wiederfinden. Das kann geschehen, auch wenn wir gerade ein Buch über Gelassenheit lesen und beschlossen haben: „Ab morgen wird alles besser." Erwarten Sie nicht, dass Verhaltensweisen, die Sie seit 20 Jahren intensiv einstudiert haben, sich innerhalb weniger Tage umkehren. Geben Sie sich Zeit, gestehen Sie sich Fehler und Rückfälle zu. Sie sind dabei schon auf einem guten Weg.

Ursachen mangelnder Gelassenheit

Ab wann sind wir unfähig, gelassen zu bleiben? Darauf gibt es wohl so viele Antworten, wie es Menschen gibt. Sicher ist, es sind immer sehr viele Emotionen und Spannungen im Spiel. Deren Auswirkungen sind höchst unterschiedlich.

Was passiert, wenn wir die Fassung verlieren?

Fehlende Gelassenheit ist nicht mit einem einzigen Zustand zu beschreiben. Sie ist ein ganz individuelles Reaktionspotpourri, das jeder aufgrund seiner Persönlichkeit zusammenstellt. Der eine brüllt, der andere jammert und weint. Konkreter kann man sagen: Anstelle von Besonnenheit tritt ein stressbedingtes Verhaltensmuster zur Abwehr in den Vordergrund.

Den meisten gelingt es nicht zu sagen, was in der Situation konkret geschieht. Man befindet sich in einer emotional verworrenen Lage. Ungeordnete Gedanken schwirren durch den Kopf. Gefühle toben. Körperliche Reaktionen wie Schweißausbrüche, Muskelverspannungen, Zittern usw. treten auf. Typische Emotionen, die wir dabei empfinden, sind: Ärger, Anspannung, Angst, Hilflosigkeit, Frustration, Unsicherheit, Verwirrung, Kontroll-/Zielverlust, Wut oder Ohnmacht.

Das Gehirn wähnt sich in einer Gefahrensituation und schaltet auf Alarm. Die Reaktionen, die dabei ausgelöst werden, sind vergleichbar mit denen des Neandertalers, der sich einem Angreifer gegenüber sah. Der Körper unterscheidet nicht, wodurch der Stress ausgelöst wurde. Stress ist Stress. Deshalb tun wir emotional annähernd das Gleiche wie unsere Vorfahren: Wir kämpfen oder fliehen. Doch: Klares Denken funktioniert niemals, wenn wir wie ein Dampfkessel kurz vor der Explosion stehen oder sehr aufgeregt sind. Ein Mensch, der dabei ist, die Beherrschung zu verlieren, ist auch gegenüber Argumenten, gut gemeinten Tipps und Ermahnungen völlig immun. Deshalb gilt es, an dieser Stelle rechtzeitig die Kurve zu kriegen und die Spannung abzubauen.

Was lässt uns ausrasten?

Meist schreiben wir fälschlicherweise einem Akut-Ereignis die Schuld zu, wenn uns die Contenance abhanden kommt. Der Verlust von Gelassenheit ist aber selten ein plötzliches Ereignis. Er ist vielmehr die Folge eines Prozesses, während dessen sich Spannung über längere Zeit aufgebaut und angestaut hat. Irgendwann genügt der bekannte Tropfen, der das Fass zum Überlaufen bringt.

Die Tatsache, dass sich so viel Anspannung aufbauen konnte, hat mit unserer gedanklichen Grundhaltung zu tun. Diese ist dafür verantwortlich, wie wir ein Ereignis bewerten. Negative Beurteilungen von Situationen lassen immer mehr Angst oder Ärger entstehen. Infolge des angestauten Drucks kommt es irgendwann zu einer explosionsartigen Reaktion.

Jeder Mensch erlebt Druck anders. Es gibt aber mehrere Faktoren, die nahezu übereinstimmend als Spannungsauslöser gelten. Dazu zählt vor allem als Grenzüberschreitung empfundenes Verhalten wie:

- Eindringen in die Privatsphäre,
- Verletzung gesellschaftlicher Normen,
- Angriffe auf die Person.

Wir fühlen uns dabei ungerecht oder schlecht behandelt, betrogen oder missbraucht. Insbesondere Verletzungen der Identität und Integrität führen zu starkem inneren Druck, z. B. bei ungerechtfertigten Unterstellungen oder Schuldzuweisungen. Zudem gehen wir erfahrungsgemäß von einem bestimmten Verhalten unseres Gegenübers oder der Entwicklung einer Situation aus. Wir haben ein grundlegendes Muster im Kopf, wie die Dinge ablaufen sollten, beispielsweise erwarten wir Lob nach einer gelungenen Arbeit. Tritt nun etwas völlig Unerwartetes ein, wird dadurch die eigene Erwartung verletzt oder zerstört, bringt das die persönliche Ordnung und

Stabilität durcheinander. Wir reagieren dann deshalb so wenig gelassen, weil wir emotional aus der Bahn geworfen wurden.

> Geschieht etwas anderes als erwartet, erleben wir unsere Ordnung und – in Folge – uns als Person in Gefahr. Diese Gefahr löst immer Stress aus. Stress wiederum zerstört Gelassenheit.

Reaktion statt Aktion

Wenn wir uns angegriffen fühlen, setzen wir uns zur Wehr. Wir reagieren auf den vorliegenden Missstand. Empfinden wir es nun so, dass wir uns permanent zu Wehr setzen und reagieren müssen, erleben wir uns als fremdgesteuert. Wir agieren nicht mehr, wie wir wollen, sondern re-agieren auf etwas, das andere vorgeben. Dabei können wir nicht beeinflussen, was als Nächstes geschehen wird. Durch diese Unsicherheit aktivieren wir körperliche und psychische Warnfunktionen.

Reaktives Modell

Re-aktives Verhalten: Ein Reiz löst unsere Reaktion aus.

In der Stress-Spirale

Alarm- und Abwehrzustände bauen ungünstigerweise Druck, Unruhe und Angst immer weiter auf. Ist das Maß voll, lassen wir uns zu Abwehrreaktionen hinreißen, die wir hinterher bereuen. Das bringt weitere Probleme mit sich, und der Stress nimmt weiter zu. Denn mit erhöhtem Stresspegel werden wir nicht unbedingt kreativer. Das Gegenteil tritt ein: Wir konzentrieren uns immer schlechter auf Fakten und Lösungen. Ohne effektives Nachdenken gehen uns jedoch erst recht die Ideen und Bewältigungsstrategien aus. Wer hier nicht rechtzeitig den Ausstieg schafft, gerät in einen fatalen Teufelskreis.

Immer mehr vom Gleichen

Dieser Teufelskreis hat ein stereotypes Verhalten zur Folge. Etwas geschieht und wir reagieren. Das Schlimme daran ist: Wir reagieren immer in der gleichen Art und Weise, obwohl wir wissen, dass diese nicht zielführend ist. Wir verhalten uns wie der Pawlow'sche Hund: Wir tun das, was wir immer tun, auch wenn wir uns dabei blutige Nasen holen. Und wenn der gewünschte Effekt nicht eintritt, verstärken wir unser Handeln. Sprechen wir z.B. mit jemandem, der nicht auf uns eingeht, werden wir zuerst lauter, dann nachdrücklicher und irgendwann beginnen wir zu brüllen.

Beispiel:

Frau H. berichtet: „Meine Tochter und ich können nicht mehr normal miteinander reden. Ich bitte sie z.B. um eine kleine Gefälligkeit. Sie reagiert nicht. Ich ermahne sie wieder und wieder. Nichts passiert. Immer schneller kommt der Punkt, an dem ich nicht mehr bitte, sondern brülle. Sie schreit zurück. Wir streiten entweder oder sagen nichts zueinander. Ich habe mir das nicht ausgesucht. Aber ich kann mir nicht alles bieten lassen. Ich kann nichts dafür, wenn sie so mit mir umgeht."

Wenn wir stets das Gleiche, Nicht-Zielführende tun, hält uns diese Situation stabil gefangen. Albert Einstein bringt es gut auf den Punkt: „Wahnsinn ist, in immer der gleichen Weise zu verfahren und dabei auf neue Ergebnisse zu hoffen."

Beispiel:

> Herr K. berichtet: „Es ist immer so, wenn ich Frau S. sehe, dass mir dann sofort der Kamm schwillt. Diese Frau ist ein rotes Tuch für mich. Sie regt mich schon auf, wenn sie den Mund aufmacht! Wir können einfach nicht miteinander und geraten deshalb regelmäßig aneinander."

Klar erkennbar: Dieses Verhalten ist weder vorteilhaft noch besonders komfortabel. Wir wissen genau, worauf es hinauslaufen wird. Und doch tun wir immer wieder ungerührt genau das, was uns immer wieder in die Bredouille bringt. Im Beispiel von Herrn K. ist das: sich reizen lassen, sich aufregen, mit dem nächsten Clinch rechnen und sich damit abfinden. Wir nehmen selbst keinen Einfluss auf die Situation, um sie zu verbessern oder zu entschärfen. Wir bedauern uns und hadern. Und genau dieses Gefühl des Ausgeliefert-Seins erzeugt Ohnmacht. Wiederholen wir diese Verhaltensweisen oft genug, fühlen wir uns irgendwann in der Rolle des Opfers.

Die Opferhaltung

In die Rolle des Opfers bringt sich, wer einem Umstand oder einem anderen Menschen die Schuld an etwas gibt. Ursachen für ein Problem werden außerhalb der eigenen Person gesehen und gesucht. Bei dieser Sichtweise wird das eigene Verhalten kaum reflektiert und schon gar nicht verändert. Die

Welt wird aufgeteilt in Verursacher und Opfer – wobei die anderen die Verursacher sind und wir das leidgeplagte Opfer.

Andere zerstören unsere Gelassenheit?

Diese Verursacher trampeln nur so in unserem Leben herum. Natürlich ist es dann aus mit der Gelassenheit. Wie sollen wir auch ruhig bleiben, wenn andere nerven, uns auf die Palme bringen und mit uns machen, was sie wollen? Das ist genau der Punkt, an dem der Glaube entsteht, dass wir nur dann ein gelassenes Leben führen können, wenn andere Menschen oder günstige Umstände uns das gestatten. Logischerweise hängt die Gelassenheit dabei an einem seidenen Faden: Denn wir haben mit dieser gedanklichen Haltung überhaupt keinen eigenen Einfluss darauf. Fest steht: „Die anderen sind schuld." Selbstverständlich müssen wir daran nichts verändern. Wir sollten uns dann nur nicht mehr wundern, dass wir einfach nicht gelassener werden.

Beispiel:

Frau J. berichtet von ihrem Arbeitsplatz: „Ich betreue mehrere Projekte gleichzeitig sowie die telefonische Hotline. Glauben Sie, dass meine Kollegen darauf Rücksicht nehmen würden? Dass sie nachsichtiger wären, wenn ich Termine nicht halten kann? Ich kann mich zerteilen und dann kommt noch immer keiner auf die Idee, mir zu helfen. Jeder kümmert sich nur um seine Angelegenheiten. Meine Assistentin bewegt sich keinen Schritt schneller, obwohl sie genau sieht, wie sehr ich im Stress bin. Oder mein Chef, glauben Sie, der würde mich entlasten und die Arbeit mal anders verteilen? Wie sollte ich dabei noch gelassen bleiben?"

Die vorliegende Erwartungshaltung bei Frau J. ist, dass andere etwas tun müssen, damit ihr Wohlbefinden und ihre Gelassenheit erhalten bleiben. Somit entsteht ein fataler Denkfehler: „Wenn andere Personen mich nicht entlasten, kann ich unmöglich gelassen sein."

Sind es wirklich die anderen?

Doch für unsere Gelassenheit sind ausschließlich wir selbst verantwortlich. Nur wir können dafür sorgen, dass wir besonnen werden oder bleiben. Das kann kein anderer für uns tun. Ebenso wenig kann ein anderer unsere Gelassenheit zerstören.

> Ob andere unsere Erwartungen erfüllen, können wir nicht beeinflussen. Wir können nur Wünsche oder Bitten äußern. Was wir aber beeinflussen können, ist unser Denken und Verhalten. Das Fundament für Gelassenheit liegt in unserem Kopf!

Typische Reaktionsmuster

Wird innerer Druck aufgrund von Ärger, Stress oder Angst zu hoch, entsteht der natürliche Wunsch, ihn loszuwerden. Deshalb müssen wir uns von Zeit zu Zeit ab-reagieren. Die Opferhaltung lässt zwei gängige, reaktive Verhaltensweisen entstehen: Offensive oder Defensive.

Variante 1: die Offensive – sich schlagartig wehren

Hierbei holt man in dem Augenblick, in dem das Fass überläuft, zu einem gewaltigen Rundumschlag aus. Der lange angestaute Ärger wird am zufälligen Gegenüber ausgelassen.

Jeder, der nicht schnell genug das Weite sucht, bekommt etwas ab. Voll zurückschießen, heißt die Devise. Auf der Beliebtheitsskala sehr weit oben: Auf den Tisch hauen, Türen knallen, Brüllen mit hochrotem Kopf usw.

Beispiel:

 Frau S. leidet immer wieder unter derselben Reaktion: „Meistens sind es Gespräche mit Mitarbeitern. Wenn mir das zu lange dauert, fühle ich Zeitdruck. Reagiert der Mitarbeiter nicht auf meine Argumente und kommt mir wieder mit irgendwelchen Problemen, spüre ich: Jetzt fahre ich gleich aus der Haut.

Wenn ich sage, dass ich keine Zeit mehr habe, reden die einfach weiter. Dann platzt mir der Kragen. Ich werde böse, manchmal auch ungerecht. Ich lasse mich zu verbalen Tiefschlägen hinreißen oder werfe sie raus. Kurz danach fühle ich mich zwar entspannter, aber dann miserabel. Es ärgert mich, tut mir leid und ich möchte es ungeschehen machen. Ich weiß, dass meine Ausraster Zeichen von Schwäche sind. Es macht mich wütend, dass meine Mitarbeiter mich immer wieder so weit bringen. Tausend Mal habe ich erklärt, dass sie das mit ihren direkten Vorgesetzten besprechen sollen. Die lernen aber auch kein Quäntchen dazu."

Variante 2: die Defensive – still ertragen

Menschen in dieser Schutzhaltung eignen sich rasch hilfreiche Strategien an, um unsympathische Mitmenschen und unangenehme Situationen kampflos ertragen zu können. Sie lernen, Ärger und Ungerechtigkeiten in sich hineinzufressen, umgehen Konflikte und stecken Wut weg. Unverschämtheiten nehmen sie hin, wenn auch verletzt. Dazu müssen sie Attacken anderer relativieren und die Schuld bei sich suchen. Stress, Anspannung, Nervosität, körperliche und psychosomatische Erkrankungen werden über einen sehr langen Zeitraum toleriert oder ignoriert. Diese Menschen verfügen über eine besondere Ausprägung von stiller Leidensfähigkeit.

Beispiel:

> Herr N. berichtet im Rückkehrgespräch nach 9-monatiger Krankschreibung aufgrund eines Burn-out-Syndroms: „Ich habe alles klaglos hingenommen. Weil mir die Projektleitung so wichtig war, weil ich mit niemandem einen Konflikt haben wollte und weil wir uns keine Verzögerungen leisten konnten.
>
> Meine Arbeit ist mir sehr wichtig. Ich war immer da. Sogar krank bin ich in die Firma gefahren, habe auch an Wochenenden gearbeitet. Aber bei dem extremen Zeitdruck hat dann jeder nur noch seine Probleme bei mir abgeladen. Was sollte ich denn tun? Ich stand in der Verantwortung und musste das doch lösen. Ich habe mich über die Maßen engagiert. Wir haben es schließlich geschafft, aber kein Wort der Anerkennung. Als ich dann zum Projektabschluss auch noch Vorwürfe und Unterstellungen zu hören bekam, war es einfach zu viel. Ich bin regelrecht in die Knie gegangen und habe das alles teuer mit meiner Gesundheit bezahlt."

Rechtfertigung des Verhaltens

Hat es, in welcher Form auch immer, gekracht, äußern sich Menschen häufig folgendermaßen: „Mir ist leider gelassenes Verhalten nicht in die Wiege gelegt worden. Dass ich manchmal die Kontrolle verliere, dafür kann ich doch nichts. Ich bin einfach so." Das bewirkt, dass sie ihr Empfinden und Verhalten als gottgegeben und nicht steuerbar ansehen. Auch hier glauben sie, es hätte vorrangig nichts mit ihnen zu tun, wie sie sich verhalten.

Der Fokus ihrer Betrachtung liegt auf etwas außerhalb ihrer Person. Dadurch bescheinigen sie sich fehlenden Einfluss

- auf die Situation und
- auf ihr Verhaltensrepertoire.

Dabei sollten wir uns klarmachen: Wir *müssen* uns nicht bis zur Weißglut in etwas hineinsteigern. Wir *müssen* niemanden anbrüllen oder Tassen an die Wand werfen. Wir *müssen* auch keine Problemsituation dauerhaft ertragen. Es ist unsere freie Entscheidung, was wir tun wollen. Wir haben Einfluss darauf, die Situation zu gestalten. Tun Sie frühzeitig das, was für Sie gut ist.

> „Die Freiheit des Menschen liegt nicht darin, dass er tun kann, was er will, sondern darin, dass er nicht tun muss, was er nicht will." (Jean-Jacques Rousseau)

Die Lösung: pro-aktiv statt re-aktiv

Für unsere Gelassenheit müssen wir uns selbst die Basis schaffen. Statt re-aktiv sollten wir aktiv handeln. Das heißt, nicht darauf zu warten, bis unser Gegenüber den Ball spielt, um dann zurückzuschießen. Es bedeutet, das übliche Fahrwasser zu verlassen und sich aktiv eine passende, alternative Handlungsmöglichkeit auszusuchen. Dabei ist es wichtig, Ihre Selbstwahrnehmung, Ihre Vorstellungskraft, Ihr Gewissen und Ihren freien Willen mit einzubeziehen. Sie werden schnell merken, dass mit dieser Betrachtungsweise viel mehr Optionen und Handlungsspielräume auftauchen. Sie haben damit die Wahlfreiheit, wie Sie reagieren wollen. Sie entscheiden. Sie agieren. Sie haben Ihr Verhalten in der Hand.

Pro-aktives Modell

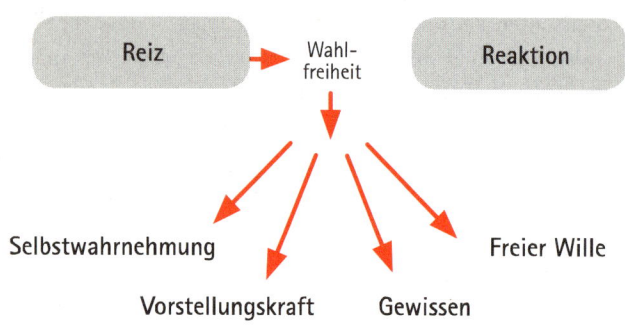

Pro-aktives Verhalten

Beispiel:

Sobald Frau S. bei den Mitarbeitergesprächen selbst wahrnimmt, dass sie unter Druck und in Wut gerät, hat sie die Wahl. Statt ärgerlich zu werden, kann sie z.B. von vornherein aktiv eine konkrete Gesprächsdauer festlegen. Damit nimmt sie sich den Druck, dass sich das Gespräch ungeplant ausdehnt. Der Kommunikationspartner kennt die Gegebenheiten und kann sich darauf einstellen.

Herr N. muss sich nicht gegen seinen Willen vollständig körperlich und seelisch verausgaben. Er kann im Vorfeld körperliche Warnsignale wahrnehmen. Das ist der Zeitpunkt zur aktiven Handlung. Er kann eigenverantwortlich entscheiden, ob er Verantwortung abgibt, Aufgaben delegiert, Unterstützung anfordert.

Er kann und muss auch seine Arbeitszeiten in einem verträglichen Maß halten, damit er sich selbst nicht schadet. Das ist aktives Entscheiden, Grenzen setzen, Handeln.

Wie Sie von Gelassenheit profitieren

Gelassenheit steigert die Lebensqualität bedeutend. Gelassene Menschen bleiben gesünder. Sie machen sich weniger Sorgen, grübeln weniger, sind insgesamt zufriedener mit ihrem Leben. Gelassene Menschen sind unterm Strich auch glücklicher.

Gesund bleiben

Wer im ständigen Alarmzustand lebt, kann weder schlafen noch entspannen. Und wer nicht entspannt, bekommt nicht die verbrauchte Energie zurück, die er benötigt, um sein Leben zu meistern.

Dauernde Überlastung und Stress machen krank. Es drohen Bluthochdruck, Herz-Kreislauf-, psychosomatische und psychische Erkrankungen. Auch unsere Sprachmuster können ein Indiz für Überlastungen sein. Vielleicht ist Ihnen die eine oder andere Aussage geläufig oder Sie benutzen sie selbst. Solche Äußerungen sind oftmals bereits ein Hinweis auf entsprechende körperliche Schwachstellen:

- Das ist mir an die Nieren / Nerven gegangen.
- Ich habe einfach zu viel am Hals.

- Ich habe eine Mordswut im Bauch.

- Das habe ich mir sehr zu Herzen genommen.

- Ich habe den Buckel voller Probleme.

Es ist leicht nachvollziehbar, wer bei diesen Beschreibungen unter Rückenschmerzen, Nierenkoliken, Herzproblemen usw. leidet.

Wer gelassen ist, achtet auf ein ausgewogenes Verhältnis zwischen Arbeit und privaten Interessen. Persönliche Bedürfnisse und Familienleben stehen mit den Anforderungen der Arbeitswelt im Einklang. Gelassene Menschen fühlen sich wohler, haben mehr Spaß und Freude im Leben und gute zwischenmenschliche Beziehungen. Das alles sind Faktoren, die sie langfristig gesünder bleiben lassen.

Weniger Stress und Angst

Viele Stresssituationen können Angstreaktionen auslösen. Nach aktuellen Untersuchungen haben sich körperliche und psychische Stressoren klar als Angstauslöser erwiesen. Hauptursache ist die Daueranspannung, die ihrerseits Probleme schafft. Auf Stress folgt Angst, auf Angst folgt Stress. Die körperliche Erregungslage schaukelt sich immer weiter auf.

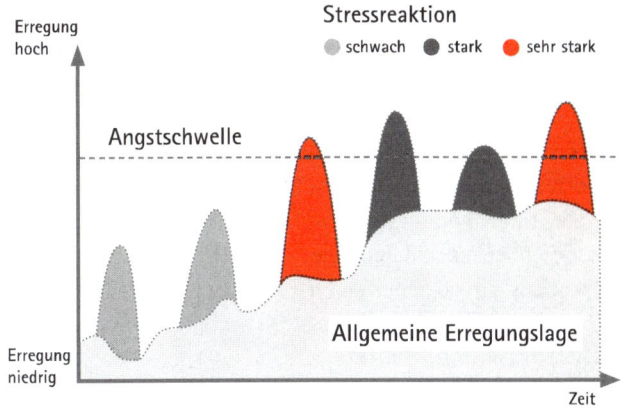

Entwicklung der Erregungslage

Gelassene Menschen lassen sich deutlich weniger stressen und haben in der Folge weniger unter Ängsten zu leiden. Sie schaffen es, auf niedrigem Erregungsniveau und damit unterhalb der Angstschwelle zu leben. Das ermöglicht ihnen nicht nur, einen kühlen Kopf zu bewahren, es lässt auch Lebensfreude und Erholung zu.

Bessere Entscheidungen

Gelassene Menschen treffen oft bessere Entscheidungen, denn sie setzen sich selbst nicht so stark unter Druck, bleiben ruhiger und entscheiden nicht vorschnell. Manches, was hektisch entschieden wird, ist noch gar nicht in allen Punkten geklärt. Entscheidungen, die nicht gelassen getroffen werden, erweisen sich deshalb oft als suboptimal. Mit Besonnenheit können Fakten und Argumente abgewogen werden. Durch gelassenes Analysieren kommt man zu besseren Entschlüssen. Die Redewendung, vor jeder Entscheidung erst einmal eine Nacht zu schlafen, ist bekannt. Sie besagt: Entscheidungen sind oft von unserer momentanen Gefühlslage abhängig. Der Wütende neigt z. B. rasch zu einer Ablehnung, der Ängstliche stimmt zu schnell zu. Durch Gelassenheit bannen wir die Gefahr, eine emotionsgeladene Entscheidung zu fällen. Wenn wir besonnen an ein Problem herangehen, entscheiden wir wesentlich durchdachter und damit besser.

Konstruktiv und kreativ

Gelassene sind häufig erfolgreicher als andere, weil sie Aufgaben oder Schwierigkeiten mit Abstand aus der Entfernung betrachten. Durch diesen Helikopterblick weitet sich das Sichtfeld. Andere Meinungen und Hinweise werden einbezogen und die Situation kann aus verschiedenen Perspektiven beleuchtet werden.

Unter Stress sind wir nicht zu kreativen, weiterführenden Gedanken im Stande. Wir denken ausschließlich in eine, immer gleiche Richtung. Dieses Denken nennt man konvergent. Der Lösungsstil sieht damit folgendermaßen aus:

Problem / Aufgabe ⟶ **Lösung / Ziel**

Konvergentes Denken

Wenn uns der bekannte Lösungsweg, aus welchem Grund auch immer, versagt ist, dann haben wir keine Lösung. Wir geraten gedanklich in eine Sackgasse. Dadurch nehmen Druck,

Stress, Anspannung wiederum zu. Gelassene Menschen gehen anders an eine Aufgabe heran. Sie legen mehr Kreativität an den Tag. Durch Abstand wird man objektiver in seiner Sichtweise. So findet man konstruktivere und fantasievollere Lösungen. Gelassene nutzen die Möglichkeit, einen anderen als den gewohnten Weg einzuschlagen.

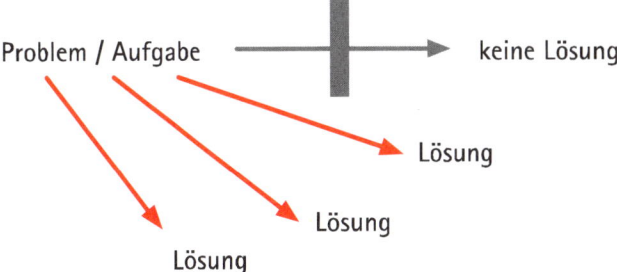

Divergentes Denken lässt vielfältigere Lösungen entstehen

Dieser ungewohnte Weg ist oft wesentlich zielführender. Er benötigt jedoch anfänglich mehr Zeit und Geduld. Durch Gelassenheit finden wir ein umfangreicheres Lösungsspektrum und kommen damit oft zu besseren Ergebnissen.

> Je gelassener wir bleiben, desto mehr Handlungsspielraum erkennen wir. Nur dann fühlen wir uns als Steuermann unseres Lebens. Suchen Sie nach weiteren Lösungsmöglichkeiten. Tun Sie etwas anderes als das, was Sie bisher nicht weiterbrachte.

Mehr Produktivität

Wir wissen aus einer Vielzahl an Untersuchungen, dass entspannte, ruhige und fröhliche Menschen deutlich produktiver sind als andere. Wer sich morgens mit letzter Kraft aus dem Bett quält, ist sicher nicht auf dem Weg zum Höhenflug. Gelassene verfügen über eine ausgeglichene Energiebilanz. Sie jonglieren geschickt mit Anstrengung und Entspannung.

Durch Lockerheit und Kreativität bleiben sie auch in schwierigen Situationen optimistisch, selbstbewusst und lösungsorientiert. Diese Haltung ist deutlich weniger nervenaufreibend als Anspannung und Stress. Ausgeglichenheit macht Menschen belastbar und lässt sie ihre Arbeitskraft dauerhaft zum Einsatz bringen. Gelassene Menschen setzen ihre Energie sinnvoll ein und sind dadurch leistungsfähiger.

Ausgeglichenheit

Wir benötigen zum produktiven, kreativen und schöpferischen Arbeiten ein angemessenes Verhältnis von Herausforderung und Entspannung. Wenn dabei ab und zu Stress aufkommt, ist es in der Regel kein Drama. Bei positivem Stress (dem sogenannten Eu-Stress) erleben wir Vitalität, Enthusiasmus, Optimismus, Stärkung unserer Arbeitsproduktivität und ein befriedigendes Gefühl.

Positive Herausforderungen stärken unsere Ressourcen, vermitteln das Gefühl, Kontrolle über die Situation zu haben, zu wissen, dass man leistungsfähig ist, Unterstützung von anderen erfährt, Erfolgserlebnisse hat. Der Eu-Stress setzt jedoch eine begrenzte Dauer voraus. Zur Ausgeglichenheit gehört ein ausgewogenes Maß von An- und Entspannung. Solange wir in diesem Zustand sind, haben wir die Fähigkeit, sensibel abzuschätzen: Weiterarbeiten oder eine Pause einlegen? Wir nehmen körperliche Signale wahr und überfordern uns nicht. Wir verlieren Energie, tanken diese jedoch wieder auf und bleiben dabei sehr leistungsfähig.

Mehr Selbstbewusstsein

Selbstbewusstsein ist nicht angeboren, sondern wird im Laufe des Lebens durch positive Erfahrungen erworben und verinnerlicht. Wer sich im Klaren darüber ist, was er leisten kann und dass er fähig ist, Probleme zu lösen, wer die Erkenntnis hat, dass man auch ein Desaster überlebt, wird zunehmend selbstbewusster. In diesem Wort steckt bereits die Bedeutung: Sich seines Selbst bewusst sein. Gelassene Menschen sind selbstbewusster als andere. Sie wissen, was sie können, sie nehmen ihr Leben in die Hand, sie akzeptieren es nicht, von anderen permanent dirigiert zu werden. Sie fällen bewusste Entscheidungen – bewusst und im eigenen Interesse.

Mehr Vertrauen und Akzeptanz bei anderen

Wer hektisch, nervös und planlos agiert, gilt selten als vertrauensvoller Sympathieträger. Die Wirkung unseres Verhaltens prägt das Miteinander; ebenso die Akzeptanz: Menschen, die gelassen und souverän Entscheidungen fällen, werden schneller von anderen akzeptiert. Das hat Auswirkungen auf das Privat- und Berufsleben, denn Gelassene genießen deutlich mehr Vertrauen. Wir vertrauen ihnen leichter, weil wir glauben, dass sie wohldurchdacht und zielführend vorgehen. Wir trauen ihnen zu, Probleme in den Griff zu bekommen und auch unter Druck noch klar denken zu können. Aus diesem Grund sind es meistens die Gelassenen, die herausfordernde

Projekte anvertraut bekommen und dadurch wiederum Erfolge verbuchen können.

Auf einen Blick: Was ist Gelassenheit?

- Gelassenheit ist innere Ruhe und Ausgeglichenheit. Sie erlaubt uns, maßvoll und angemessen mit Menschen und Situationen umzugehen.

- Gelassenheit ist nicht naturgegeben, sie lässt sich trainieren – unabhängig vom Persönlichkeitstyp.

- Grund für mangelnde Gelassenheit können Angriffe auf die persönliche Integrität und Grenzüberschreitungen sein. Häufig aber steht im Vordergrund die Haltung, das eigene Befinden ausschließlich von anderen Menschen oder Umständen abhängig zu machen.

- Wenn wir die Fassung verlieren, reagieren wir nach stereotypen Mustern und sind nicht in der Lage, uns selbst zu hinterfragen. Wir denken nur in eine Richtung.

- Typische Abwehrreaktionen sind offensive Explosion oder defensive Resignation.

- Gelassene Menschen leben gesünder, sind kreativer, produktiver und treffen bessere Entscheidungen. Sie befinden sich in Harmonie mit sich selbst und ihrer Umgebung.

So arbeiten Sie an Ihrer Einstellung

Unser Tun folgt unserer Sichtweise auf die Dinge. Denken und Handeln hängen eng miteinander zusammen. Wollen wir gelassener agieren, müssen wir daher zunächst unsere Einstellungen überprüfen.

In diesem Kapitel geht es darum,

- hemmende Vorstellungen, die man von sich selbst und von anderen hat, zu erkennen und zu hinterfragen,
- selbstverantwortlich mit sich umzugehen, um Sicherheit zu gewinnen,
- die innere Kommunikation positiv und lösungsorientiert zu gestalten und
- sich seine Bedürfnisse und Werte als Rahmen für das eigene Handeln zu vergegenwärtigen.

Hemmschuhe erkennen und überwinden

Unsere Sichtweisen und Interpretationen von Situationen sind für Gelassenheit ausschlaggebend. Es liegt deshalb nahe, zunächst bei sich selbst zu beginnen, wenn man gelassener werden möchte. Bei genauem Hinsehen zeigt sich: Nicht gelassene Menschen verfügen im Denken und Fühlen über eingefahrene Muster, die sie dazu bringen, in bestimmten Situationen oft in gleicher Weise zu reagieren. Nicht zielführende Muster kann man erkennen und verändern: ein erster Schritt zu mehr Gelassenheit.

Eingeschränkte Wahrnehmung

Beispiel:

Wir kennen alle das Spiel von Kleinkindern, die vor uns stehen, sich die Augen zuhalten und weil sie selbst nichts sehen, rufen: „Du siehst mich nicht!"

Das Kind meint: Ich sehe nichts, deshalb ist es so, dass du auch nichts sehen kannst. Darüber lächeln wir Großen gern, denn wir durchschauen ja diesen Kinderkram. Wenn wir dies beobachten, ist uns sonnenklar, dass das kindliche Gehirn hier einem Fehler unterliegt. Doch erstaunlicherweise verhalten wir uns oft genug nach einem vergleichbaren Schema.

Wir lassen häufig außer Acht, dass wir selbst nicht alles im Blick haben und unsere Perspektive daher keine umfassende Übersicht zulässt. Dadurch, dass wir nicht alles rundum erkennen, unterliegen wir oft Fehlurteilen. Es ist schon viel gewonnen, wenn wir uns bewusst machen: Unsere Realität ist ein Produkt unserer eingeschränkten Wahrnehmung. Es kann nämlich immer auch ganz anders sein, als es scheint.

Kleiner Test: Wie wahr ist unsere Wirklichkeit?

Was meinen Sie: Handelt es sich bei den waagerechten Linien um zwei Parallelen? Verlaufen die zwei horizontalen Linien parallel oder haben sie eine Ausbuchtung?

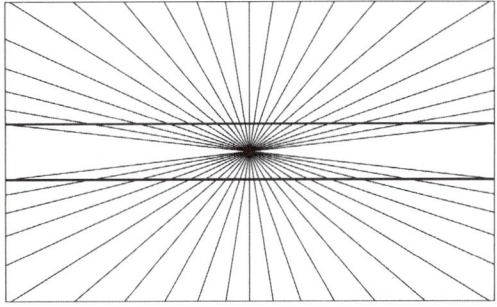

Antwort: Die Linien verlaufen exakt parallel. Unser Gehirn unterliegt in diesem Fall einer Wahrnehmungsstörung.

Das Beispiel ist zwar rein optisch, doch können wir die Erkenntnis der Täuschung auf unser Denken übertragen. Meist glauben wir aufgrund einiger Eckpunkte, Bescheid zu wissen. Machen wir uns bewusst: Das kann trügerisch sein. Viele Dinge sind nicht so, wie sie auf den ersten Blick erscheinen. Deshalb ist es wichtig, bevor wir uns zu unbedachten Handlungen hinreißen lassen, zu hinterfragen, ob unser erster Eindruck stimmt. Wir müssen in Betracht ziehen, dass wir eventuell einer Fehlinterpretation unterliegen. Mit dieser Erkenntnis lässt es sich ruhiger abwarten und gelassener leben.

Beispiel:

„Meine direkte Kollegin war immer sehr aufgeschlossen und lustig und wir haben viel privat unternommen. Mehr und mehr ist mir aufgefallen, dass sie sich zurückzog und an keinen Unternehmungen mehr teilnahm. Ich empfand das als bedrückend und habe mich gefragt, was ich falsch gemacht habe. Darauf angesprochen, bekam ich nur eine ausweichende Antwort. Dann dachte ich mir, dass es garantiert an ihrem neuen Freundeskreis liegt. Seit einiger Zeit ist sie mit einem Bankdirektor liiert. Sicher passen wir einfachen Kolleginnen da nicht mehr in ihre Welt. Mir war es irgendwann auch egal, denn wer nicht will, der hat schon.

Sie wurde jetzt kürzlich operiert und macht Chemotherapie. Als ich das erfuhr, war ich wie vom Blitz getroffen. Ich habe keine Spur daran gedacht, dass etwas anderes als ihr Bankdirektor hinter der Sache stecken könnte."

Wahrnehmungsfilter im Kopf

Wahrnehmungsfilter sind bei uns allen aktiv, in den unterschiedlichsten Situationen.

Typische Wahrnehmungsfilter

- Man sieht nur das, was man kennt. Alles, was sich außerhalb unseres Weltbildes befindet, wird nicht wahrgenommen.
- Wir überblicken oft nur Bruchteile von Gegebenheiten.
- Wichtige Informationen werden unbewusst ausgeblendet (getilgt).

- Es werden manchmal Zusammenhänge kreiert, die nicht kausal sind (Verzerrung).

- Bewertungen sind immer individuelle Sichtweisen – sie müssen nicht stimmen.

- Zwei Menschen können ein und dieselbe Situation komplett unterschiedlich beurteilen, berühmtes Beispiel: „Das Glas ist halb voll" beziehungsweise „halb leer".

Was also ist richtig oder wahr? Haben wir nicht alle schon die Erfahrung gemacht: Manche Dinge sind oder entwickeln sich ganz anders als erwartet?

Gelassen bleiben – andere Möglichkeiten in Betracht ziehen

Wenn wir uns vorstellen, wie groß die Wahrnehmungsfilter in unserem Kopf sind, dann werden wir nicht mehr vorschnell Situationen negativ bewerten oder behaupten, genau Bescheid zu wissen. Und wenn wir unsere Sicht nicht zur absoluten Wahrheit erheben, entsteht Raum für weitere Möglichkeiten und Handlungsoptionen. Wenn wir wissen, dass wir nichts (genau und umfassend) wissen, dann können wir Situationen mit mehr Distanz betrachten.

Beispiele

 Der Chef meinte vielleicht die kauzige Bemerkung gar nicht so unfreundlich, wie wir sie verstanden haben. Möglicherweise projizierte er seine Aussage auf jemand anderen. Vielleicht gibt es Probleme in einem Bereich, von dem wir nichts ahnen? Eventuell schätzt er eine Situation als bedrohlicher oder dringender ein, als wir momentan nachvollziehen können. Vielleicht hat er extremen Stress?

Die pubertäre Tochter ist mies gelaunt, weil sie gebeutelt ist von altersgemäßen Höhen und Tiefen. Das bedeutet weder, dass sie uns hasst, noch, dass sie uns absichtlich den Tag vermiesen will. Sie hat einfach eine hormonbedingt schwierige Phase und zickt. Das hat per se nichts mit uns zu tun.

Der Kollege ist nicht deshalb so wenig hilfsbereit, weil er nicht engagiert ist, sondern weil er in Trennung lebt, sich um drei Kleinkinder kümmern muss und nicht weiß, wie er das bewältigen soll.

Die Einschätzung einer Situation ist immer subjektiv. Und es gibt eine Menge uns unbekannter Gründe dafür, warum etwas so läuft, wie es läuft. Warum Menschen sich so verhalten, wie sie sich verhalten. Sinnvoll ist es dabei, verschiedene Möglichkeiten in Betracht zu ziehen. Das lässt uns viel gelassener bleiben, abwarten, kreativ sein, nicht vorschnell gekränkt, wütend oder unsererseits beleidigend reagieren.

> Lassen wir andere Meinungen zu und akzeptieren sie im Wissen darum, dass unsere Wahrnehmung meistens eingeschränkt und einseitig ist. Diese Überzeugung gibt uns die Möglichkeit, uns ruhig und gelassen zu verhalten.

Festgelegte Erwartungshaltung

Der Automobilhersteller und Gründer der modernen Fließbandfertigung, Henry Ford, sagte einmal: „Es gibt zwei Möglichkeiten. Entweder du stellst dir vor, du schaffst es. Oder du stellst dir vor, du schaffst es nicht. Und genau so wird es kommen. Wir sind das, was wir zu sein glauben. An etwas glauben heißt: Es wird passieren." Auf den ersten Blick ist das eine gewagte Aussage. Und doch: Sie scheint sich zu bewahrheiten. Beweise dieses Effekts gibt es in unterschiedlichen Bereichen.

Der Placebo-Effekt – eine rein mentale Leistung

Der oben beschriebene Effekt wurde tausendfach in Placebo-Studien der Medizin nachgewiesen. Ein Placebo ist eine Tablette oder ein medizinisches Präparat, welche(s) keinen pharmazeutischen Wirkstoff enthält. Inhaltsstoffe sind meist unwirksame Stärke, Milchzucker oder Kochsalzlösung. Es gibt also keine Arzneimittelwirkung, da keine entsprechende Substanz vorhanden ist. Dennoch zeigte sich wiederholt, dass Placebos hochwirksam sein können, z.B. bei Rückenschmerzen. Allein die Information, ein starkes Schmerzmittel zu bekommen, führte in Untersuchungen zu einem klinisch relevanten, schmerzlindernden Effekt.

Man weiß, dass 30 bis 60 Prozent der Wirkung aller Medikamente und therapeutischen Maßnahmen auf den Placebo-Effekt zurückzuführen sind. Ganz konkret: auf die positiven Erwartungen des Patienten an Arzt, Therapeut oder Medikament. Ob ein Patient auf ein Placebo oder eine medizinische Anwendung anspricht, hängt sehr stark von seiner Erwartungshaltung ab.

Doch wie kann ein Placebo als nachweislich unwirksames Medikament in den Kreislauf von Schmerzempfindung und -linderung eingreifen? Die Antwort darauf liegt in der menschlichen Psyche. Denn Schmerz ist kein rein physiologischer Vorgang. Auch individuelle Hoffnungen und das Vertrauen in die Behandlung und den Behandelnden spielen dabei eine große Rolle. Seit moderne Bildgebungsverfahren einen Blick ins arbeitende Gehirn erlauben, lassen sich physiologische Auswirkungen von Glaube und Erwartung genauer ermitteln. Wissenschaftler der Universität Hamburg fanden heraus: Der Placebo-Effekt ist eine rein mentale Leistung, die hochkomplex in unseren Gehirnen abläuft, sozusagen eine Meisterleistung.

Die sich selbst erfüllende Prophezeiung

Der Kommunikationswissenschaftler Paul Watzlawik erklärt dieses Phänomen so: „Eine sich selbst erfüllende Prophezeiung ist eine Annahme oder Voraussage, die rein aus der Tatsache heraus, dass sie gemacht wurde, das angenommene, erwartete oder vorhergesagte Ereignis zur Wirklichkeit werden lässt und so ihre eigene Richtigkeit bestätigt."

Beispiel:

Indem ein Lehrer glaubt und sagt: „Jungs sind begabter in Mathe", trägt er bereits zu einer sich selbst erfüllenden Prophezeiung bei. Er schreibt Jungen mehr mathematische Kompetenz zu als Mädchen. Er ist davon überzeugt und er kommuniziert dies. Die Zuschreibung dieser Eigenschaft wirkt sich unbewusst durch bestimmtes Verhalten auf die beschriebenen Personen aus. Der Lehrer ruft z. B. Mädchen seltener auf als Jungen. Auch werden korrekte Antworten von Jungen deutlich anerkennender hervorgehoben. Fehler von Mädchen werden eher betont und als „Beweis" für diese These dargestellt.

Das Resultat ist dann tatsächlich, dass Jungen wesentlich engagierter und erkennbar erfolgreicher in Mathematik sind bzw. werden. So bestätigt sich die ursprüngliche Zuschreibung und verfestigt sich immer mehr.

Die Beispiele zeigen: Nicht nur unser Körper ist durch eine bestimmte Erwartungshaltung beeinflussbar. Auch unsere Gedanken, unser Verhalten und unser Erfolg hängen maßgeblich davon ab, was wir erwarten und mit welcher Einstellung wir an etwas herangehen.

Der Glaube an die Lösung ist Teil der Lösung

Die sich selbst erfüllende Prophezeiung funktioniert in vielen Situationen. Menschen schafften es, Grenzsituationen zu überleben, die nach bestehenden Erkenntnissen hätten tödlich enden müssen. Ob es sich nun um Hunger, Kälte, Krankheiten, körperliche oder psychische Belastungen handelte – diese Menschen haben größte Entbehrungen oder Strapazen überstanden. Sicher waren dies keine Menschen, die sich bescheinigt haben: „Das schaffe ich nie." Eines hatten vielmehr alle gemeinsam: Sie glaubten daran, aus dieser bedrohlichen Situation herauszukommen. Sie glaubten, dass sie es schaffen, weil sie schon vieles andere erfolgreich gelöst hatten. Diese Überzeugung ließ sie zuversichtlich und kreativ bleiben und vor allem: durchhalten und weitermachen.

Mangelnde Gelassenheit – der Teufelskreis der negativen Erwartungen

Auf das Thema Gelassenheit übertragen, bedeutet das: Je weniger gelassen wir sind, desto mehr negative Annahmen treffen wir. Wir könnten genauso gut ein positives Ergebnis annehmen, denn wir wissen nicht, was kommt. Leider entschließen wir uns mit Vorliebe für die Negativ-Variante: Negative Gedanken ziehen wie ein Sog negative Gefühle und

Emotionen nach sich. Wer also genau weiß, dass die nächste Besprechung garantiert wieder ein Fiasko wird, der Kollege sowieso schlecht drauf ist und man mit diesem Kunden grundsätzlich nicht reden kann, sorgt mit Feuereifer dafür, dass dies eine „self-destroying prophecy" wird.

Hier entsteht ein fataler Teufelskreis: Mit sehr hoher Wahrscheinlichkeit tritt das Angenommene tatsächlich ein. Denn die befürchtete Malaise lässt uns dieser Situation schon nicht mehr gelassen entgegentreten. Vielmehr tragen wir in ganz erheblichem Maße durch Vorannahmen und entsprechend kontra-produktives Verhalten dazu bei, dass sich genau diese Prophezeiung bewahrheitet. Damit erschüttern wir unsere Gelassenheit umso mehr.

> Je angespannter wir werden, desto negativer betrachten wir die Welt – meist, ohne es zu bemerken. Dann erwarten wir erst gar nichts Positives. Diese Gedanken ziehen wiederum Anspannung, Stress, Ärger nach sich. Wir regen uns auf oder sind beunruhigt und nervös – und der Kreislauf beginnt von vorne.

Überprüfen Sie Ihre negativen Erwartungen

Wenn es gelingt, anstelle von negativen Annahmen mit neutraler Sicht an eine Tätigkeit oder ein Problem heranzugehen, ist schon viel gewonnen. Wir wissen nicht, wie es werden wird. Versuchen wir deshalb, nicht sofort eine negative Bewertung hineinzubringen. Am besten formulieren wir möglichst ohne Wertung. Unsere Erwartungen tragen viel zum tatsächlichen Gelingen, zum Gelassenbleiben, zur Ausdauer und zu unserer Laune bei. Setzen Sie hier an:

Negative Erwartung	Alternative Formulierung
Morgen wird sicher ein total stressiger Tag.	Morgen stehen viele Termine im Kalender.
Die Verhandlungen mit dem Kunden A werden bestimmt wieder furchtbar.	Am Freitag verhandeln wir mit Kunde A.
Kollege M. spricht mich in der Besprechung morgen bestimmt wieder blöd an.	Morgen treffe ich Kollegen M., wir haben eine Besprechung.
Wenn ich meinem Sohn das sage, kommt es zum Streit.	Ich werde meinem Sohn das sagen.
Ich blamiere mich sicher.	Ich werde mein Bestes geben.

Wenn Sie nicht 100-prozentig sicher sagen können (und das können wir in den seltensten Fällen), dass garantiert etwas Negatives eintreffen wird, dann kommunizieren Sie nur die bekannten Fakten. Lassen Sie die möglicherweise unnötige Schwarzfärbung einfach weg. Statt im Vorfeld bereits zu hyperventilieren, haben wir auch die Möglichkeit, erst einmal ruhig abzuwarten. Das ist eine positive und wesentlich gelassenere Botschaft an unser Gehirn, die sich direkt auf das Wohlbefinden auswirkt. Lassen Sie die Dinge auf sich zukommen. Denn wir können nicht konkret wissen, wie das kommende Ereignis verlaufen wird.

An Glaubenssätzen arbeiten

Blicken wir auf weitere Muster, die uns beeinflussen, einschränken und damit häufig unsere Gelassenheit gefährden: unsere Glaubenssätze.

Glaubenssätze glauben wir

Glaubenssätze kann man sich als eine Art programmierte Filter in unserem Denken vorstellen. Es sind grundsätzliche Annahmen über uns, die anderen und die Welt, die meistens relativ tief in unserer Persönlichkeit verankert sind. Wir haben sie entweder aufgrund von Erfahrungen selbst im Laufe unseres Lebens gebildet oder von anderen unkritisch übernommen. Häufig wurden sie uns von unseren Eltern vorgelebt und beigebracht. Glaubenssätze wirken im Unterbewusstsein. Meist wissen wir gar nicht, dass wir sie haben. Sie prägen unbewusst unser Verhalten, unsere Einstellungen und Lebensmotive sehr stark. Durch Glaubenssätze vereinfachen wir unser Leben. Doch können sie uns erheblich einschränken. Daher sollten sie von Zeit zu Zeit auf ihre Richtigkeit überprüft werden.

Beispiele

Typische Glaubenssätze sind etwa:

„Nur wenn ich hart arbeite, erhalte ich Anerkennung und werde geliebt."

„Das Leben ist entbehrungsreich und beschwerlich."

„Wer nicht reich geboren wurde, hat es in dieser Welt schwer."

Wer den letzten Satz für richtig hält, der folgert vermutlich weitere Annahmen und Erklärungen daraus:

Nur durch ein reiches Elternhaus kann man es zu etwas bringen. Wenn meine Eltern reicher gewesen wären, dann hätte auch ich mich besser entfalten können.

Ich hatte es von Anfang an schwerer als Kinder aus einer reichen Familie.

Ich habe es deshalb so schwer, weil meine Eltern kein dickes Konto besitzen.

Glaubenssätze nehmen uns die Gelassenheit

Glaubenssätze erleben wir als absolute Realität: „Ich weiß es, es ist ganz sicher so." Sie können uns derart beeinflussen, dass wir andere Informationen nicht adäquat einbeziehen. Die gefolgerten Annahmen wirken sich nicht nur auf unsere Person aus, sondern auch auf unsere Haltung gegenüber anderen Menschen, Situationen und der Welt.

Im oben genannten Beispiel wird der Glaubenssatz deshalb zum Problem, weil man sich permanent mit nicht zielführenden Vergleichen aufhält und weil sich alles um Erklärungen, warum etwas nicht geht, dreht. Stattdessen könnten wir uns auch auf die Suche nach Möglichkeiten machen. Denn schließlich hat der umgekehrte Glaubenssatz, „Vom Tellerwäscher zum Millionär – das geht", den gleichen Wahrheitsgehalt.

Versuche, sich zu verändern, scheitern sehr oft an unbewussten Glaubenssätzen. Es funktioniert nicht, wenn man sich zwar vornimmt, mehr Ruhe ins Leben bringen zu wollen, aber gleichzeitig davon überzeugt ist: „Ohne Mühe bringt man es in keiner Sache weit." Hier stehen sich Ruhe und Mühe unversöhnlich gegenüber.

Zu den wichtigsten Glaubenssätzen zählen folgende Muster:

- Generalisierungen,

- Verzerrungen und

- Tilgungen.

Wenn verinnerlichte Glaubenssätze hinterfragt werden, erscheinen sie oft absurd oder unsinnig. Durch Reflexion wird es jedoch möglich, falsche Ableitungen zu verändern. Betrachten wir die Muster näher. Vielleicht erkennen Sie bereits beim Lesen einen Bezug zu Ihrer eigenen Gelassenheit.

Generalisierungen: Es ist immer so

Verallgemeinerungen und Klassifizierungen von Tätigkeiten, Gegenständen, Bedürfnissen, Zuständen usw. dienen dazu, unser Leben zu vereinfachen, indem wir Ordnungen und Überbegriffe bilden. Insofern ergeben sie Sinn. Ein Oberbegriff kann logischerweise nicht gleichermaßen Gegenstände, Menschen, Situationen, Tätigkeiten präzise beschreiben. Das liegt in der Natur der Sache. Indem wir generalisieren, verbinden wir eine, in individuellem Kontext gemachte, Erfahrung mit ganz anderen Personen, Zusammenhängen oder Lebensbereichen. Unglücklicherweise entstehen dadurch oft unkorrekte Einschätzungen und Ableitungen.

Beispiel:

 Eine Generalisierung: „Immer werde ich von allen nur kritisiert. Ich kann nie etwas richtig machen."

Diese Aussage stimmt höchstwahrscheinlich nicht. Hinterfragen wir sie:

- Werden Sie wirklich ständig und ausschließlich kritisiert?
- Wer sind „alle"? Ist das die Weltbevölkerung oder ein kleiner Teil von denen, die Sie kennen? Wie viele sind es, die Sie kritisieren?
- Werden wirklich alle Tätigkeiten kritisiert? Gibt es Tätigkeiten, die nicht kritisiert werden? Gab es schon einmal Ausnahmen?
- Gab es vielleicht schon irgendetwas in Ihrem Leben, das Sie richtig gemacht haben?

Wenn wir Generalisierungen auf diese Weise unter die Lupe nehmen, relativieren sie sich. Sehr schnell kann nach gezielter Analyse daraus ein Satz mit ganz anderer Bedeutung werden.

Beispiel:

„Genau genommen war es so: Ich wurde von meiner Vorgesetzten auf einen Fehler hingewiesen. Und gestern hat mir eine Kollegin noch einen Verbesserungsvorschlag gemacht."

Und schon haben wir eine Feststellung, die nicht umfassend destruktiv ist und uns viel gelassener bleiben lässt.

Checkliste: Generalisierungen hinterfragen

Generalisierung	Fragen zum Präzisieren
Es ist immer so.	Was genau ist so? Tatsächlich immer? Gibt es Ausnahmen – war es schon einmal anders? Ist es unabänderlich?
Ich bin mir sicher.	Woher nehmen Sie die 100-prozentige Sicherheit, dass es nicht auch anders sein könnte? Wie sicher ist die Quelle?
Die anderen sind alle so.	Wirklich alle anderen? Um wie viele andere handelt es sich? Gibt es Ausnahmen? Wer genau sind die anderen? Wie genau sind sie? Sind sie auch einmal anders als so? Wie sind sie dann?
Frauen sind zickig.	Alle Frauen? Welche Frau(en)? Sind sie immer zickig? Warum sind sie zickig? Zu wem? Sind Sie schon einmal einer Frau begegnet, die nicht zickig war?
Nie kann ich mich durchsetzen.	Nie? Wäre vielleicht „öfters", „manchmal", „ab und zu" eine genauere Bezeichnung? Haben Sie es in diesem konkreten Fall schon mehrfach versucht?
	In welchen Fällen konnten Sie sich durchsetzen? Bei wem konnten Sie sich (nicht) durchsetzen? Was genau wollten Sie in diesem Fall durchsetzen?

Suchen Sie hinter dem Glaubensatz die konkreten Gegebenheiten. Dann können Sie genauer differenzieren und formulieren. Werden Sie achtsam bei Wörtern wie: jeder, keiner, alle, nie, immer, nirgends, solche, grundsätzlich, Frauen, Männer, im Allgemeinen usw. Auch Aussagen wie: „Es ist so." – „Ich weiß genau, dass ..." oder „Es ist falsch (schlecht, unrecht, gut, wahr, böse, krankhaft)" usw. sollten Sie in dieser Weise überdenken.

Verzerrungen: Aus A folgt zwingend B

Unser Gehirn hat gelernt, dass bestimmte Abläufe in einem direkten Zusammenhang stehen. Wir wissen z. B. alle: Wenn wir auf die heiße Herdplatte fassen, dann verbrennen wir uns die Finger. Dieser kausale Zusammenhang stimmt. Bei Verzerrungen handelt es sich um Ursache-Wirkungs-Zusammenhänge, die nicht logisch miteinander verknüpft sind. Dabei glauben wir, dass bestimmte Handlungen anderer mit Gefühlen in uns kausal zusammenhängen. Beispielsweise bei der Formulierung „Ich überlebe es nicht, wenn du mich verlässt" erlebt sich die Person so, als hinge ihr Überleben vom Bleiben des anderen ab. Das Verhalten des einen und das Befinden des anderen werden in einen kausalen Zusammenhang gebracht. Dieser ist jedoch nicht korrekt.

Das Schwierige daran ist, dass wir bei verzerrten Formulierungen keinen Ansatz finden, wie wir das Problem abstellen könnten. Präzises Hinterfragen gestattet es, uns auf unser eigenes Tun zu konzentrieren. Es ermöglicht, eigenverantwortliches Handeln in der jeweiligen Situation zu erkennen. Wer alternative Handlungsoptionen sieht, wird wesentlich gelassener bleiben, denn er kann aktiv etwas gegen einen Missstand tun.

Checkliste: Verzerrungen hinterfragen

Verzerrung	Fragen zum Präzisieren
Diese Firma macht mich krank.	Wie genau erreicht die Firma, dass Sie krank werden? Wer genau ist „die Firma"? Zwingt Sie die Firma dazu, krank zu werden? Was könnten Sie statt Krankwerden noch tun?
Mein Chef macht mich nervös.	Was tun/denken Sie, wenn Sie nervös werden? Müssen Sie nervös werden oder könnten Sie auch etwas anderes tun? Sind Sie auch bei anderen Menschen nervös? Unter welchen Umständen werden Sie nicht nervös?
Ich möchte nicht wütend werden, aber der Kollege reizt mich.	Wem geben Sie so viel Macht über sich, dass Sie gegen Ihren Willen wütend werden? Zwingt Sie der Kollege dazu, wütend zu werden? Was müssten Sie denken, damit Sie nicht wütend werden müssen? Reizen Sie auch andere? Wer oder was reizt Sie nicht? Was könnten Sie anstelle des Wütend-Werdens tun?
Ich bin enttäuscht, weil mir mein Mann nicht hilft.	Müssen Sie zwangsläufig enttäuscht sein? Fühlen Sie sich immer enttäuscht, wenn Ihnen jemand nicht hilft? Was würde passieren, wenn er Ihnen helfen würde? Was täte er dann stattdessen nicht, und wäre das dann besser?

Tilgungen: Wichtige Informationen ausblenden

Unser Gehirn lässt oft, wenn wir uns auf etwas konzentrieren, bestimmte Informationen weg. Das ist sinnvoll und ökonomisch. Manchmal entfallen aber auch wichtige Informationen. Daraus entstehen beispielsweise Aussagen wie: „Es geht nicht mehr." Dieser Knock-out-Satz ist sehr schwer in den Griff zu bekommen, weil das Problem dahinter nicht erkennbar wird.

Wenn wir uns mit diesen ausgeblendeten Sachverhalten bewusst beschäftigen, entstehen viel genauere Formulierungen. Diese lassen eine bestimmte Angelegenheit nicht mehr so fundamental erscheinen. Vor allem entsteht daraus ein klar umrissenes Problem. Dieses wiederum kann man mit mehr Gelassenheit angehen als eine abstrakte Aussage. Sobald man ein Problem benennt, kann man konkrete Lösungsansätze suchen.

Checkliste: Tilgungen hinterfragen

Tilgung	Fragen zum Präzisieren
Ich bin wütend.	Über was genau? Wütend auf wen? Was müsste geschehen, damit Sie nicht wütend sind?
Mein Chef sagte, so geht das nicht.	Zu wem sagte der Chef das? Was genau geht nicht? In welcher Form geht es nicht? Wie kann es dann gehen?

Sie mag mich nicht.	Woran erkennen Sie, dass sie Sie nicht mag? Was macht Sie so sicher, dass sie Sie nicht mag? Was wäre anders, wenn sie Sie mögen würde? Was müssten Sie tun, damit sie Sie mag?
Das war das Schlimmste, das passieren konnte.	Was genau ist passiert? Was war schlimm daran? Es war schlimmer als was? Was wäre noch schlimmer? Was hätte noch passieren können?
Es ist klar, dass man Vorgesetzten nicht widersprechen kann.	Was genau ist klar und für wen? Wobei kann man nicht widersprechen? Wem genau können Sie nicht widersprechen? Was würde geschehen, wenn Sie widersprechen würden?

Glaubenssätze hinterfragen – und den Kreislauf durchbrechen

Glaubenssätze halten uns in einem Kreislauf gefangen. Überlegen Sie: Wo könnten Sie eingreifen, um etwas zu verändern? Vielleicht fallen Ihnen Situationen ein, in denen Sie unreflektiert Glaubenssätze stehen lassen. Hinterfragen Sie diese(n) nach dem in der folgenden Abbildung dargestellten Schema. Es geht darum, Glaubenssätze, die Sie hemmen, kritisch auf Stimmigkeit zu prüfen. Zudem erkennen Sie möglicherweise Hürden, die Sie sich selbst in den Weg legen.

Wenn wir festgefahrene Annahmen relativieren, werden wir fähig, schwierige Situationen wesentlich gelassener anzugehen. Denn wir erkennen dadurch schnell, dass wir uns auch anders als gewohnt verhalten bzw. an ein Problem herangehen können. Wenn wir Situationen als weniger belastend wahrnehmen, werden wir weniger heftig darauf reagieren. So können wir aktiv etwas verändern und bestimmte Probleme lösen sich oder entstehen erst gar nicht.

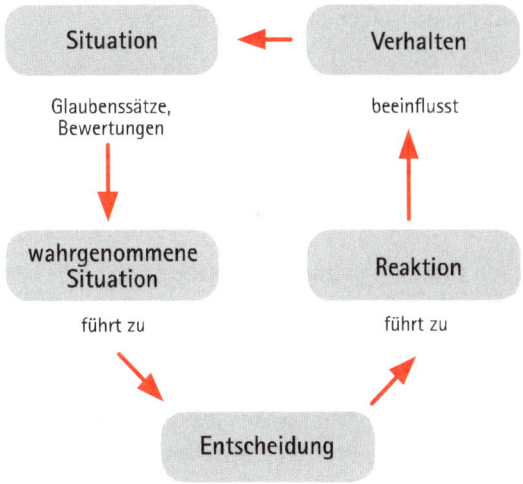

Wirkung von Glaubenssätzen

Vorurteile reduzieren

Vorurteile gibt es en masse. Ein paar wunderbare Klassiker sind uns allen wohlbekannt:

- Frauen stehen mit Technik auf Kriegsfuß.
- Männer können nicht zuhören.

- Deutsche lieben Gründlichkeit.
- Blondinen sind keine Einsteins.

Auf einige Personen werden die genannten Annahmen sicherlich zutreffen. Aber eben nicht auf alle. Wir alle kennen Menschen, die Vorurteile haben. Bei uns selbst ist das anders. Wir sind offen, wurden liberal erzogen, sind vorurteilsfrei. Oder ist das etwa auch ein Vorurteil?

Der irische Literat George Bernard Shaw sagte zu diesem Thema: „Der einzige Mensch, der sich vernünftig benimmt, ist mein Schneider. Er nimmt jedes Mal neu Maß, wenn er mich trifft, während alle anderen immer die alten Maßstäbe anlegen in der Meinung, sie passten auch heute noch."

Urteilen ohne Kenntnis des Hintergrunds

Ein Vorurteil ist ein vorab wertendes Urteil ohne Würdigung aller relevanten Eigenschaften, eines Sachverhalts oder einer Person. In anderen Definitionen werden Vorurteile als falsche oder nicht auf Tatsachen beruhende Meinungen oder Einstellungen beschrieben. Vorurteile beziehen sich in der Regel auf andere Menschen und schreiben diesen meist negative Eigenschaften zu. Vorurteile lassen sich, selbst nach Erfahrungen die ihnen widersprechen, oft nur sehr schwer korrigieren.

Beispiel:

„Sie sind sehr nett." Ist das ein freundlicher Satz? Wenn wir ihn vorurteilsfrei hören: ja. Wenn er Ihnen ohne schräge Zwischentöne gesagt wird, ist es ein freundliches Kompliment. Wir können es so stehen lassen und uns darüber freuen.

Wenn nun Vorurteile über den Sprecher ins Spiel kommen, dann schaffen wir es, diesem Satz in Sekundenschnelle eine ganz andere Bedeutung zu geben. Obwohl unsere Ohren die identische Botschaft ans Gehirn senden: Es gelingt dann, eine Bosheit oder Kränkung wahrzunehmen. Nämlich dann, wenn wir das (Vor-)Urteil haben, dass es der Sprecher nicht gut mit uns meint, dass er diese Aussage nur trifft, um sich egoistisch Vorteile zu erschleichen, um uns eventuell auszunutzen. Vielleicht unterstellen wir ihm auch eine verschleierte Unverschämtheit: „Er meint damit garantiert genau das Gegenteil!"

Ein Mensch, den wir unkritisch in eine Schublade gesteckt haben, kommt da so schnell nicht wieder heraus. Ebenso wie wir, wenn wir vorschnell als typisch blond, unsportlich, spießig oder dumm bewertet wurden.

Vorurteile geben Orientierung

Ist ein Leben ohne Vorurteile möglich? Kann ein Mensch überhaupt die ungefilterte Realität als solche wahrnehmen? Kann er wahrnehmen, ohne zu interpretieren, objektiv und vorurteilsfrei? Gelassen können wir feststellen: Es gibt keinen Menschen, der überhaupt keine Vorurteile hat. Wir haben bereits als Kinder die Tendenz, das, was wir erleben und was uns begegnet, zu kategorisieren: in Gut und Böse, in Richtig und Falsch. Damit geben wir unserem Weltbild die Struktur, die wir zur Orientierung im Leben brauchen. Vorurteile und Schubladendenken gehören also offenbar zum Leben und helfen, sich schneller zurechtzufinden. Das sollte uns jedoch nicht davon abhalten, ab und zu nachzudenken, ob diese Einteilung eigentlich stimmt. Damit machen wir es nicht nur unseren Mitmenschen leichter, sondern es hat auch einen positiven Effekt auf unsere Gelassenheit, wenn wir nicht kategorisch behaupten: Der andere ist unfähig, falsch oder bösartig.

Weniger Vorurteile – mehr Gelassenheit

Wenn es uns gelingt, achtsamer und dadurch vorurteilsfreier zu agieren, werden wir gelassener. Denn:

- Wir bleiben so lange ruhig, bis wir Gewissheit über eine Situation haben, urteilen und reagieren erst dann auf die tatsächlichen Fakten.

- Wir gehen nicht gleich vom Negativen aus, sondern räumen auch den positiven 50 Prozent eine Chance ein.

- Wir warten erst einmal ab, wie sich bestimmte Angelegenheiten entwickeln. Manches löst sich sogar ohne unsere Vorab-Aufregung.

Lassen wir Unbekanntes gelassen auf uns zukommen, ohne uns gedanklich vorab schon in Stress zu versetzen. Es könnte sich nämlich herausstellen, dass die ganze Aufregung unnötig war.

Es ist wichtig, Informationen immer wieder zu hinterfragen oder weitere einzuholen. Ebenso notwendig ist es, sich bewusst zu machen: Menschen mit anderen Werten, konträrem Lebensmotto und anderer Grundeinstellung sind nicht allein aus diesem Grund Feinde, die es zu bekämpfen gilt.

Checkliste: Vorurteile hinterfragen

- Was deute und interpretiere ich in andere hinein?
- Wo und wie stelle ich Ansprüche und Forderungen an andere, die sie eventuell gar nicht erfüllen können?
- Wo ist mein blinder Fleck, wo projiziere ich gegebenenfalls meine Unzulänglichkeiten auf andere?
- Wie kann ich Menschen mit anderen Lebensvorstellungen konstruktiv und wertschätzend gegenübertreten?
- Wo kann ich Aggression und Wut zurücknehmen?
- An welcher Stelle kann ich verzeihen?
- Wie kann ich bestimmte Themen ansprechen, ohne andere mental in Schubladen zu stecken?
- Wie kann ich mich in andere hineinversetzen und ihre Perspektive (besser) verstehen?
- Wie kann ich Achtung und Respekt, den ich mir selbst wünsche, anderen Menschen gegenüber vorleben?

Wege aus der Perfektionismusfalle

Perfektion in gewissem Maße bringt Ordnung ins Leben. Wollen wir jedoch ständig perfekt sein, geht die Fähigkeit verloren, Gelassenheit zu empfinden. Wir machen uns selbst Stress und haben stets das Gefühl, jemandem etwas zu schulden und nicht zu genügen. Wir sind mit unseren Leistungen unzufrieden und kompensieren dieses Gefühl mit noch mehr Perfektion. Perfektionisten zahlen einen hohen Preis:

Denn der Dauerdruck kann sich zum Perfektionszwang steigern. Diese Fehlbewertung der eigenen Leistung kann auf Dauer psychische und physische Probleme mit sich bringen. Perfektionisten leisten viel, ohne ein Erfolgserlebnis zu ernten. Sie erkennen den eigenen Erfolg selten an, noch nehmen sie Anerkennung, die sie von außen bekommen, wahr.

Beispiel:

Frau T. beschreibt ihren Hang zur Perfektion so: „Ich glaube immer, es liegt ausschließlich an mir, ob ich alles schaffe. Andere Schwierigkeiten ziehe ich meist gar nicht in Betracht. Wenn dann alles geklappt hat, dann denke ich, das war eine Selbstverständlichkeit, das hätten alle anderen auch geschafft. Oder, es war Glück und Zufall, dass alles gut ging.

Funktioniert mal etwas nicht, habe ich starke Selbstzweifel und sehe nur mein eigenes Versagen. Dann sage ich mir, ich hätte mich mehr anstrengen und reinhängen müssen. Ich weiß, dass ich mit meiner Leistung nie völlig zufrieden bin und mich auch nicht loben kann."

So schaden sich Perfektionisten

Perfektionisten versuchen, zunehmende Überforderung und innere Unsicherheit durch Perfektionismus zu überdecken. Sie haben Schwierigkeiten einzugestehen, dass ihnen etwas zu viel wird, oder eine Anforderung schlicht unerfüllbar ist. Auch Unterstützungsangebote lehnen sie meist ab, weil sie alles alleine schaffen und sich nicht helfen lassen müssen. Hier beginnt der Teufelskreis: Die Betroffenen verlieren durch Überlastung die Kontrolle und geraten aus der Balance. Das versuchen sie durch noch mehr Perfektion auszugleichen.

Beruflich kann sich das in Arbeitssucht auswirken oder auch Ursache für Burn-out-Syndrome sein. Die Gefahr des Ausgebrannt-Seins ist immer dann stark, wenn Menschen Erfolge ihrer Arbeit, die sie unter extrem hohem Einsatz erledigt haben, nicht sehen oder wenn es keine Anerkennung von außen dafür gibt. Gründe dafür können in der betreffenden Person selbst liegen, aber auch in den Arbeitsbedingungen und dem privaten Umfeld. Perfektionisten sind besonders gefährdet, sich dauerhaft zu überlasten. Durch übermäßiges Engagement und zu hohe Ansprüche werden die vorhandenen Leistungen und Erfolge weder wahrgenommen noch anerkannt. Deshalb erleben sie kein positives Feedback oder keine Erfolgserlebnisse, die sie stärken könnten.

Fehler zulassen

Fehler sind ein leidiges Thema für Perfektionisten. Weder werden sie anderen noch der eigenen Person zugestanden. Wenn ihnen ein Fehler unterläuft, ist dies für viele Perfektionisten ein absolutes Desaster. Schließlich haben sie alles akribisch vorbereitet, und nun das. Schlimmstenfalls wird der Fehler als Beweis gedeutet, dass sie nicht perfekt genug waren. Mit dieser Einstellung ist Gelassenheit kaum möglich. Versuchen Sie deshalb, die Leine etwas lockerer zu lassen. Das Leben ist nicht stets berechen- und kalkulierbar. Deshalb wird es immer wieder dazu kommen, dass Fehler passieren oder etwas nicht klappt. Bestimmte Fehler haben tatsächlich schwerwiegende Folgen, andere jedoch nicht. Wenn Sie es schaffen, sich nur über die ersteren aufzuregen, gehen Sie der Gelassenheit einen weiteren Schritt entgegen. Denn es gibt, wie immer im Leben, Unterschiede zwischen einzelnen Tätigkeiten. Unterscheiden Sie nach Relevanz. Perfektion ist, an der richtigen Stelle hervorragend, sie ist jedoch nicht überall und immer nötig.

Beispiel:

 Ein Chirurg, der am offenen Herzen operiert, sollte daran so perfekt wie möglich arbeiten. Hierbei ist Perfektion wünschenswert. Dieser Chirurg muss allerdings nicht mit der gleichen Perfektion an andere Arbeiten herangehen wie z. B. Schuheputzen, Autowaschen oder Rasenmähen, sonst wird er seines Lebens nicht mehr froh.

Checkliste: Eigene und fremde Ansprüche hinterfragen

- Wobei ist Perfektion absolut unabdingbar?

- Was können Sie weglassen oder reduzieren, ohne dass die Welt untergeht?

- Bei welchen Tätigkeiten genügen auch 80 statt der angestrebten 120 Prozent?

- Welche Arbeiten können Sie delegieren, auch wenn sie dann möglicherweise weniger perfekt erledigt werden?

- Wann haben Sie sich das letzte Mal für Ihre Leistungen gelobt?

Hand aufs Herz: Welche Familie freut sich über ein opulentes, perfektes Vier-Gänge-Menü, das von einer hektischen Hausfrau mit Stress und Gezeter zubereitet wurde? Vielleicht wäre ein einfaches Spiegelei mit Speck und guter Laune viel lustiger und bekömmlicher für alle Beteiligten?

> Gestehen Sie sich Fehler zu. Wir alle dürfen einmal schwach sein. Auch Sie. Nehmen Sie Unterstützung an! Reduzieren Sie Ihre Tätigkeiten auf wirklich Wichtiges. Loben Sie sich selbst, wenn Sie etwas gut gemeistert haben.

Sich selbst wichtig nehmen

Nur wer sich selbst wichtig nimmt, sorgt und kümmert sich entsprechend um sich und seine eigenen Bedürfnisse. Das macht ruhig und ausgeglichen. Wer sich ständig vernachlässigt, der spürt irgendwann ein deutliches Defizit, das höchst unzufrieden macht: Wir rudern und schuften, die Jahre verrinnen – nur leider bleibt dabei kein Raum mehr für uns selbst. Wir erkennen, dass sich unser Leben um Arbeit, Aufgaben, Freunde, Bekannte und irgendwelche Notwendigkeiten dreht. Trotz permanentem Stress bleibt keine Zeit für ureigenste Bedürfnisse und Wünsche. Das macht weder gute Laune noch kommt hierbei Gelassenheit auf.

So bitter diese Erkenntnis auch sein mag: Sie verhilft Ihnen dazu, wieder gelassener zu werden. Denn der Ärger darüber, dass Sie viel zu kurz kommen, erinnert Sie daran, etwas zu verändern. Sortieren Sie Ihre Aufgaben. Konzentrieren Sie sich auf sich und auf das, was Ihnen wichtig ist. Wenn Sie auch Ihren Bedürfnissen nachkommen können, werden Sie zufriedener und ausgeglichener. Das Leben macht mehr Spaß und das ist eine der Grundlagen für Gelassenheit. Vielleicht können wir es ja ab und zu wie Goethe halten: „Man soll alle Tage wenigstens ein kleines Lied hören, ein gutes Gedicht lesen, ein treffliches Gemälde sehen und, wenn es möglich zu machen wäre, einige vernünftige Worte sprechen."

Ihre Selbstverantwortung

Beispiel:

Wir wissen alle, dass wir unser Auto ab und zu pflegen und warten müssen, damit es keinen Schaden erleidet. Manchmal nehmen wir dies ein wenig auf die leichte Schulter. Doch solange alles sicher funktioniert, ist das okay. Spätestens wenn das rote Lämpchen der Ölanzeige leuchtet, werden wir aufmerksam. Wir leiten sofort entsprechende Maßnahmen ein und kümmern uns auf der Stelle darum, dass Motoröl nachgefüllt wird. Dies duldet keinen Aufschub, denn wir sind uns im Klaren darüber, was andernfalls passiert. Schließlich wollen wir keinen Motorschaden riskieren.

Beim Auto erscheint uns die sofortige Aktion glasklar. Kein Mensch würde erst einmal den Motor beschwören: „Halte bitte noch die nächsten 950 km durch. Dann habe ich genügend Zeit, um Öl nachzufüllen." Wir wissen, dass das den festgefressenen Kolben ziemlich egal wäre.

Alltagspflichten nehmen wir ernst

Bei vielen Angelegenheiten des Alltags entscheiden wir uns ganz pragmatisch für das Notwendige und Wichtige. Wir kümmern uns um fällige Rechnungen, stellen die Mülltonne pünktlich vors Haus, kaufen ein, waschen Wäsche. Wir managen das alles deshalb regelmäßig, weil wir uns ausrechnen können, wie die Konsequenzen aussähen: abgestellter Strom, Mahnungen, Müllberge, leerer Kühl- und Kleiderschrank. Das braucht und will keiner. Wir entscheiden also aus gutem Grund, diese Aufgaben wichtig zu nehmen und in angemessener Zeit zu erledigen. Selbst wenn uns das keinen Spaß bereitet und aus reiner Vermeidungsstrategie geschieht.

Persönliche Bedürfnisse vernachlässigen wir oft

Ganz ehrlich: Entscheiden wir uns mit der gleichen Aufmerksamkeit für unsere persönlichen Belange? Bestimmte körperliche Symptome sind ebenfalls Mahnungen. Nehmen wir sie ernst und wichtig? Reagieren wir darauf ebenso verantwortungsvoll? Wie sieht die Konsequenz aus, wenn bei Ihnen das rote Lämpchen leuchtet? Wer, glauben Sie, ist für Ihr Wohlergehen zuständig? Ganz richtig: Sie. Für Ihre Person sind nur Sie verantwortlich. Es sei denn, Sie haben einen gesetzlichen Vormund. Es kann Sie niemand vor Überarbeitung oder gar Burn-out schützen, außer Sie sich selbst. Es kann Ihnen niemand zeitliche Freiräume gestalten, außer Sie sich selbst.

> Es kann Ihnen niemand Ruhe und Gelassenheit verschaffen. Es kann Sie kein anderer entspannt oder glücklich machen. Dafür sind ausschließlich Sie verantwortlich!

Test: Verhalten Sie sich selbstverantwortlich?

Bitte antworten Sie ganz spontan:	Ja	Nein
Ich fühle mich von Familie/Partnerschaft eingeengt.		
Meine Arbeit lässt mir kaum Freizeit.		
Mir kommt mein Alltag falsch vor.		
Ich habe keine Ruheinsel.		
Vieles in meinem Leben erscheint mir nicht sinnvoll.		
Spaziergänge, Sport und Aufenthalte in der Natur sind für mich Luxusgüter.		
Ich sage nicht Nein zu Tätigkeiten, die ich nicht tun will.		
Mir macht mein Leben keinen großen Spaß.		
Meine Talente und Begabungen liegen brach.		
Ich fühle mich ständig gereizt und angespannt.		
Mich macht mein Leben krank.		
Ich komme mir wie ein Hamster im Rad vor.		
Ich schlafe schlecht / zu wenig.		
Ich vernachlässige die mir wichtigen Menschen.		

Wenn Sie auf mindestens vier Fragen mit Ja geantwortet haben, ist es empfehlenswert, die Selbstverantwortung mehr ins Blickfeld zu rücken.

Ihre Energiebilanz

Sehen Sie sich bitte die unterschiedlichen Bereiche in Ihrem Leben an. Sie haben 100 Prozent Ressourcen (Zeit, Energie) zur Verfügung. Verteilen Sie diese nun auf die verschiedenen Spalten, nach dem derzeitigen Stand. Analysieren Sie dann, wo Sie sinnvollerweise Veränderungen für die Zukunft vornehmen, damit Ihr Leben gelassener verlaufen kann. Bitte beachten Sie, dass Sie nur 100 Prozent insgesamt zu verteilen haben!

Bereich	Ist-Aufwand in %	Soll-Aufwand in %
Familie/Beziehung		
Beruf		
Haushalt		
Ich selbst		
Verpflichtungen		
Freizeit		

Die meisten Menschen merken sehr schnell, wenn sie diese Bilanz ziehen, weshalb es Ihnen so schwerfällt, gelassen zu bleiben. Zeit und Kraft lassen sich nicht unbegrenzt verteilen. Oft bleibt für wichtige Dinge, die Ihnen wieder Energie zuführen, viel zu wenig Raum.

Für das Haushalten mit Ihrer Energie sind Sie verantwortlich. Übernehmen Sie diese Verantwortung: nicht morgen, nicht nächstes Jahr, am besten jetzt gleich. Überlegen Sie im Hinblick auf Ihre Energiebilanz:

- Was können Sie jetzt gleich tun, um mit mehr Energie und Ruhe gelassener zu werden?
- Wo können Sie umschichten, was können Sie an Ballast weglassen?
- Und was tun Sie stattdessen?

Eigene Bedürfnisse erkennen

Wenn wir zulassen, dass wir uns wie ein Hamster im Rad drehen, kommt es zu einer unguten Eigendynamik: Das Rad dreht sich schneller und schneller. Und plötzlich stellt der Hamster fest, dass er nicht mehr abspringen kann ... In dieser Situation erkennen wir nur mehr schwer, was für uns wirklich wichtig ist. Was wir ändern müssen oder was wir brauchen, um ein erfülltes Leben zu führen. Wir sind das Gegenteil von selbst-bewusst und alles andere als gelassen. Wenn wir uns diese Situationen transparent machen, kann das durchaus eine gewisse Empörung oder Wut hervorrufen. Machen Sie sich an dieser Stelle klar, dass Sie neben den vielen Verpflichtungen auch Rechte haben.

Sobald wir einen Augenblick innehalten und achtsam in uns hineinhören, wissen wir genau, was wir tun sollten, was gut für uns ist oder was uns schadet. Jeder Mensch weiß instinktiv, was er braucht. Oft ziehen wir unseren eigenen, grundlegenden Bedürfnissen immer wieder andere Dinge vor, meist, weil wir diese für bedeutender erachten oder für unaufschiebbar. Schalten Sie bewusst von „Autopilot" auf Ihren gesunden Menschenverstand um.

Warum ist alles wichtiger als Sie?

Erinnern Sie sich an Ihre Kindheit: Da wussten wir alle noch, was gerade wichtig ist. Wir sind damals viel achtsamer mit uns umgegangen. Wenn wir vom Toben außer Atem waren, blieben wir einfach stehen. Hatten wir Hunger, haben wir gegessen. Und wenn wir müde waren, haben wir folgerichtig geschlafen. Natürlich ist klar, dass Erwachsene nicht ständig alles liegen lassen können, um ihren Bedürfnissen nachzukommen. Aber ab und zu dürfen wir das tun. Und das müssen wir auch, wenn wir unser Leistungsniveau langfristig erhalten wollen.

Manch ein Alltagsverhalten erscheint uns ja bei genauer Draufsicht selbst ganz absurd. Oder können Sie einem Kind schlüssig erklären, warum Sie schon seit sieben Stunden nichts mehr gegessen haben, obwohl die Kantine gleich um die Ecke ist? Warum Sie dringend zur Toilette müssen und nicht „dazu kommen"? Warum alle anderen Tätigkeiten immer wichtiger sind, als mit ihm zu spielen? Warum Sie keine Zeit haben, obwohl jeder Tag 24 Stunden hat? Stellen wir uns kritisch die Frage, ob wir uns nicht ab und zu unnötig viele Dinge aufhalsen und diesen vielleicht mehr Platz in unserem Leben einräumen, als ihnen gebührt. Vielleicht deshalb, weil wir nicht mehr dazu kommen, darüber nachzudenken?

Indem wir uns selbst-bewusst verhalten, denken wir über uns und unsere Bedürfnisse nach. Nehmen wir uns genauso wichtig wie andere Verpflichtungen. Gehen wir achtsam mit uns selbst um. Entscheiden wir uns für wirklich Wichtiges. Dazu gehört in jedem Fall unsere Person.

Auf die innere Stimme hören

Dazu ein Zitat von der deutsch-amerikanischen Gruppentherapeutin Ruth Cohn: „Höre auf deine innere Stimme – deine Bedürfnisse, Wünsche, Motivationen, Ideen; gebrauche alle deine Sinne. Gebrauche deinen Geist, dein Wissen, deine Urteilskraft, deine Verantwortlichkeit, deine Denkfähigkeit. Wäge Entscheidungen sorgfältig ab. Niemand kann dir deine Entscheidungen abnehmen. Du bist die wichtigste Person in deiner Welt."

Lösungsorientiert denken und sprechen

Unser Gehirn stellt sich anhand von Worten augenblicklich etwas Konkretes vor: eine zarte Glockenblume, ein saftiges Steak, knackige Kirschen, einen rosa gefärbten Pudel. Nur durch das Lesen dieser Worte entstehen sofort Bilder, Gerüche, Geschmack. Da unser Gehirn in sprachlichen Begriffen denkt, ist es von der Art dieser Sprache abhängig, welches Befinden sich dabei einstellt. Wissenschaftler haben diese Zusammenhänge längst bewiesen. Durch negative Beschreibungen entstehen ebensolche starken Bilder und Vorstellungen. Es ist unnötig zu sagen, was passiert, wenn wir an grässliche Kotzbrocken, elende Zicken oder widerwärtige Kollegen denken. Und genau aus diesem Grund sollten wir diese negativen Gedanken eliminieren.

Abstellen kann man die Gedanken nicht. Jedoch haben wir Einfluss auf die Färbung unserer Gedankensprache. Es macht einen Unterschied, ob wir denken „Ich muss keine Angst haben" oder „Ich kann ruhig bleiben". Grundsätzlich ist das die gleiche Information – und doch eine komplett unterschiedliche emotionale Ausrichtung.

> Unsere Kommunikationsmuster wirken sich immer auf unser Empfinden von Sicherheit, Souveränität, Zuversicht und Gelassenheit aus. Diesen Zusammenhang können wir nur ganzheitlich betrachten: Sprechen, Denken und Fühlen liegen sehr eng beieinander.

Hürden-Seher oder Chancen-Nutzer?

Die Qualität unserer Gedanken hat Auswirkungen auf unsere Gelassenheit. Je nachdem, wie wir denken und mit uns selbst kommunizieren, so handeln wir: als Hürden-Seher oder als Chancen-Nutzer.

Überhöhungen

Großmeister der negativen Sprache verwenden gerne Überhöhungen. „Probleme" lassen sich sogar noch toppen, wenn wir ihnen übersteigerte Adjektive anhängen. So können wir sozusagen die XXL-Version daraus machen. Wir müssen nur von „Mega-Problemen", „irrsinnigen Kosten", „brutalen Fakten", „absoluter Katastrophe" sprechen. Das wirkt garantiert! So schafft man es, dass einem so richtig das Herz in die Hosentasche rutscht. Sprachliche Überhöhungen können auch dem letzten Quäntchen Gelassenheit den Garaus machen.

Katastrophen-Sprecher sind Katastrophen-Denker

Wer sich ständig mit Katastrophen beschäftigt, befindet sich mittendrin. Was glauben Sie, was mit unserer Gelassenheit geschieht, wenn wir uns verbal dauernd in Horror-Szenarien bewegen? Durch diese übersteigerte Sprache leuchten die Warnsignale in unserem Gehirn auf. Katastrophen löst man schließlich nicht so nebenbei: Angst und Stress werden körperlich spürbar. Stress hängt eng mit dem Gefühl fehlender Kontrolle zusammen. Wer sich also häufig mit „absoluten Desastern", „furchtbarem Zeitdruck" und „dem totalen GAU" herumplagt, arbeitet seiner Gelassenheit perfekt entgegen. Versuchen wir deshalb, die Kirche im Dorf zu lassen. Relativieren Sie möglichst. Sprechen Sie nicht in negativen Superlativen.

Beispiel:

 „Das war heute wieder ein GAU, bis ich endlich zu Hause war!" Hier ist Vorsicht geboten. Die Definition für GAU lautet: „**G**rößter **A**nzunehmender **U**nfall". Gemeint ist damit ein schwerer Störfall in einem Kernkraftwerk. Dies ist daher keine wirklich passende Bezeichnung für den Bus, der zu spät kam.

Sprache reflektieren

Beobachten Sie sich bezüglich Ihrer Wortwahl und Sprechweise. Werden Sie sensibel dafür, wie Sie sich ausdrücken – und beobachten Sie andere dabei. Lassen Sie sich nicht von

Panikmache in Ihrer Umgebung anstecken. Ersetzen Sie überhöhte Begriffe sinnverwandt durch neutral-beschreibende. Ihr Gehirn stellt dann Katastrophenwarnung und Alarm ab und Sie werden allein dadurch ruhiger und gelassener. Und falls Sie sich doch in destruktiver Selbst-Kommunikation wiederfinden, versuchen Sie es mit der Sichtweise des römischen Kaisers Marc Aurel. Sagen Sie zu sich statt „Ich Unglücklicher, dass mir das zustoßen musste!" lieber „Ich Glücklicher, der ich unbekümmert zu bleiben vermag, obwohl mir das zustieß".

„Hin zu" statt „weg von"

Wenn wir uns auf ein Ziel hinbewegen, das uns attraktiv erscheint, anstatt uns von etwas wegzubewegen, das uns schadet oder nicht gefällt, werden wir gelassener. Zielführend ist es deshalb, wenn wir uns auf das konzentrieren, was wir haben wollen, statt auf das, was wir abstellen möchten.

Beispiel:

Wenn Sie „keinen Stress wollen" und sich das so sagen, setzen Sie sich geradewegs mit dem Stress auseinander, den Sie loswerden wollen. Die positive Formulierung lautet: „Ich will gelassen bleiben." Hier liegt der Fokus auf dem positiven Ziel.

Das ist eine völlig andere Botschaft, die unser Empfinden positiv beeinflusst: Statt weg von Ärger und Stress gelangen Sie so hin zu Ruhe und Gelassenheit. Das hört sich doch auch viel besser an, oder? Probieren Sie es aus: Formulieren Sie mit positiven Begriffen das, was Sie erreichen bzw. haben möchten:

Negative Formulierung	Positive Formulierung
Ich will keine Vorwürfe mehr hören.	Ich möchte mich mit dir konstruktiv austauschen.
Ich bin zu dick und muss abspecken.	Ich will schlanker werden.
Ich muss mit dem Rauchen aufhören.	Ich möchte gesünder leben.
Am Sonntagnachmittag muss ich meine Schwiegermutter ertragen.	Die Schwiegermutter geht nach einem halben Tag wieder.
Ich muss mich noch mit der Hausarbeit herumplagen.	Nach erledigter Hausarbeit habe ich frei.

Sich die eigenen Werte bewusst machen

Eine weitere Voraussetzung zur Entwicklung von Gelassenheit ist, dass wir uns unserer Werte bewusst sind – vor allem, dass wir uns zu diesen Werten konform verhalten (können).

Werte sind Vorstellungen, die in einer Gesellschaft allgemein als wünschenswert anerkannt sind. Sie verleihen den Menschen Orientierung. Diese Wertvorstellungen können, je nach Kultur, sehr unterschiedlich sein. Auch Familie und Erziehung tragen zur Prägung von Werten bei, die individuell voneinander abweichen. Es gibt zum Beispiel

- moralische Werte wie: Ehrlichkeit, Gerechtigkeit, Treue, Vertrauenswürdigkeit,
- religiöse Werte wie: Gottesfurcht, Nächstenliebe, Gottvertrauen, Glaubensfestigkeit,
- politische Werte wie: Toleranz, Freiheit, Gleichheit,
- ästhetische Werte wie: Kunst, Schönheit, Harmonie,
- materielle Werte wie: Güter, Geld, Macht und
- persönliche Werte wie: Takt, Freundschaft, Liebe, Pflichterfüllung, Tapferkeit, Disziplin usw.

Werte geben Halt

Werte sind wichtige gesellschaftliche Eckpfeiler für Gruppen und Einzelne. Das soziale Miteinander funktioniert nur durch ein stabiles Wertegerüst. Werte geben Orientierung und Halt. Bestimmte Werte sind uns persönlich, aufgrund von Erziehung und Herkunftsfamilie, besonders wichtig. Auf die Einhaltung dieser Werte achten wir sehr stark. Meist werden diese auch an die eigenen Kinder weitergegeben. Und in gut funktionierenden Partnerschaften liegen stets vergleichbare Wertvorstellungen zugrunde.

Werte geben uns einen Handlungsrahmen, der uns sicher und gelassen macht. Können wir unseren Werten gerecht werden, dann empfinden wir dies als „richtig." Ist uns beispielsweise der Wert Ehrlichkeit sehr wichtig, dann können wir, sogar trotz Konfrontation von außen, diesen verinnerlichten Wert leben. Wir werden, auch auf die Gefahr hin, uns unbeliebt zu machen, ehrlich sein. Insofern funktionieren unsere Werte als eine moralische Stütze. Haben wir „richtig" gehandelt, fühlen wir uns sicher und bestärkt. Und diese Sicherheit hält sogar dann noch an, wenn Kritik an unserem Handeln geübt wird. Das lässt uns gelassen bleiben.

Wertekonflikte

Ebenso wie uns Werte Halt vermitteln, kann es uns aus dem Gleichgewicht bringen, wenn Werte, die uns wichtig sind, nicht beachtet werden: Das, was uns richtig und wichtig erscheint, wird durch entgegenlaufende Anforderungen ausgehebelt oder in Frage gestellt.

Beispiel:

Herr O. erzählt: „Seit Monaten, bekomme ich von meinem Chef Vorwürfe. Ich weiß selbst, dass meine Umsätze nicht die besten sind. Die meisten meiner Kollegen sind erfolgreicher.

Wir erhalten von unserem Außendienstleiter Vorgaben. So müssen wir bei unseren Kunden argumentieren, damit sie Verträge abschließen. Mir liegt das einfach nicht. Ich muss mich da richtig überwinden. Die kriegen doch überhaupt nicht mit, dass sich der Vertrag automatisch verlängert. Ich habe ein Problem damit, die Leute so über den Tisch zu ziehen."

Dieser Außendienstmitarbeiter gerät durch die Art der Aufgabenstellung in seinem Unternehmen in einen Konflikt zwischen Werten wie Disziplin und Pflichterfüllung sowie solchen wie Aufrichtigkeit und Ehrlichkeit. Wer sich häufig, z. B. durch seine Berufsrolle, in einem solchen Dilemma befindet, gerät früher oder später aus dem Gleichgewicht. Diese Konflikte gefährden die Gelassenheit, denn wir verbiegen damit permanent unsere Grundhaltung. Haben wir nach unseren persönlichen Wertvorstellungen falsch gehandelt, meldet sich das schlechte Gewissen. Das stellt eine weitere Belastung dar.

Das eigene Leben unter die Lupe nehmen

Ein Ausweg kann sein, das eigene Lebensmodell unter die Lupe zu nehmen. Stimmt es noch? Bin ich bereit, mich einem andauernden Wertekonflikt auszusetzen, oder muss ich mir Gedanken über einen anderen Weg machen? Wenn wir unsere Werte kennen, wissen, was uns antreibt oder behindert, dann fällt es leichter zu erkennen, in welcher Arena wir uns aufhalten sollten oder besser nicht.

Sobald Sie sich Ihre Werte bewusst machen, können Sie die folgenden Fragen beantworten:

- Was sind Ihre Bedürfnisse und Lebensmotive?
- Was wollen Sie erreichen?
- Ist das mit Ihren Werten zu vereinbaren?
- Wofür lohnt es sich, Wertekonflikte auf sich zu nehmen?

> Wenn Sie Ihre Werte, Bedürfnisse, Lebensmotive und Ziele kennen, dann können Sie gelassener werden. Denn dann wird sehr schnell offenkundig, was Sie im Leben nicht mehr brauchen, weglassen und entrümpeln können.

Auf einen Blick: So arbeiten Sie an Ihrer Einstellung

- Um gelassen zu bleiben, sollten Sie sich zunächst bewusst machen, wie Sie sich gedanklich selbst hemmen.

- Negative Erwartungen ziehen negative Ereignisse nach sich. Wenn Sie an eine Aufgabe oder Situation herangehen mit dem Glauben, dass sie gelingen oder gut laufen wird, erhöhen sich die Erfolgschancen erheblich.

- Jeder Mensch hat aufgrund von Erziehung und Erfahrungen Glaubenssätze gebildet, von denen er sich leiten lässt. Negative Glaubenssätze können Sie behindern. Rufen Sie sich diese Muster ins Bewusstsein und hinterfragen Sie sie.

- Vorurteile gefährden Ihre Gelassenheit, weil sie Ihr Handeln einschränken. Wenn Sie offen auf Menschen zugehen, haben Sie viel mehr Handlungsmöglichkeiten.

- Handeln Sie selbstverantwortlich, indem Sie Ihre Bedürfnisse wichtig nehmen. Wer nicht auf sich selbst achtet, ist nicht gelassen, sondern auf Dauer unzufrieden.

- Wir können uns stärken, indem wir positiv mit uns selbst kommunizieren, genauso aber schwächen, wenn wir negative Worte wählen.

- Wenn Sie sich Ihrer Werte bewusst sind, haben Sie einen Rahmen für Ihr Handeln, der Ihnen Sicherheit und damit Gelassenheit gibt.

So trainieren Sie gelassenes Verhalten

Um gelassen zu bleiben oder zu werden, müssen wir auch manche Verhaltensweisen ändern.

In diesem Kapitel geht es darum, wie Sie

- Entscheidungen treffen,
- Prioritäten setzen,
- Verantwortung übernehmen und abgeben sowie
- konsequent sind in dem, was Sie tun.

Sich für Gelassenheit entscheiden

Pro Tag fällt jeder von uns Tausende von Entscheidungen. Wir entscheiden z. B., ob wir eine Jacke mitnehmen, bevor wir das Haus verlassen, was wir wann essen, was wir als Nächstes tun oder lassen. Was auch immer im Umfeld passiert, wir entscheiden den nächsten Schritt. Grundlage für eine Handlung ist immer die vorausgegangene Entscheidung.

Handeln heißt Entscheiden

Häufig müssen wir uns nicht nur zwischen zwei Möglichkeiten entscheiden, sondern zwischen mehreren Optionen auswählen. Haben wir eine Entscheidung getroffen, steht meist sofort die nächste an.

Beispiel:

 Wenn Sie morgens ins Büro kommen, müssen Sie sich bereits entscheiden. Was tun Sie als Erstes? Den Computer anschalten, Kaffee holen oder die Kollegen begrüßen? Entscheiden Sie sich für Kaffee holen, sind sofort weitere Entscheidungen fällig: Kaffee stark oder schwach, Tasse groß oder klein, Kaffeesahne, Süßstoff oder Zucker, Keks dazu oder besser nicht, Untertasse, Glas Wasser usw.?

Kaum eine Minute unseres Wachlebens vergeht ohne gefällte Entscheidung. Wenn wir uns also für etwas entscheiden, dann werden die verbleibenden, anderen Möglichkeiten nicht genutzt. Sie können sich beispielsweise nicht mit Ihrer Freundin beim Chinesen zum Abendessen verabreden und gleichzeitig den Alaska-Vortrag in der Stadthalle besuchen. In dem Fall haben Sie sich für den Chinesen und gegen den Vortrag entschieden.

Sich ärgern ist auch eine Entscheidung

Genauso ist es in Situationen, in denen wir nicht gelassen bleiben. Hier gilt das gleiche Spiel: Wir entscheiden immer. Indem wir uns für das eine entscheiden, verzichten wir auf das andere. Bleiben wir ruhig oder brausen wir auf? Ignorieren wir eine spitze Bemerkung, diskutieren wir weiter, wollen wir uns ärgern? Haben wir uns z. B. für „ich ärgere mich" entschieden, fällt „nicht ärgern" automatisch weg. Wir können nicht beides gleichzeitig. Wir wählen also immer selbstverantwortlich aus,

- ob wir auf etwas reagieren und
- in welcher Form wir reagieren.

Das heißt: Wir müssen uns aktiv für gelassenes Verhalten entscheiden. Wir könnten uns auch anders entscheiden. Die Wahl liegt bei uns. Und die jeweilige Entscheidung wirkt sich auf unser Tun aus. Zusätzlich wissen wir: Vorurteile, einschränkende Glaubenssätze, unsere Sicht auf andere Menschen usw. tragen zum individuellen Fühlen und Erleben erheblich bei. Und damit beeinflussen sie unsere Entscheidungen.

Wir entscheiden uns stets für die eine und damit gegen eine andere Reaktion. Somit hat es immer mit der von uns gefällten Entscheidung zu tun, ob wir gelassen oder nicht gelassen bleiben.

Sie haben die Wahl

Beispiel:

Sie sind angespannt, weil Sie seit Monaten Überstunden machen und extremen Arbeitsdruck haben. Ein Meeting löst das nächste ab, Sie erledigen die Aufgaben eines „abgebauten" Kollegen mit, haben einen unüberschaubaren Arbeitsberg vor sich und befürchten, den Überblick zu verlieren.

Nun bekommen Sie den Auftrag, für zehn Monate die Schwangerschaftsvertretung einer Kollegin zu übernehmen. Sie versuchen den Zusatzjob abzulehnen und argumentieren mit Ihrer hohen Arbeitsbelastung. Ihr Vorgesetzter entgegnet Ihnen harsch, dass Sie das „jetzt mit erledigen und einfach mehr Gas geben sollten". Über die Schulter fragt ein Kollege hämisch, ob Sie „jetzt wohl auch wüssten, was Stress bedeutet".

Lassen Sie sich bitte auf folgendes Experiment ein: Stellen Sie sich vor, Sie befinden sich in genannter Situation. Wie könnten Sie reagieren?

Betrachtung 1: Aufbrausen

Was müssten Sie tun, um diesem Kollegen so richtig an den Kragen zu gehen? Um Frust abzuladen und sich kräftig Luft zu verschaffen? Überlegen Sie bitte, was Sie sich dabei denken und vorstellen würden und wie Sie handeln müssten. Lassen Sie Ihren Gedanken freien Lauf und notieren Sie sich bitte Stichpunkte.

Betrachtung 2: Gelassen bleiben

Wie können Sie in dieser Situation gelassen bleiben? Was müssten Sie sich sagen, denken, vorstellen? Was müssten Sie tun, damit Sie ruhig bleiben? Auf welche Weise könnten Sie reagieren? Überlegen Sie ganz locker und notieren Sie sich wieder Stichpunkte.

Vergleich der Alternativen

Sollten Sie zu beiden Betrachtungen Stichpunkte gefunden haben, zeigt das bereits Ihre Wahlmöglichkeiten. Sie erkennen daran den Umfang Ihres Handlungsspielraums. Sie haben nun verschiedene Möglichkeiten vor sich. Daraus können Sie auswählen und entscheiden, wie Sie reagieren wollen.

- Bemerken Sie den Unterschied zwischen den beiden Handlungsvarianten?

- Erkennen Sie die Vielzahl Ihrer Wahlmöglichkeiten?

- Wofür/wogegen entscheiden Sie sich in der jeweiligen Betrachtung?

- Welche persönlichen Konsequenzen können Sie aus den unterschiedlichen Betrachtungen ableiten?

Je mehr Varianten Sie zur Auswahl haben, desto besser. Es ist immer günstig, sich in schwierigen Situationen alle Optionen klar zu machen. Raus aus dem stereotypen Muster: Meist haben wir viel mehr Handlungsspielraum, als wir denken. Im Rahmen der vorhandenen Möglichkeiten entscheiden Sie sich. Und dabei wählen Sie die für Sie beste Option.

Wenn Ihnen bewusst ist, dass Sie sich stets entscheiden, erkennen Sie, dass Sie agieren. Ausgeglichen zu sein oder gelassen zu bleiben, ist also etwas, das Sie aktiv tun. Gelassensein setzt voraus, dass Sie sich selbstverantwortlich für gelassenes Verhalten entschieden haben!

Die richtigen Prioritäten setzen

Wir entscheiden uns nicht nur dafür, wie wir in bestimmten Situationen reagieren, sondern wir entscheiden auch über die Wichtigkeit von Tätigkeiten und darüber, wie viel Zeit wir für die einzelnen Tätigkeiten oder Tätigkeitsbereiche aufwenden: Was ist wichtig, was ist zuerst an der Reihe, was ist dringend usw.? Und natürlich auch: Was können wir weglassen?

Test: Wie teilen Sie Ihre Zeit ein?

Nehmen Sie bitte Ihren Organizer zur Hand und betrachten Sie einige Übersichten vergangener Tage. Sollten Sie keinen Planer haben, lassen Sie die letzten Tage bitte einfach in Gedanken Revue passieren. Was stellen Sie fest?

Antworten Sie bitte ganz spontan:	Ja	Nein
Haben Sie zu viel gearbeitet?		
Konnten Sie nur sehr eingeschränkt auf Ihre Bedürfnisse achten?		
Hatten Sie wenig oder gar keine Freizeit?		
Haben Sie nur unregelmäßig gegessen oder Pausen gemacht?		
Verbrachten Sie Zeit mit Dingen, die nicht mit Ihrem Beruf zu tun hatten, die Sie nicht tun wollten, die Ihnen nicht wichtig waren, denen sich aber verpflichtet gefühlt haben?		
Fühlten Sie sich verspannt, angespannt, ausgenutzt oder geladen?		

	Ja	Nein

Waren Sie müde und unmotiviert?

Hatten Sie das Gefühl, nichts geschafft zu haben?

Wenn Sie diese Fragen durchweg mit Nein beantworten konnten, dann ist alles in bester Ordnung. Dann sind Sie auf einem guten Weg, ein gelassener Mensch zu werden. Falls Sie mehrfach Ja gesagt haben, verdienen diese Punkte Ihre Aufmerksamkeit. Darin finden Sie einen weiteren Schlüssel zu Ihrer Gelassenheit.

Überlegen Sie: Wofür und wogegen haben Sie sich entschieden?

1 Was haben Sie als wichtig eingestuft?

2 Was haben Sie überbewertet?

3 Was haben Sie möglicherweise vernachlässigt?

4 Sind Ihre Wichtig-Tätigkeiten und Ihr Zeitkontingent miteinander kompatibel?

5 Was könnten Sie weglassen und anstelle dessen tun?

6 Haben Sie sich und Ihre Bedürfnisse ebenso wichtig genommen wie andere Aufgaben?

Mit der Zeit achtsam umgehen

Sie entscheiden wiederum, wie Sie mit Ihren täglichen 24 Stunden umgehen. Weitermachen wie bisher oder etwas verändern? Weitermachen ist dann empfehlenswert, wenn Sie gut mit Ihrer Zeit klarkommen und schon relativ gelassen sind: „Never change a running system!" Änderung ist dann angesagt, wenn Sie unter Stress und Hektik leiden.

Hilfreich: die ABC-Analyse

Arbeiten Sie bereits mit einer ABC-Priorisierung für alle anfallenden Tätigkeiten? Diese hilft Ihnen, Ihre Aktivitäten zu gewichten. Versehen Sie in Ihrem Zeitplaner alle Aufgaben mit A, B oder C und einer entsprechenden Zeitschiene. Dann haben Sie eine Grundlage dafür, wie viel Zeit die einzelnen Bereiche in Anspruch nehmen dürfen. Über zu viele C-Aufgaben müssen Sie kritisch nachdenken. In diese Betrachtung sollten nicht nur anstehende Erledigungen und Verpflichtungen einbezogen werden, sondern auch Sie als Person mit Ihren Bedürfnissen. Wer sich nicht ebenso bewusst für Pausenzeiten, sein Wohlergehen oder seine Freizeit entscheidet, wird dies letzten Endes auch nicht in seinem Tagesplan wiederfinden. Um zur Gelassenheit zu gelangen, ist der persönliche Ausgleich sehr wichtig.

Leben Sie in der Gegenwart

Viele verzetteln sich zwischen zahlreichen Aktivitäten, sind gedanklich entweder bei Problemen der Vergangenheit oder bei zukünftigen Aufgaben. Die folgende Metapher beschreibt, wie Gelassenheit zu finden ist, wenn man sich ganz dem widmet, was man gerade tut.

Beispiel:

Es kamen einmal Suchende zu einem alten Zen-Meister. „Meister", fragten sie, „was tust du, um glücklich und zufrieden zu sein? Wir wären auch gerne so glücklich wie du." Der Alte antwortete mit mildem Lächeln: „Wenn ich liege, dann liege ich. Wenn ich aufstehe, dann stehe ich auf. Wenn ich gehe, dann gehe ich und wenn ich esse, dann esse ich."

Die Fragenden schauten betreten in die Runde. Einer platzte heraus: „Bitte, treibe keinen Spott mit uns. Was du sagst, tun wir auch. Wir schlafen, essen und gehen. Aber wir sind nicht glücklich. Was ist also dein Geheimnis?" Es kam die gleiche Antwort: „Wenn ich liege, dann liege ich. Wenn ich aufstehe, dann stehe ich auf. Wenn ich gehe, dann gehe ich und wenn ich esse, dann esse ich."

Der Meister fügte nach einer Weile hinzu: „Sicher liegt auch ihr und ihr geht auch und ihr esst. Aber während ihr liegt, denkt ihr schon ans Aufstehen. Während ihr aufsteht, überlegt ihr, wohin ihr geht und während ihr geht, fragt ihr euch, was ihr essen werdet. So sind eure Gedanken ständig woanders und nicht da, wo ihr gerade seid.

Im jetzigen Augenblick, zwischen Vergangenheit und Zukunft, findet das eigentliche Leben statt. Lasst euch auf diesen Augenblick ein und ihr habt die Chance, gelassen und glücklich zu sein."

Verantwortung übernehmen und abgeben

Für vieles in unserem Leben tragen wir Verantwortung: für uns selbst und unsere Gesundheit, für Menschen und Lebewesen, die uns anvertraut sind, für Pflichten in Beruf und Familie. Wir tragen Verantwortung für unsere Handlungen und auch für unsere Unterlassungen. Wir können in die Verantwortung genommen werden, sofern wir keine Krankheit haben, die uns davon entbindet.

Dann gibt es Dinge, für die wir nicht verantwortlich sind, z.B.: die Wetterlage, Vulkanausbrüche, die Farbe des Himmels, die Erdanziehungskraft usw. Das erscheint klar, da dies Phänomene sind, auf die wir keinen Einfluss haben. Manchmal ist die Frage nach der Verantwortung jedoch nicht ganz so offensichtlich. Deshalb ist es wichtig, dass Sie sich bewusst machen, für was Sie tatsächlich verantwortlich sind.

Verantwortlich sein versus verantwortlich fühlen

Als Elternteil sind Sie dafür verantwortlich, dass Ihr Kleinkind nicht auf die Straße läuft oder in die Steckdose fasst. Für Ihre Gesundheit, Ihr gesellschaftliches Auftreten tragen Sie Verantwortung. Durch Ihre Unterschrift unter einen Arbeitsvertrag versichern Sie verantwortlichen Umgang mit Produkten, internen Informationen oder Erholungszeiten. Wenn Sie am Steuer sitzen, tragen Sie Verantwortung für die Mitinsassen.

Wofür fühlen Sie sich verantwortlich?

Daneben gibt es Dinge, für die wir uns verantwortlich fühlen, es aber nicht sind.

Beispiel:

> Ihre Mutter erwartet Sie wie selbstverständlich jeden Sonntag um zwölf zu Schweinebraten und Klößen und ist „sehr traurig", wenn Sie einmal nicht kommen können. Sie nimmt Ihre Absage geknickt und gekränkt an.
>
> Den Ausflug mit Freunden können Sie gar nicht richtig genießen, weil Sie vom schlechten Gewissen geplagt werden. Ihre Mutter tut Ihnen leid. Letztlich ist Ihnen der ganze Tag vermiest, weil Sie ständig an Ihre enttäuschte Mutter denken müssen.

In solchen Fällen stellt sich zunächst die Frage nach der Verantwortung. Wer ist für was verantwortlich? Sobald Sie für alles und jeden die Verantwortung übernehmen, können Sie kaum gelassen bleiben. Es wird immer so sein, dass nicht alle Menschen, Sie selbst eingeschlossen, gleichzeitig zufrieden sind oder von Ihnen glücklich gemacht werden können. Es wird immer wieder Missstände oder Enttäuschungen geben. Nicht für alle sind Sie verantwortlich. Lassen Sie deshalb die Verantwortung dort, wo sie hingehört.

Übernehmen Sie nicht jegliche Verantwortung

Konkret heißt das im oben genannten Fall: Ihre Mutter möchte, dass Sie zum Essen kommen. Sie kommen ganz gern, wollen aber ab und zu an Sonntagen etwas anderes unternehmen. Sie tragen hierbei nur die Verantwortung für die rechtzeitige und korrekte Absage. Nicht für das Sonntagsprogramm Ihrer Mutter. Und nicht für die Stimmung der Mutter. Belassen Sie die Dinge dort, wo sie hingehören, sofern es sich um mündige und erwachsene Menschen handelt.

Da es hier in erster Linie um Wünsche einer anderen Person geht, ist es sinnvoll, im Zuge der Eigenverantwortung zu überprüfen, inwiefern der sonntägliche Schweinebraten für Sie (noch) passt oder nicht. Deckt sich der Wunsch Ihrer Mutter mit Ihren Bedürfnissen? Oder fühlen Sie sich vielmehr verpflichtet, genervt, fremdbestimmt? Ist das regelmäßige Sonntagsessen für Sie wichtig, anregend und wollen Sie das?

> Es gibt einen Unterschied zwischen „ich bin verantwortlich" und „ich fühle mich verantwortlich." Ersteres müssen Sie annehmen, Letzteres kritisch hinterfragen. Sie können nur gelassen bleiben, wenn Sie sich nicht für alles verantwortlich fühlen.

Wo können Sie delegieren?

Für Führungskräfte, die mit Gruppen und Teams arbeiten, ist ebenfalls die Frage nach den Verantwortlichkeiten relevant. Auch innerhalb einer Familie spielt dies eine Rolle. Zum Thema Eigenverantwortlichkeit in Gruppen entwickelte Ruth Cohn das sogenannte Chairperson-Postulat.

Das Chairperson-Postulat

In vielen Gruppen besteht eine unausgesprochene Erwartungshaltung, der Leiter sei für das Wohlbefinden aller verantwortlich. Das Gleiche gilt für Eltern in einer Familie. Das Chairperson-Postulat durchkreuzt genau diese Haltung, dem Wissens- und Reifegrad der Betroffenen angepasst. Für alle gilt: Jeder ist für sein Tun selbst verantwortlich. Die Aufgabe des Leiters oder des Elternteils ist es, Prozesse zu organisieren und zu moderieren. Seine Verantwortung liegt

- in der Bereitstellung einer geeigneten Umgebung,
- darin, den Gesamtplan und die Aufgaben der Einzelnen sowie den Gruppenprozess im Auge zu haben,
- in der Formulierung der Anliegen und der Steuerung des Arbeitsflusses im Team (bzw. der Aufgabenverteilung in der Familie),
- in der Wahl geeigneter Sozial- und Arbeitsformen,
- darin, zu ermöglichen, dass die Mitarbeiter (Kinder, Familienangehörigen) Eigenverantwortung und Selbstorganisation übernehmen.

Jeder trägt an seinem Platz Verantwortung

Alle Mitarbeiter haben – unabhängig von ihrer hierarchischen Eingliederung – die Verantwortung für das eigene Handeln zu übernehmen. Sie sind beim Lernen und Arbeiten freie Menschen. Natürlich sind sie gezwungen, bei den Entscheidungen, die ihre Tätigkeit betreffen, ihr unmittelbares Umfeld und ihre Eingebundenheit in den gesellschaftlichen Kontext im Auge zu behalten. Jede(r) trägt Verantwortung für sich selbst und für das Ganze. Autonomie und Interdependenz (Gegenseitigkeit) sind eine Grundgesetzlichkeit menschlichen Lebens. Machen Sie sich klar, worin Ihr Verantwortungsbereich besteht. Diesen nehmen Sie wahr. Alles andere belassen Sie bei den anderen.

Blauäugig wäre es, wollte man mit diesem Postulat die Unterschiedlichkeit der Rollen prinzipiell aufheben. Eltern bleiben Eltern und Vorgesetzte bleiben Vorgesetzte. Das heißt aber nicht, dass sich die Rollen durch dieses Denken nicht verändern ließen: Der Vorgesetzte/das Elternteil kann sich vom Instrukteur zum Berater entwickeln. Und der Mitarbeiter/ das Kind kann zunehmend Rollenanteile eines Vorsitzenden in bestimmten Bereichen übernehmen. Es ist wichtig, dass diese Regeln langsam und langfristig eingeführt werden, denn sie stellen die gewohnte Praxis auf den Kopf. Die Abgabe von Verantwortung hat zwei positive Effekte: Menschen fühlen sich wertgeschätzt, wenn man ihnen etwas zutraut, und Sie selbst werden gelassener sein, weil Sie sich entlasten.

Was können Sie abgeben?

Überlegen Sie, welche Verantwortlichkeiten Sie in Ihrem Umfeld auf andere übertragen können, um gelassener zu werden.

- Welche Verantwortung binden Sie ggf. zu stark an sich?
- Was könnten andere an Ihrer Stelle ebenso gut übernehmen (z. B. C-Aufgaben)?
- Wo läge ein Vorteil, wenn jemand anderer die Verantwortung übernehmen würde?

Konsequent handeln

Gelassen wird man, wenn man konsequent ist. Das kann Entscheidungen oder Verhalten betreffen. Konsequenz ist die Folge eines Sachverhalts: Wenn X stattfindet, dann folgt, zwingend oder möglicherweise, Y. Konsequent sein bedeutet, folgerichtig zu handeln.

Konsequent in Richtung Gelassenheit

Da Konsequenz viel mit Klarheit, Berechenbarkeit und Orientierung zu tun hat, macht sie allen Beteiligten das Leben leichter. Das beginnt im Kindergarten, wo wir erfahren, „wenn ich Fritzi einen Bauklotz an den Kopf werfe, weint er oder wirft zurück". Und es endet damit, zu wissen, dass wir die Kündigung erhalten, wenn wir unentschuldigt der Arbeit fern bleiben.

Es gibt nichts, das nicht unmittelbar mit einer Konsequenz verbunden wäre. Wenn wir abnehmen wollen, können wir nicht weiterfuttern wie bisher. Wenn wir mehr Geld verdienen wollen und dafür Überstunden machen, haben wir weniger Freizeit als vorher. Wenn wir uns von anderen nicht stressen lassen wollen, müssen wir konsequent gegensteuern. Ansonsten – und auch das ist konsequent – bleibt alles beim Alten.

„Wenn ich manchmal bedenke, welch riesige Konsequenzen kleine Dinge haben, ... bin ich versucht zu glauben, ... dass es gar keine kleinen Dinge gibt." (B. Barton)

Wir wissen, wie sich ein bestimmtes Verhalten auf unsere Gelassenheit auswirkt. Wir kennen die Folgen. Bringen wir uns stets in eine Position, die Druck oder Stress generiert, merken wir, dass die Gelassenheit schwindet. Wollen wir es allen recht machen und übernehmen klaglos jede noch so unwichtige Aufgabe, passiert dasselbe. Wollen wir gelassener werden, dann dürfen wir nicht in steter Regelmäßigkeit in die alten Fallen tappen. Wir müssen uns Zusammenhänge klar machen und uns konsequent *anders* verhalten, damit wir gelassen bleiben können.

Wunde Punkte suchen

Wie können Sie konsequent für Ruhe, Entspannung und Entlastung sorgen? Was müssen Sie tun sowie ein- und durchhalten, damit Sie gelassen bleiben können? Wenn man feststellt, dass etwas schiefläuft, und unbeirrt das Gleiche wie immer tut, wird sich nichts verändern. Und ganz ehrlich: Meist wissen wir doch sehr gut, was wir tun oder lassen sollten. Die Themenbereiche, um die es sich häufig dreht, haben mit Entscheidungen, Prioritäten, Verantwortung zu tun:

- Habe ich Ziele, sind diese eindeutig formuliert und verfolge ich diese konsequent?
- Setze ich Prioritäten?
- Nehme ich mich ausreichend wichtig?
- Ist das, was ich tue, mit meinen Werten im Einklang?
- Verzettele ich mich in diversen (Neben-)Rollen?

- Kann ich Nein sagen, wenn ich etwas nicht tun möchte?
- Bekomme ich in meinem Alltag genügend Energie für mich?

Lernen Sie, Nein zu sagen

Indem Sie Nein sagen, legen Sie klare Schranken fest: bis hierher und nicht weiter. Wer nicht Nein sagt, muss sich nicht wundern, wenn andere permanent persönliche Grenzen übertreten.

Klar sein

Es ist reine Vermeidungshaltung, wenn wir nicht Nein sagen, obwohl wir Nein meinen. Aus dem nicht klaren Nein schließt Ihr Gegenüber logischerweise sofort auf Ja. Sie fürchten möglicherweise Unannehmlichkeiten, haben Angst vor der enttäuschten oder verärgerten Reaktion des anderen oder gehen davon aus, man könnte Sie für faul halten usw. Mit dieser Haltung sind Sie jedoch ständig manipulierbar und lassen sich ausnutzen. Indem Sie nicht klipp und klar Nein sagen, spielen Sie dieses ungute Spiel mit und tragen dafür auch noch die Kosten. Das ist weder in Ihrem Sinne, noch kommt es Ihrem Bedürfnis nach Gelassenheit zugute.

Ja und nicht Jein

Es gibt eine einfache Regel, um nicht aus Mitleid oder Angst Ja zu sagen, obwohl Sie Nein meinen: Beantworten Sie ausschließlich Anfragen mit Ja, hinter denen Sie bewusst stehen und bei denen Sie sofort zustimmen können. Alles andere bedeutet automatisch Nein. Den Mut, dieses Nein dann deutlich auszusprechen, bringen Sie leichter auf, wenn Sie sich die Konsequenzen daraus vorstellen: zum Beispiel, dass Sie wieder in Arbeit versinken, während andere Freizeit haben und sich entspannen.

> Für den Erhalt Ihrer Gelassenheit sagen Sie nur dann Ja, wenn Sie wirklich Ja meinen. Alles andere beantworten Sie mutig mit Nein.

Seien Sie diszipliniert

Vielleicht haben Sie sich bereits das eine oder andere vorgenommen, um gelassener zu werden. Sorgen Sie dafür, dass Sie dies einhalten. Sobald Sie Ihre Vorsätze verwässern, gehen Sie wieder konsequent weg von Ihrer Gelassenheit.

Beispiel:

> Wenn Sie wissen, dass Sie durch einen Abendspaziergang entspannen und gelassener werden, sollten Sie diesen fest einplanen. Manchmal muss man diese Stunde auch gegen andere Anforderungen verteidigen. Je mehr Zeitdruck Sie haben, desto konsequenter müssen Sie planen. Wenn Sie nicht planen, wird Ihnen die Stunde für den Spaziergang nie zur Verfügung stehen. Tun Sie diszipliniert das, was Ihnen gut tut.

Haben Sie Bereiche gefunden, die Sie verändern möchten, dann geht es an die Umsetzung. Dafür ist Selbstdisziplin nötig. Es beginnt z. B. bei der eigenen Veränderungsstrategie und deren Planung.

Checkliste: Konsequente Umsetzung von Gelassenheit

- Entscheiden Sie sich für Veränderung.
- Legen Sie fest, was Ihnen wichtig ist.
- Schreiben Sie auf, welches Ziel Ihnen erstrebenswert erscheint.
- Zerlegen Sie ein großes Ziel in kleine Abschnitte.
- Setzen Sie Ihr Ziel konsequent um.
- Verändern Sie Herangehensweisen.
- Wählen Sie aus, was zu tun und zu lassen ist.
- Trennen Sie Wichtiges von Unwichtigem.
- Lassen Sie keine Ausreden gelten.
- Nehmen Sie sich für jeden Tag etwas Konkretes vor.

Zu Anfang mag das etwas aufwendig erscheinen, doch irgendwann wird es zum Automatismus. Sie werden routinierter und bemerken Fortschritte. Diese spornen wiederum an. Selbstdisziplin macht Sie insgesamt zufriedener, weil sie zu sichtbaren Ergebnissen führt. Das ermöglicht mehr Gelassenheit.

Auf einen Blick: So trainieren Sie gelassenes Verhalten

- Machen Sie sich klar: Was Sie auch tun und lassen – es ist Ihre Entscheidung. Sie können sich bewusst für mehr Gelassenheit entscheiden.

- Setzen Sie Prioritäten. Ordnen Sie Ihre Aufgaben nach Wichtigkeit und planen Sie entsprechend viel Zeit dafür ein. Finden Sie Ihre Zeitfresser heraus. Was können Sie besser organisieren, um Zeit und Energie zu sparen?

- Sie sind nicht für alles verantwortlich. Lassen Sie anderen deren Verantwortung und lernen Sie zu delegieren.

- Sagen Sie konsequent Nein, wenn Sie etwas innerlich ablehnen. Oft sagen wir aus Konfliktscheu oder Mitleid vorschnell Ja.

- Verfolgen Sie diszipliniert Ihre Ziele. Nehmen Sie sich jeden Tag vor, an Ihrer Gelassenheit zu arbeiten.

Techniken für schwierige Situationen

Was tun, wenn man von anderen verbal angegriffen wird, mit offener Aggression konfrontiert ist oder es mit schwierigen Gesprächspartnern zu tun hat? Es ist hilfreich, wenn man weiß, wie man in solchen Fällen gelassen bleibt.

In diesem Kapitel geht es darum,

- sich durch klare Aussagen Respekt zu verschaffen,
- verbale Attacken gelassen zu kontern,
- mit offener Aggression umzugehen,
- mit sehr empfindlichen oder sturen Gesprächspartnern umzugehen und
- wie man sich aus unhaltbaren Situationen rettet und sich danach wieder beruhigt.

Klar und respektvoll kommunizieren

Basis für den erfolgreichen Umgang mit jedem Gesprächspartner ist gegenseitiger Respekt. Behandeln Sie Ihr Gegenüber respektvoll, fordern Sie jedoch auch für sich ein solches
Verhalten ein. Wer wertschätzend kommuniziert, indem er
den anderen ernst nimmt, kann gelassener bleiben, weil das
Gespräch so meist auf einer sachlicheren Ebene abläuft.

Um den eigenen Standpunkt zu vertreten, müssen Sie klipp
und klar sagen, was Sie wollen. Klare Botschaften vermitteln
Konsequenz und Souveränität. Obendrein tragen sie dazu bei,
Missverständnisse einzudämmen oder auszuschließen. Durch
unmissverständliche Aussagen wirkt man zudem selbstbewusster.

Sie können sich ausmalen, was in einer angespannten Situation geschieht, wenn Sie sagen: „Vielleicht könnte man jeden
mal ausreden lassen?" Genau: Sie kommen garantiert nicht zu
Wort. Kein Satz, der ein „sollte", „könnte", „müsste", gepaart
mit einem schwammigen „man" enthält, ist wirkungsvoll.
Deshalb: Wenn Sie etwas sagen möchten, dann tun Sie dies
ohne Umschweife. Punkt.

Beispiel:

 Reden Sie Klartext, wenn Sie etwas wollen: „Herr M., ich erwarte,
dass Sie in einem anderen Ton mit mir sprechen." Oder: „Herr M.,
ich habe Sie ausreden lassen. Das gleiche Recht gilt auch für
mich. Danke."

Also: Wenn Sie wollen, dass Ihnen der andere zuhört, dann sagen Sie ihm dies direkt. Je klarer Sie sich ausdrücken, desto unmissverständlicher wird die Kommunikation. Hier einige nützliche Tipps für Botschaften, die nicht verletzten und dennoch Ross und Reiter nennen:

Checkliste: Kommunizieren Sie klar

Sprechen Sie für sich, mit Wörtern wie: ich, mich, mir, meine usw.	„Ich akzeptiere Ihre Unterbrechungen nicht mehr."
	„Ich bitte Sie um einen Alternativvorschlag."
	„Ich kann das nicht nachvollziehen."
Teilen Sie Ihre Gedanken mit: Denkweise, Beurteilung, Überzeugung.	„Meiner Meinung nach ist dies der richtige Zeitpunkt."
	„Ich bin überzeugt davon, dass das funktioniert."
Äußern Sie Ihre Gefühle.	„Ich ärgere mich über Ihre Bemerkung."
	„Ich freue mich über diese Anerkennung."
Drücken Sie Ihre Absicht klar aus.	„Ich erwarte bis morgen einen Vorschlag."
	„Ich werde das am Montag entscheiden."
Kündigen Sie Ihre Handlungen an: Informieren Sie darüber, was Sie tun werden.	„Ich diskutiere mit Ihnen, sobald wir alle Fakten haben."
	„Ich werde dem zustimmen."

Üben Sie diese Form der Kommunikation, wann immer sich eine Gelegenheit bietet. Je besser Sie das beherrschen, desto selbstbewusster und gelassener fühlen Sie sich.

Verbale Angriffe kontern

Meinungsverschiedenheiten gibt es in jeder menschlichen Beziehung. Sie sind unvermeidbar. Es agieren immer Individuen mit unterschiedlichen Ansichten, Wertvorstellungen, Wahrnehmungen und Verhaltensweisen. Für die Aufrechterhaltung Ihrer Gelassenheit sollten Sie fähig sein, Angriffe angemessen zu kontern – ohne vernichtend zurückzuschlagen.

Elegante Methoden zur Abwehr

Es ist immer gut, wenn es gelingt, die große Keule stecken zu lassen. Halten Sie sich mit Angriffen zurück, solange es geht. Ein Schlagabtausch kostet Nerven und Ihre Energie. Sollte es jedoch nötig werden, sich zur Wehr zu setzen, dann tun Sie dies richtig und gezielt. Sie müssen sich keineswegs in stiller Dulder-Manier Unverschämtheiten aussetzen und den Kopf hinhalten.

Rechtzeitig die Lage klären

Frühzeitige Interventionen sind immer hilfreich, gerade dann, wenn es noch zu keiner offenen Konfrontation gekommen ist. Sprechen Sie es daher deutlich an, wenn Sie den Eindruck haben, dass eine Beziehung in Schieflage gerät.

„Frau T., ich habe den Eindruck, dass Sie ärgerlich auf mich sind. Sollten wir etwas besprechen?" Dieses Nachfragen nimmt niemand übel. Es beweist vielmehr Ihren verantwortungsvollen Umgang mit anderen.

Befinden Sie sich bereits mitten im Konfliktgespräch, dann helfen Ihnen folgende Techniken weiter.

Aussage wiederholen lassen

Dem Gesprächspartner rutscht im Eifer des Gefechts eine übermäßig harte Formulierung heraus. Nicht selten erschrickt er im Nachhinein selbst über seine eigenen Worte. Bleiben Sie gelassen, geben Sie jedoch Ihrer Verwunderung Ausdruck: „Ich bin mir nicht sicher, ob ich Sie richtig verstanden habe. Können Sie das bitte noch einmal wiederholen?" Durch Ihre Aufforderung zur Wiederholung muss der andere über das Gesagte nachdenken. Das Spontane wird so aus der Situation herausgenommen. Erfahrungsgemäß findet er beim zweiten Mal wesentlich mildere Worte.

Beispiel:

Ihr Mitarbeiter schäumt: „Sie sind ein studierter Schreibtischtäter. Was wissen Sie in Ihrem Büro denn schon davon, wie es bei uns zugeht? Sie haben echt keine Ahnung von der Praxis!"

Sachliche Nachfrage: „Erklären Sie mir bitte, wie ich das verstehen darf?" Mitarbeiter: „Ich meine damit, dass es gut wäre, Sie würden sich das selbst mal vor Ort ansehen. Damit Sie sich von unseren Problemen überzeugen können."

Schweigen

Zu reagieren, indem man nichts sagt, ist eine harte, jedoch sehr elegante Form der Zurechtweisung. Der Sprecher rechnet mit einer Reaktion von Ihnen auf eine beleidigende Aussage. Wenn Sie sich anders als erwartet verhalten, verunsichern Sie Ihren Gesprächspartner. Gehen Sie mit keiner Regung auf die Aggression oder Unverschämtheit ein. Blicken Sie Ihrem Gegenüber fest in die Augen und schweigen Sie – der andere muss die Stille und damit die Peinlichkeit seiner Worte ertragen. Ihr Schweigen wird bewusst eingesetzt. Das hat nichts mit Sprachlosigkeit zu tun! Verhalten Sie sich danach so, als wäre nichts geschehen. Sind mehrere Gesprächsteilnehmer anwesend, wenden Sie sich übergangslos einer anderen Person und dem weiteren Ablauf zu. Sie zeigen Stärke, indem Sie sich nicht auf ein Niveau unterhalb der Gürtellinie herablassen. Der Sprecher disqualifiziert sich selbst und dieser Eindruck bleibt unweigerlich stehen. Probieren Sie es aus: Damit bleiben Sie souverän und gelassen.

> Eine Fünf-Sekunden-Schweigepause, die im Raum steht, ist für viele Menschen eine harte Belastungsprobe. Die Wucht des Schlages kommt wie ein Bumerang auf den Angreifer zurück. Danach können Sie gelassen zum nächsten Punkt übergehen.

Standpunkt unbeirrt vertreten

Manchmal können Sie Aufregungen und Angriffe auflösen, wenn Sie sich absolut nicht aus der Ruhe bringen lassen. Diese Technik ist dann angebracht, wenn der Gesprächspartner ständig neue Gegenargumente aus dem Hut zaubert und Ihnen permanent erklärt, warum etwas nicht geht. Dem Gegenüber nehmen Sie den Wind aus den Segeln, indem Sie gelassen Ihre Aussage oder Bitte stets erneut wiederholen. Immer wieder. Verfolgen Sie dabei klar Ihre Absicht und Ihr Gesprächsziel.

Beispiel:

Ihr Mitarbeiter soll bis zum nächsten Tag eine Übersicht erstellen. Er versucht, die Aufgabe zum wiederholten Male zu verschieben oder auf einen Kollegen abzuwälzen. Sie sagen: „Herr R., ich möchte, dass Sie das bitte bis morgen vorbereiten." Zählt Ihnen der Mitarbeiter daraufhin immer neue Argumente auf, warum er das nicht tun kann oder will, bleiben Sie hartnäckig und bestimmt: „Herr R., ich verstehe Ihren Zeitdruck, Ihre Übersicht benötigen wir trotzdem morgen." Kein weiteres Statement. Auch wenn Ihr Gegenüber nun heftiger oder aggressiv argumentiert: Wiederholen Sie Ihre Forderung wie eine Schallplatte, die hängen bleibt: „Ja, das kann sein, Ihre Zahlen benötigen wir bitte trotzdem morgen." Spätestens nach der vierten Wiederholung hat Ihr Gesprächspartner etwas bemerkt: Er kann mit Ihnen darüber nicht weiter diskutieren.

Sie können diese Methode bei allen Gesprächen anwenden, bei denen Sie gezielt etwas durchsetzen möchten. Der Vorteil ist, man bleibt beim angestrebten Ziel und kommt nicht vom Thema ab. Sie müssen sich nur gelassen auf das, was Sie haben möchten, konzentrieren.

Schlagfertigkeit

Treffsichere Entgegnungen sind am wirkungsvollsten, wenn sie ohne längere Denkpause innerhalb von vier Sekunden erfolgen. Meist fällt uns nach einem Wortgefecht allerdings erst beim Feierabendbier eine witzige, clevere oder elegante

Antwort ein, eine Antwort, die sitzt und den anderen in die Schranken weist. Doch leider kommt sie niemals dann, wenn sie dringend gebraucht wird. Deshalb fühlen wir uns stundenlang wie ein begossener Pudel. Schluss damit: Zuerst raus aus der Opferrolle, dann gekonnt kontern!

Beispiel:

> Die britische Unterhaus-Abgeordnete Nancy Astor, eine Frauenrechtlerin, machte aus ihrer Abneigung gegenüber Winston Churchill keinen Hehl. Churchill wurde während einer Abendgesellschaft von Lady Astor angegriffen. Die Dame sagte: „Wenn ich Ihre Frau wäre, würde ich Ihnen Gift in den Kaffee schütten." Ungerührt antwortete Churchill: „Wenn ich Ihr Mann wäre, würde ich ihn trinken."

Naturtalente pfeffern eine Antwort zurück, dass der Gegner wortlos dasteht oder sich belächeln lassen muss. Doch auch nicht unter dem Schlagfertigkeitsstern Geborene können das trainieren. Selbst wenn Sie nicht sofort zum Großmeister werden, hier finden Sie ab der nächsten Seite einige Techniken, die fast immer passen und die Sie sich leicht merken können. Diese sind einfach zu erlernen und sehr wirksam. Ziel ist es, verbalen Angriffen souverän zu begegnen und diese geschickt zurückzuweisen. Ihre Instrumente: Wortspiele, paradoxe Aussagen und witzige Bilder.

Beispiel:

> Noch einmal Winston Churchill. Lady Astor sagte zu ihm: „Sie sind ja betrunken." Daraufhin antwortete Churchill: „Morgen bin ich wieder nüchtern, aber Sie sind immer noch hässlich."

Schlagfertigkeit kann verletzen

Worte können scharfe Waffen sein. Je nach Situation kann sich der Gesprächspartner vor anderen beleidigt oder lächerlich gemacht fühlen und das Gesicht verlieren. Das lässt sich kein Mensch gerne gefallen. Somit müssen Sie mit einer Retourkutsche rechnen. Bei aller Freude über treffende Antworten sollten Sie sich im Klaren sein: Nicht alle Techniken der Schlagfertigkeit tragen unbedingt zur Harmonie bei. Entscheiden Sie situativ, was Ihnen wichtig erscheint. Schlag und fertig oder besser Konsens? Beide Varianten haben ihre Berechtigung. Wenn Sie Ihre Grenzen schlagkräftig verdeutlichen, dann ist es auszuhalten, eventuell nicht (mehr) gemocht zu werden. Wägen Sie, Ihrer Gelassenheit zuliebe, sorgfältig ab: Ist es eine Situation, in der der Gegner einen unmissverständlichen Schuss vor den Bug braucht, oder reicht eine eindeutige, klare Botschaft aus?

Konter einüben

Es gibt verschiedene Möglichkeiten des Konterns. Nicht alle gehen einem gleichermaßen locker über die Lippen. Probieren Sie aus, was Ihnen am besten liegt. Diese Technik(en) trainieren Sie, bis Sie nicht mehr nachdenken müssen. Es lohnt sich, bei alltäglichen Gesprächen, Sitzungen oder Dialogen im Fernsehen aktiv mitzugehen und sich dabei eine situationsgerechte, schlagfertige Antwort auszudenken. Das sind wunderbare Übungsplattformen. Am Ziel sind Sie, sobald Sie sagen können: Souverän gekontert – gelassen geblieben.

> Der renommierte Schweizer Kommunikationstrainer Marcus Knill formu-
> liert es so: „Bei der Schlagfertigkeit liegt das Hauptgewicht weder auf
> dem ‚Schlagen' noch auf dem ‚Fertigmachen'. Schlagfertigkeit ist ein
> Fechten mit Gedanken, mit dem Florett des Geistes."

Gefühlslage kommentieren

Sollte Sie jemand durch eine Äußerung getroffen haben,
sprechen Sie dies an. Ein gewollt eingesetztes Understate-
ment der eigenen Persönlichkeit ist dabei ein probates Mittel.
Damit appellieren Sie an das moralische Empfinden des An-
greifers. Der rhetorische Trick besteht darin, die Verletztheit
ironisch, lächelnd und freundlich vorzubringen. Sie stehen
deshalb keinesfalls schwach da. Durch die Verbalisierung der
Beleidigung und ironische Betroffenheit verunsichern Sie den
Gesprächspartner und können selbst gelassen bleiben.

Beispiel:

Der Gesprächspartner fragt Sie zynisch: „Haben Sie Ihr Abitur in
der Lotterie gewonnen?"

Antworten Sie gelassen: „Es trifft mich schon sehr, dass ich auf
Sie einen so völlig unintelligenten Eindruck mache." Darüber wird
Ihr Gegenüber erst einmal nachdenken müssen.

Zustimmen

Dieses Vorgehen können Sie sich wie eine östliche Kampf-
technik vorstellen: Sie nehmen den Schwung des Gegners auf
und nutzen ihn für sich. Geben Sie einfach zu, was Ihnen
vorgeworfen wird. Die volle Zustimmung irritiert den Gesprächspartner, der mit einer Zurückweisung rechnete.

Beispiele

„Sie wissen immer alles besser." – „Richtig, und selbst das weiß ich."

„Sie sind unmoralisch." – „Ja, Sie kennen sich damit ja aus."

Übertreiben

Eine weitere effektive Technik ist die übertriebene Zustimmung. Hier wird bei der Antwort der Bogen derart überspannt, dass die Behauptung lächerlich wirkt. Auf einen Vorwurf sagen Sie einfach „stimmt" und übertreiben danach so, dass der Angriff im Nonsens untergeht.

Beispiele

„Sie haben ganz schön zugenommen." „Stimmt, statt des Busses musste ich den Tieflader nehmen."

„Ihre Katze haart ja furchtbar." „Ja, sie wurde versehentlich im Turbogang geschleudert."

Fragen stellen

Formulieren Sie die Fakten, die in einem Vorwurf stecken. Wenn Sie daraus eine Frage konstruieren, muss der andere antworten und Sie gewinnen Zeit.

Beispiele

„Was soll ich mit diesem Bericht anfangen?" „Soll ich Ihnen das jetzt erklären?"

„Sie reden wie ein Wasserfall!" „Haben Sie auch etwas zu sagen?"

Absurden Vorteil finden

Hier geht es um Vorteil und Nutzen, die in einem Vorwurf liegen. Dieser wird übertrieben dargestellt. Positiver Effekt: Die Beleidigung schwächt sich durch den Humor ab.

Beispiele

> „Dir haben sie wohl das Gehirn rausoperiert?" „Ja, seitdem habe ich mein Idealgewicht."
>
> „Wurden Sie als Kind zu heiß gebadet?" „Genau. Seither verdiene ich mein Geld als Heizlüfter."

Bei offener Aggression souverän bleiben

Aggression äußert sich im menschlichen Verhalten in verbalen (Diffamierung, Beleidigung, Vorwurf), psychischen (Ausgrenzung) oder tätlichen Angriffen gegenüber Personen, Personengruppen und Dingen, auch in Drohverhalten, Kämpfen sowie ritualisierten Auseinandersetzungen. Um Aggression gelassen zu begegnen, ist es von großem Wert, deren Ursachen zu kennen. Diese sind meist Angst, Frustration, Lust oder Gehorsam (der z.B. im Sport oder Wettkampf erwartet wird). In Psychologie und Verhaltensforschung wird Aggression so beschrieben, dass es dem Angreifer um Machtzuwachs geht, während er sein Gegenüber durch eine Machtminderung schwächen möchte. Dabei handelt es sich, psychologisch gesehen, meist um Affekthandlungen. Das Angriffsverhalten zielt darauf ab, den Rivalen zu schädigen oder in die Flucht zu schlagen.

Ruder in der Hand behalten

Auf aggressive Angriffe reagieren die meisten Menschen intuitiv mit einem Gegenangriff. Auf eine Beleidigung folgt eine weitere, ein Kraftausdruck zieht den nächsten nach sich – menschlich nachvollziehbar, jedoch nicht zielführend. Die Situation spitzt sich zu und kann außer Kontrolle geraten. Das gilt es immer zu vermeiden. Bei bereits offensichtlicher Aggression ist eine schlagfertige Erwiderung meist kontraproduktiv. Treffsichere Kommentare treiben den Aggressionspegel nur noch weiter auf die Spitze. Wenn Sie das verhindern möchten, dann ist an dieser Stelle Zurückhaltung gefragt.

Sie können sich anhand der Aggressionsspirale leicht ausmalen, welche Reaktion auf verbale Angriffe folgen kann und welche Auswirkungen diese wiederum auf Sie hätte. Hier ist es wichtig, den Ausstieg aus dieser Spirale zu schaffen. Das gelingt nur mit Ruhe und Bedacht, keinesfalls, indem man seinerseits das Spiel bedient.

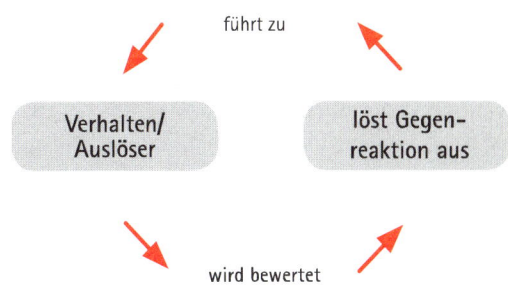

Aggressionsspirale

Sind Sie noch gelassen?

Wenn Sie mit Aggressionen konfrontiert werden, versuchen Sie zuerst, Ihre Gelassenheit zu behalten. Lassen Sie sich, auch wenn es schwerfällt, nicht von Emotionen hinreißen. Stress macht unfähig, weitsichtig zu denken!

Nur wenn Sie gelassen bleiben und Ihre Gefühle gut im Griff haben, sollten Sie versuchen, den Konflikt an Ort und Stelle zu klären. Bleiben Sie dabei nur so lange dran, solange der Klärungsprozess spürbare Fortschritte macht. Gerät er ins Stocken oder droht zu eskalieren, vertagen Sie das Gespräch auf einen anderen Zeitpunkt. Mit zeitlichem Abstand finden Sie leichter und gelassener Lösungen.

> Wut, die von zwei Seiten aneinander prallt, hinterlässt verbrannte Erde. Entscheiden Sie immer zuerst: Sind Sie gerade in der Lage, sich zu beherrschen und gelassen zu reagieren?

10 Möglichkeiten, auf Aggressionen zu reagieren

Zum Umgang mit Aggression finden Sie hier zehn empfehlenswerte Verhaltenstipps:

1   Die Aggression frühzeitig im Keim ersticken durch entsprechendes nonverbales Verhalten: Vermeiden Sie Ihrerseits wilde Gesten, Drohgebärden, Türenschlagen. Nehmen Sie eine aufrechte, selbstbewusste Körperhaltung an („Fels in der Brandung"), halten Sie Blickkontakt und beobachten Sie die Situation.

2   Negative Reize vermindern: z.B. überflüssige „reizende" Aussagen unterlassen, selbst kein aggressives Verhalten

zeigen und Unklarheiten vermeiden. Teilen Sie Ihrem Gesprächspartner ruhig und klar mit, dass Sie etwas ausdiskutieren und Lösungen finden wollen. Sagen Sie auch das, was Sie dabei nicht tolerieren, z. B. sein Gebrüll oder seine Drohungen.

3   Konflikt deutlich ansprechen, z. B.: „Es geht um X. Sie machen X, ich möchte das nicht und es ärgert mich, dass Sie dennoch damit fortfahren."

4   Positiv verhalten, z. B. motivieren, Positives hervorheben, Empathie bzw. Verständnis zeigen: „Ich verstehe gut, dass Sie das aus dem Gedanken X heraus machen. Ich erkenne auch den Druck, der auf Ihnen lastet. Dennoch ist es für mich schlecht/ärgerlich/nicht tolerabel usw."

5   Eigene Erregungslage beobachten.

6   Vertrauen herstellen: „Ich glaube Ihnen, dass Ihre Motive ehrenwert sind. Deshalb ist es für uns beide ein Vorteil, kooperativ zusammenzuarbeiten. Schließlich sitzen wir in einem Boot."

7   Eingehen auf den anderen: Was konkret möchte/braucht er? „Was kann ich dazu beitragen, damit Sie Y bekommen und X nicht mehr tun müssen?"

8   Eigene Betroffenheit ansprechen, etwa: „Ich bedauere es, dass wir auf diesem Niveau miteinander gesprochen haben." „Es tut mir leid, dass Sie sich das so zu Herzen genommen haben."

9   Gemeinsame Problemlösung anstreben: „Wir wollen beide ein Ergebnis. Worin sind wir uns bisher einig? Welche

Punkte müssen wir noch besprechen? Womit können wir beide leben? Was ist zu tun?"

10 Konkrete Vereinbarungen treffen, z.B.: „Wir einigen uns darauf, dass Sie X ab sofort unterlassen. Dafür bekommen Sie zuverlässig von mir jeden Donnerstag Y."

Hinter Aggressionen liegen Bedürfnisse

Denken Sie daran: Hinter jeder Aggression steckt ein Bedürfnis. Bei vielen Bedürfnissen sind wir Menschen voneinander abhängig. Und alle diese Bedürfnisse dienen unserem „Überleben" (psychisch oder körperlich). Wenn Sie wissen, was Ihr Gegenüber braucht (z.B. Anerkennung, Lob, Wertschätzung, Aufmerksamkeit usw.) und dieses unerfüllte Bedürfnis ggf. bedienen können, entziehen Sie seiner Aggression automatisch den Nährboden.

Mit unbequemen Gesprächspartnern umgehen

Es gibt weitere Hürden im Miteinander, bei denen leicht die Gelassenheit abhanden kommt: schwieriges Verhalten unserer Gesprächspartner. Das kann uns ebenfalls gefühlsmäßig aus dem Gleichgewicht bringen, obwohl es nichts mit Aggression oder Angriff zu tun hat.

Bei Streit oder Aggression sind uns die Reaktionen bekannt und daher berechenbar. Meistens wird versucht,

- die eigene Meinung, den Willen durchzusetzen,
- das Gesicht zu wahren oder
- als Gewinner aus der Schlacht hervorzugehen.

Verhält sich der Gesprächspartner aber unterwürfig, vereinnahmend oder emotional, um diese Ziele zu erreichen, ist das manchmal schwieriger zu handhaben als ein hartes Streitgespräch. Solches Verhalten ist ungewohnter und damit unberechenbarer. Es zielt zudem direkt auf unsere eigenen Gefühle. So geschieht es, dass wir nervös werden oder unsere Balance verlieren, weil wir die versteckte Manipulation hinter diesem Benehmen nicht wahrnehmen. Betrachten wir vier typische Verhaltensmuster in Problemgesprächen:

- der Empfindliche, der Weinen als Druckmittel einsetzt,
- der verstockte Schweiger, der auf stur stellt,
- der maßlose Vielredner, der alle niederredet,
- der Schmarotzer, der Ihr Mitleid ausnutzt.

Die weinerliche Mimose

Ihr Gegenüber blickt, z.B. weil Sie etwas kritisiert haben, jämmerlich drein und beginnt zu weinen. Natürlich ist es ist eine Frage der Fairness, Gefühlsausbrüche ernst zu nehmen. Man spricht momentan nicht weiter über den diskutierten Sachverhalt und legt erst einmal eine Pause ein. An dieser Stelle kommt auch noch eigene Betroffenheit ins Spiel: Wir machen uns Vorwürfe, weil wir annehmen, der Verursacher dieser Missstimmung des anderen zu sein. Gewissensbisse machen sich breit und sofort neigen wir dazu, das Gesagte zu relativieren. Doch: Cool down! Wenigstens Sie sollten gelassen bleiben. Behalten Sie das Ruder in der Hand. Lassen Sie die Probleme dort, wo sie entstanden sind. Das hat nichts mit Herzlosigkeit zu tun!

Entschuldigen Sie sich nicht sofort

Ziehen Sie sich jetzt nicht gleich den Schuh der Schuld an. Zeigen Sie Anteilnahme, reichen Sie ein Taschentuch, aber entschuldigen Sie sich nicht stante pede für Ihre Kritik, wenn diese fair und gerechtfertigt war. Vertagen Sie möglicherweise das Gespräch und kümmern Sie sich zuerst um die Störung. Ihre Kritik war vielleicht nur der letzte Auslöser für den emotionalen Ausbruch oder es bestehen andere Sorgen. Versuchen Sie, eventuell weitere Hintergründe des Weinens zu erfahren. Verlieren Sie dabei aber nicht Ihr eigentliches Thema aus den Augen.

Beispiele

 „Haben Sie Sorgen?" – „Kann ich etwas für Sie tun?" – „Wie und wann wollen wir weitermachen, damit wir unser derzeitiges Thema beenden?"

Vielleicht handelt es sich um eine erlernte Verhaltensweise des anderen, der verinnerlicht hat: Wenn ich weine, umgehe ich damit schwierige Gespräche und Kritik. Und sehr häufig funktioniert diese Hilflosigkeitsstrategie.

Behalten Sie Ihr Ziel im Fokus

Bleiben Sie, trotz der Reaktion Ihres Gegenübers, klar in Ihren Gedanken und bei Ihrem Gesprächsziel. Fürchten Sie sich nicht vor Gefühlsausbrüchen. Ihre Aussage, wenn sie fair war, wird durch die Tränen nicht unrichtiger. Ein Problem muss angesprochen werden können. Vermeiden Sie deshalb keine für Sie wichtigen Themen, nur weil Sie annehmen, dass der andere emotional reagiert. Das hat in erster Linie mit ihm zu tun. Sie stehen nur für die Form und den Zeitpunkt des Kritikgesprächs in der Verantwortung.

Versuchen Sie immer, Verständnis aufzubauen und zufriedenstellende Lösungen zu finden – aber nicht ausschließlich auf Ihre Kosten. Auch Ihr Thema/Problem muss befriedigend abgeschlossen werden.

> Wichtig ist und bleibt, trotz aller Emotionen: Ihr Gesprächsziel. Wenn es etwas zu kritisieren oder anzusprechen gibt, dann darf das, in korrekter Art und Weise, gesagt werden. Auch wenn es Ihrem Gesprächspartner nicht gefällt. Lassen Sie sich nicht von (befürchteten) Gefühlsausbrüchen davon abhalten, Klartext zu reden.

Der verstockte Schweiger

Wenn es brenzlig wird, in Auseinandersetzungen oder bei Kritik zeigen manche Menschen ein Verhalten, das es den anderen schwermacht, Ruhe zu bewahren: Sie gehen in die innere Emigration, verschränken die Arme und verweigern jeglichen Dialog. „Dazu sage ich jetzt gar nichts mehr", bekommen Sie vielleicht als trotzigen Abschlusssatz zu hören.

Spielen Sie das Spiel nicht mit

Wenn Sie sich durch dieses Benehmen von Ihrer Gelassenheit abbringen lassen, dann spielen Sie das Spiel des anderen mit. Die naheliegende Reaktion darauf wäre: Sie machen es genauso und sagen auch nichts mehr. Oder Sie verlangen sofortige Klärung und bedrängen den anderen. Beides hilft nicht wirklich weiter, sondern verschlechtert die Lage meist nur. Halten Sie sich vor Augen, dass der andere diese Reaktion deshalb an den Tag legt, weil er keine bessere Alternative kennt. Oder er kann im Moment nicht anders mit seinen Gefühlen umgehen. Gehen Sie davon aus, dass in erster Linie nicht Böswilligkeit oder Gemeinheit dahinterstecken, sondern menschliche Schwäche. Dieses Wissen lässt Sie besonnener reagieren.

Nehmen Sie den anderen ernst

Viele Menschen benehmen sich deshalb verstockt, weil sie das Gefühl haben, nicht ernst genommen zu werden oder in einer wichtigen Angelegenheit übergangen worden zu sein. Hier können Sie durch Nachfragen und aufmerksames Zuhören prüfen, ob das eventuell der Fall war.

Beispiel:

„Herr O., Ihrer Reaktion entnehme ich, dass Sie damit nicht einverstanden sind. Ist das so?"

Wenn Ihr Gegenüber das bejaht, hören Sie ihm gut zu. Der Trotz kann sich rasch auflösen, wenn Sie auf die Gefühle und die Sichtweise des anderen eingehen.

Durchschauen Sie emotionale Erpressung

Handelt es sich um ein stets wiederkehrendes Verhaltensmuster einer Person, nennt man das emotionale Erpressung. Lassen Sie sich auf keine Spielchen ein nach dem Motto: „Wenn ich das Erwartete nicht bekomme, dann schweige ich, bis ich es bekomme." Der Gesprächspartner will Sie mit seinem Schweigen strafen und Ihnen Schuldgefühle vermitteln. Die dahinterliegende Erwartung ist, dass Sie nachgeben oder Zugeständnisse machen sollen.

Erkennen Sie emotionale Erpressung als unfaires Verhalten, fällt es Ihnen leichter, unempfänglich für diese Art der Manipulation zu werden. Bleiben Sie in einem solchen Fall unnachgiebig. Stellen Sie Ihrem schweigenden Gegenüber eine Frage – und warten Sie hartnäckig auf eine Antwort. Warten Sie gelassen ab und zwingen Sie den anderen, das Schweigen zu durchbrechen. Beweisen Sie den längeren Atem und zeigen Sie deutlich, dass Sie die Masche des anderen erkannt haben. Zur Beruhigung: In unserem Kulturkreis wird Schweigen ab einer Minute bereits als extrem belastend empfunden.

Der maßlose Vielredner

Minutenlange, vollkommen überflüssige Monologe können schnell langweilig und absolut nervenzehrend werden. Es ist Ihre Zeit und es sind Ihre Nerven: Sie müssen sich dem nicht aussetzen. Menschen, die in ihrer Erregung heftig und ohne Punkt und Komma reden, können einen emotional erschlagen. Andere haben derart ausgeprägte „Kommunikations-Gene", dass niemand sonst mehr zu Wort kommt. Hier ist es wichtig, rechtzeitig einzuschreiten und wirkungsvoll zu unterbrechen, bevor man die Contenance verliert.

Dauerredner bremsen

Natürlich fallen Sie dem anderen nicht ins Wort. Manchmal ist es aber unerlässlich, sich mit rhetorischer Raffinesse durchzusetzen. Wenn Sie spüren, dass Ihre Gelassenheit zu schwinden droht, versuchen Sie, Folgendes anzuwenden:

Dauerredner bremsen	
Höflich	Nennen Sie Ihr Gegenüber beim Namen: „Herr N., ich danke Ihnen ..." Das ist ein starker Aufmerksamkeitsreiz und Ausdruck von Respekt und Sympathie. Es sagt dem anderen: „Sie sind mir wichtig." Hört ein Mensch seinen eigenen Namen, achtet er sofort auf das, was gesagt wird.
Dezent	Eine leichte Berührung am Unterarm erzeugt ebenfalls höchste Aufmerksamkeit. Der Gesprächspartner fühlt sich wahrgenommen und spürt, dass Sie sich auf ihn konzentrieren. Deshalb muss er nicht mit aller Macht versuchen, zu seinem Recht zu kommen. Hält er inne, können Sie mit Ihrem Argument einhaken.
Elegant	Eine Frage zum Sachverhalt erkennt die Kompetenz des Redners an. Vielen Menschen schmeichelt es, wenn sie gefragt werden. Unterbrechen Sie den Redeschwall mit den Wor-

ten: „Zu dem, was Sie eben erwähnten, habe ich eine Frage ..."

Verschärft Spricht Ihr Gegenüber noch immer, schütteln Sie den Kopf, atmen hörbar tief ein und brechen den Blickkontakt ab. Das irritiert den Redner meist und er hält inne.

Die genannten Varianten können Sie gut miteinander kombinieren und dadurch deren Wirkung verstärken.

Unterbrechen Sie strikt

Hilft alles nichts, dann unterbrechen Sie den Gesprächspartner. Es ist unhöflich, jemanden durch einen minutenlangen Monolog zu langweilen. Es gehört sich nicht, den Alleinunterhalter zu spielen, außer man wird dafür bezahlt. Etwas lang und breit auszuführen, obwohl der Gesprächspartner das Thema nach zehn Sekunden verstanden hat, ist nahezu unverschämt. Deshalb dürfen und müssen Sie hier strikt unterbrechen.

Beispiel:

 „Danke! Ich habe Sie verstanden, jetzt möchte ich meine Meinung darlegen."

Es ist kein Affront, auf unhöfliches Verhalten unhöflich zu reagieren. Machen Sie sich deshalb keinen Kopf. Sie haben nur Ihre Haut gerettet. Wenn anderes nicht hilft, dann ist es legitim, den Hammer hervorzuholen.

So behalten Sie das Wort

Sind Sie nun zu Wort gekommen, müssen Sie aufpassen, dass Sie Ihr Rederecht nicht sofort wieder verlieren. Die wirkungsvollste Technik ist, gleich selbst den wahrscheinlichen Unterbrechungsinhalt zu formulieren. Damit nehmen Sie Ihrem Gesprächspartner den Grund für eine weitere Unterbrechung. Außerdem können Sie vorbeugend ein stichhaltiges Gegenargument zu diesem Einwand einfließen lassen. Damit ist die Unterbrechung entkräftet und Sie behalten das Wort.

Beispiel:

 Sobald der andere Luft holt, um anzusetzen, sagen Sie z. B.: „Sie werden bestimmt gleich entgegnen, dass … Das haben wir bereits bedacht und lösen es durch …"

Sind Sie Moderator einer Teambesprechung, können Sie feste Redezeiten vereinbaren. Sagen Sie im Falle der Überschreitung einfach: „Stopp, die fünf Minuten sind um." Das ist fair für alle und niemand fühlt sich benachteiligt.

Der mitleidheischende Ausnutzer

Haben Sie das Gefühl, dass immer wieder Aufgaben bei Ihnen landen, die andere genauso gut erledigen könnten? Dann liegt das eventuell daran, dass Sie auf die Mitleidsmasche hereinfallen. Tun Ihnen andere manchmal so leid, dass Sie gar nicht anders können, als schon wieder eine Zusage zu geben? Es gibt Menschen, die Sie herumkriegen, indem sie offen oder verdeckt an Ihr Mitleid appellieren. Wenn Sie das erkennen, müssen Sie handeln und sich zur Wehr setzen.

Typische Argumente der Mitleidstour

Vielleicht kommen Ihnen einige dieser Aussagen bekannt vor:

- „Ich rechne ganz fest mit Ihnen, ansonsten bin ich aufgeschmissen."
- „Das wäre eine riesige Enttäuschung, wenn Sie das nicht machen würden."
- „Wir wüssten gar nicht, wie wir das schaffen, wenn Sie uns im Stich lassen würden!"
- „Ich kann das nicht allein. Wenn Sie mir nicht helfen, bekomme ich große Probleme."

Mit trauriger Mimik, gesenktem Kopf und verzweifelter Stimme wird an Ihr Mitleid appelliert. Dabei werden möglicherweise Sie gerade mitleidslos geschröpft! Falls Sie zu den sensiblen Menschen gehören, die sehr empfänglich sind für Lob und Anerkennung von anderen, dann sind Sie hier besonders gefährdet. Denn meist bleibt man nicht gelassen, wenn zwischen den Zeilen der Vorwurf lauert: „Sie sind daran schuld, wenn ich etwas nicht schaffe / Probleme bekomme / enttäuscht bin, usw."

Zuerst kommen Sie

Dagegen können Sie sich nur durch klare Abgrenzung zur Wehr setzen:

- Machen Sie sich zunächst bewusst, was Sie wirklich tun müssen und was Sie gerne tun wollen.
- Für was sind Sie verantwortlich?
- Dann überlegen Sie in Ruhe, was der andere selbst tun kann.

Wie Sie im Notfall die Lage retten

Ärger, Konflikte und Provokationen führen zu wachsendem Stress. Stress zieht aggressives Verhalten nach sich. Manchmal ist eine Situation so angespannt, dass Sie nicht mehr gelassen bleiben können. Sobald Sie merken, dass es in Ihnen zu brodeln beginnt, bleiben Sie nicht mehr souverän. Wenn Sie das spüren, gehen Sie aus der Schusslinie.

> Manchmal hilft nur eines: Deeskalieren Sie die Situation, indem Sie den aggressiven Verlauf unterbrechen. Sorgen Sie dafür, dass sich die Aggressionsspirale auflösen kann.

Die Exit-Strategie als Notbremse

Psychologen sprechen von der Exit-Strategie. Das heißt: Ausgang benutzen und die Arena verlassen. Durch ein klares „Ende" oder „Stopp" gewinnen Sie Zeit und dadurch Ihre Gelassenheit zurück. So bleiben Sie, trotz Wut im Bauch, in einer überlegenen und starken Position. Beenden Sie rasch und ohne weitere Diskussion das Gespräch.

Beispiel:

 Formulieren Sie eindeutig das Gesprächsende: „Ich habe den Eindruck, wir kommen so nicht weiter. Deshalb möchte ich das Gespräch jetzt beenden." Oder: „Wir sind gerade beide nicht in der Lage, das zu lösen. Ich beende jetzt das Gespräch und komme wieder auf Sie zu."

Auf Beleidigungen reagieren Sie ebenfalls mit der Exit-Strategie. Sagen Sie zum Beispiel: „Darauf antworte ich Ihnen jetzt nicht." Oder: „Sie können wieder mit mir sprechen, sobald Sie einen angemessenen Ton gefunden haben." Es ist eine Leistung, in einer emotional hoch angespannten Situation nichts zu erwidern. Wenn Sie das geschafft haben, sind Sie gelassen geblieben. Sie waren derjenige, der die Lage entschärft hat. Das spüren Ihre Gesprächspartner genau. Durch Ihr Verhalten demonstrieren Sie Selbstdisziplin und Stärke. Denken Sie daran: Sobald Sie ebenfalls aggressiv werden, haben Sie Ihrem Angreifer zu einem Sieg verholfen. Sie haben ihm die Gewissheit gegeben, dass er Sie aus der Fassung bringen kann. Und das wollen Sie ja nicht, oder?

So kommen Sie wieder zur Ruhe

Nach einem ausgeuferten Gespräch ist das Wichtigste, von hundertachtzig wieder herunterzukommen. Für eine sachliche Klärung ist dies keinesfalls der richtige Augenblick. Treffen Sie keine Entscheidungen, solange Sie wütend sind und keinen klaren Gedanken fassen können. Vermeiden Sie möglichst ein kurzfristiges Zusammentreffen mit dem Gesprächspartner. Gehen Sie sich mindestens eine Stunde lang, besser länger, aus dem Weg. Sie müssen sich zuerst emotional stabilisieren. Eventuell sollten Sie eine Nacht über das Geschehene schlafen. Dann erst überlegen Sie sich die weitere Vorgehensweise und Strategie.

Sammeln Sie sich

Zur Gelassenheit finden Sie am ehesten wieder zurück, wenn Sie sich sammeln können. Dafür ist es wichtig, den Kopf frei zu bekommen und das Vorgefallene eine Zeit lang bewusst beiseite zu legen. Versuchen Sie Ihre Wut im Off zu parken, um auf andere Gedanken zu kommen. Wenn es so gekracht hat, dass Sie kochen, ziehen Sie sich zurück.

Checkliste: Abreagieren

- Gehen Sie an einen Ort, an dem Sie allein und ungestört sind.

- Leiten Sie Ihr Telefon um und schalten Sie die Handy-Mailbox an.

- Atmen Sie tief ein und aus. Wiederholen Sie das so lange, bis Sie spüren, wie sich Ihre Muskulatur entspannt und der Atem wieder fließender geht. Bewegen Sie Kopf und Arme. Versuchen Sie dabei, Ihre Gedanken abzulenken.

- Vielleicht haben Sie einige Augenblicke Zeit, aus dem Fenster zu blicken. Fokussieren Sie Ihre Gedanken ausschließlich auf Dinge, die Sie gerade sehen.

- Gehen Sie, wenn möglich, an die frische Luft. Laufen Sie in zügigem Schritttempo. Ihr Kreislauf sollte dabei richtig auf Touren kommen. Fünf bis zehn Minuten genügen meist, um sich wieder einigermaßen im Griff zu haben.

- Wenn Sie diese Zeit nicht aufbringen, steigen Sie schnell mehrere Treppen hoch. Nehmen Sie mehrere Stufen gleichzeitig und laufen Sie rasch einige Stockwerke hinauf. Sie sollten richtig außer Atem kommen. Wenn das noch nicht geholfen hat: das Gleiche noch einmal. So bauen Sie Ihren Adrenalinspiegel ab.

- Trinken entspannt ebenfalls. Nehmen Sie in dieser Situation keinen Kaffee, Schwarztee oder Alkohol zu sich. Trinken Sie z.B. kühles Mineralwasser oder Saft. Konzentrieren Sie sich dabei ausschließlich auf das schluckweise Trinken.

- Wenn Sie ganz extrem in Rage sind, helfen nur starke Gegenreize, um auf eine andere emotionale Ebene zu kommen. Diese Reize setzen andere Nervenimpulse und lenken vom Wut-Thema ab, so dass dieses eine Weile ausgeblendet wird und man sich beruhigen kann:

- Duschen Sie z.B. sehr warm und sehr kalt im Wechsel, so dass Sie es gerade noch ertragen.

- Lutschen Sie einen bis zwei Eiswürfel und konzentrieren Sie sich auf die Kälte im Mund.

- Sie können auch etwas sehr Warmes, Saures oder Scharfes essen.

- Verausgaben Sie sich körperlich, damit Sie Ihren Aggressionsstau loswerden (gehen Sie z.B. joggen).

Tun Sie das, was Sie in diesem Augenblick noch tun können. Das Wichtigste ist, die Emotion wieder in den Griff zu bekommen und sich nicht zu Aktionen hinreißen zu lassen, die mehr zerstören, als sie bringen.

Vielleicht verhilft Ihnen auch folgendes Zitat von Marc Aurel zu mehr Gelassenheit: „Unrat einfach vorbeischwimmen lassen."

Auf einen Blick: Techniken für schwierige Situationen

- Um Konflikten vorzubeugen und so etwas für Ihre Gelassenheit zu tun, sagen Sie anderen klar, was Sie wollen und was Sie nicht akzeptieren.

- Verbale Angriffe können Sie je nach Situation schweigend übergehen oder schlagfertig kontern. Bedenken Sie: Wenn Sie den anderen herausfordern, ist es möglich, dass die Lage eskaliert.

- Begegnen Sie offener Aggression, indem Sie gut zuhören und auf die Bedürfnisse des anderen achten. Durchbrechen Sie die Aggressionsspirale.

- Lassen Sie sich nicht von weinerlichen, trotzigen oder ohne Unterlass redenden Gesprächspartnern von Ihrem Standpunkt abbringen. Behalten Sie Ihr Ziel im Auge. Fallen Sie nicht auf die Mitleidsschiene herein, indem Sie anderen ständig ihre Aufgaben abnehmen.

- Wenn Sie so wütend sind, dass Sie sich nicht mehr beherrschen können, beenden Sie das Gespräch, bevor Sie die Fassung verlieren. Beruhigen Sie sich durch Ablenkungsstrategien. Betätigen Sie sich insbesondere körperlich, um Aggressionen abzubauen.

Teil 2: Stress ade

Vorwort

Über Stress klagen heutzutage immer mehr Menschen: Der Beruf stellt immer höhere Anforderungen an jeden Einzelnen, unter Zeitdruck sollen Höchstleistungen erbracht werden, der Konkurrenzdruck wächst. Die Zeit, in der man zur Ruhe kommen oder Hobbys nachgehen kann, wird immer weniger oder bleibt ganz auf der Strecke. Das Ergebnis: Man fühlt sich ausgebrannt, ist gereizt und unausgeglichen – im schlimmsten Fall treten körperliche Beschwerden auf.

Dieser TaschenGuide soll für Sie ein Leitfaden sein: Er zeigt Ihnen, wo Ihre Stressoren liegen, welcher Art sie sind und wie Sie sie in den Griff kriegen können. Außerdem bietet er Anregungen, wie Sie auf lange Sicht hin Ihren Berufsalltag so gestalten können, dass Sie mit Spaß Ihr Arbeitspensum bewältigen.

Die vorgestellten Entspannungsmethoden können auch ohne Erfahrung schnell umgesetzt werden. Schon wenn Sie nur zehn Minuten täglich investieren, werden Sie merken, wie Sie den Anforderungen des Alltags ruhiger und gelassener entgegentreten können. Damit der Berufsalltag Sie nicht auffrisst!

Roland Geisselhart und Christiane Hofmann

Stress – der fast alltägliche Begleiter

Sie stehen unter Strom – sind Sie etwa verliebt? Tatsächlich ist nicht jede Stress-Situation negativ! Erkennen Sie selbst, welcher Stress Sie weiterbringt – und welcher an Ihre Substanz geht.

Im folgenden Kapitel erfahren Sie

- wie Stress entsteht,
- wie stressempfindlich Sie persönlich sind und
- was Sie gegen Stress tun können.

Was versteht man unter Stress?

Stress kennt heutzutage fast jeder: Vom Schulkind über den Angestellten, die Hausfrau, den Bauarbeiter und die Verkäuferin bis hin zum obersten Chef: Jeder ist „echt gestresst", „voll im Stress" oder hat „den ganzen Tag Stress". Aber was ist das eigentlich, Stress?

Positiver und negativer Stress

Unter negativem Stress können Sie sich sicherlich leicht etwas vorstellen: Es ist Montag, der Schreibtisch quillt über, das Telefon klingelt ständig, die Kollegen nerven, der Chef möchte, dass alles am besten schon vorgestern erledigt worden ist, das Mittagessen musste mal wieder ausfallen und zu allem Unglück kommt die Schwiegermutter gerade dann zu Besuch, wenn die lieben Kleinen die Röteln haben.

Tage wie dieser kommen uns allen mehr oder weniger bekannt vor. Wenn sich solche Stressphasen aber zu einem Dauerzustand entwickeln, sind Bluthochdruck, Magengeschwüre und schlimmstenfalls ein Herzinfarkt die Folge.

Auf der anderen Seite kann ein gewisser Druck aber auch dafür sorgen, dass wir besser arbeiten und kreativer sind. Alle Sinne sind hellwach und aufnahmebereit. Dieser positive Stress ist ungefährlich, ja sogar lebensnotwendig.

Stress im Sinne von „Anspannung", „bereit sein", „auf dem Sprung sein" ist also durchaus etwas Nützliches und Positives.

Wissenschaftler haben herausgefunden, dass es von der Einstellung eines jeden Einzelnen abhängt, wie schnell und wie heftig er unter Stress leidet – oder auch nicht. Wer extrem konkurrenzorientiert und ehrgeizig ist, dem schaden Druck und Belastung deutlich mehr als jemandem, der sich von allzu überzogenen Vorstellungen abgrenzen kann.

Wie gehen Sie mit Herausforderungen um?

Letztendlich lautet die entscheidende Frage: Fühlen Sie sich in einer anstrengenden Situation eher unter Druck oder betrachten Sie sie als Herausforderung, in der Sie beweisen können, was in Ihnen steckt? Je nachdem, wie Sie diese Frage für sich beantworten, werden Sie „im Stress" in alte Verhaltensmuster verfallen, die Ihnen letztendlich aber nicht weiterhelfen, oder Sie mobilisieren Ihre inneren Ressourcen, um neue Wege zu gehen und andere Lösungen zu entdecken.

Gerade in den Situationen, die Ihre ganze Energie fordern, lernen Sie am ehesten Ihre Flexibilität einzusetzen und andere Strategien zu entwickeln. Versuchen Sie dagegen neue Belastungen mit alten Strategien zu bewältigen, werden Sie bald an Ihre Grenzen stoßen und sich erschöpft, ausgelaugt und gestresst fühlen.

Je eher Sie sich zutrauen, mit den Herausforderungen und Belastungen, die sich Ihnen von außen stellen, fertig zu werden, umso eher bleiben Sie von alleine gesund und leistungsfähig.

Dieses Vertrauen in die eigenen Fähigkeiten unterstützen Sie umso mehr, je konsequenter Sie sich nicht selbst unter allzu hohe Leistungsansprüche stellen. Hier greifen einmal mehr die Techniken zum Stressabbau, die in diesem Buch vorgestellt werden: Mit ihrer Hilfe können Sie immer wieder herausfinden, ob das, was Sie tun und anstreben, für Ihre innere Ruhe und Ihr Wohlergehen wirklich förderlich ist.

Wenn Sie mit diesem TaschenGuide intensiv arbeiten wollen, empfehlen wir Ihnen sich ein „Arbeitsbuch" zuzulegen, in dem Sie Ihre Antworten und Ergebnisse festhalten können. Sobald Sie wichtige Dinge aufschreiben, werden sie greifbar, lassen sich jederzeit nachvollziehen und bieten Ihnen umso mehr Kraft und Motivation Ihre Ziele weiter zu verfolgen. Durch Schreiben wird das Gedachte festgehalten; die Theorie wird praktisch erfahrbar und lässt sich umso leichter verändern.

Wie entsteht Stress?

Gelegentlicher Stress kann durchaus anregend und kräftigend wirken, denken Sie zum Beispiel an sportliche Betätigung: Niemand käme auf die Idee, sein Fitnesstraining im gleichen Sinne als stressig zu bezeichnen wie etwa einen anstrengenden Vormittag im Büro, wenn alle fünf Minuten das Telefon klingelt oder eine neue Anforderung an Sie herangetragen wird. Eine Situation wird jedoch in dem Moment zu belastendem Stress, wo Sie sich von ihr überfordert fühlen. Das kann auf verschiedenen Ebenen geschehen:

- Sie haben viel zu erledigen und nur wenig Zeit.
- Sie möchten etwas ganz besonders gut machen.

- Es kommt etwas Unerwartetes dazwischen, das Ihre ursprünglichen Pläne durchkreuzt.

- Sie sehen sich mit einer besonders schwierigen Aufgabe konfrontiert.

- Sie werden andauernd unterbrochen und abgelenkt.

- Sie haben andere Dinge im Kopf oder sind durch private Sorgen belastet.

- Sie fühlen sich kraftlos und überfordert, vielleicht sogar krank.

- Sie sollen eine wichtige Entscheidung treffen, haben aber nicht die Informationen, die Sie dafür bräuchten.

- Irgendjemand fängt plötzlich Streit mit Ihnen an.

Äußere und innere Anforderungen wachsen Ihnen über den Kopf und scheinen nicht mehr zu enden. Schließlich reagieren Sie nur noch wie ein Roboter und versuchen mehr zu geben als Sie überhaupt noch geben können. Damit überfordern Sie Ihre Leistungsfähigkeit, der Körper reagiert mit entsprechenden Stresssymptomen wie innerer Unruhe, Reizbarkeit, Kopfschmerzen, Zittern, Herzklopfen oder sogar Herzrasen, Nervosität, Schwindelgefühlen, Angstzuständen und so weiter.

Diesen Reaktionen können Sie Einhalt gebieten, im besten Fall lassen Sie es gar nicht erst so weit kommen. Denn auf Dauer ist kein Mensch einer solchen Anspannung gewachsen – der Organismus wird über kurz oder lang die ersten Alarmzeichen aussenden.

Leiden Sie unter Stress?

Jeder Mensch hat seine eigenen Kriterien, nach denen er etwas als Anstrengung empfindet. Manche kommen erst so richtig in Fahrt und blühen zusehends auf, wo andere bereits „voll im Stress" sind. Wieder andere sind in bestimmten Bereichen besonders empfindlich und reagieren hier außergewöhnlich schnell mit körperlichen Stresssymptomen. Testen Sie hier, ob und wie sehr Sie unter Stress leiden:

Checkliste: Wann geraten Sie in Stress?

Entscheiden Sie bei den folgenden Aussagen, ob Sie in solchen Momenten immer (3 Punkte), häufig (2 Punkte) oder eher selten (1 Punkt) in Stress geraten:

Situation	Punkte
▪ Sie verpassen den Bus, Zug o.Ä.	
▪ Ihr Vorgesetzter lässt Sie zu sich rufen.	
▪ Sie bekommen an Ihrem Arbeitsplatz eine neue Aufgabe zugewiesen.	
▪ Sie müssen nach Feierabend noch einkaufen gehen.	
▪ Sie haben Streit mit Ihrem Partner/Ihrer Partnerin.	
▪ Ihnen wird bewusst, dass Sie bei Ihrer Tätigkeit große Verantwortung tragen.	

Situation	Punkte

- Sie haben akute Geldsorgen.

- Sie denken, dass Sie Ihre Arbeit sowieso nicht gut genug machen.

- In der Post ist ein Brief vom Finanzamt.

- Sie fühlen sich, als sei eine Grippe im Anmarsch.

- Sie fahren auf der Straße an einem Auffahrunfall mit Blechschaden vorbei.

- Sie müssen sich auf eine wichtige und dringende Arbeit konzentrieren, als plötzlich das Telefon klingelt.

- Ihr Fernseher gibt genau während der Abendnachrichten den Geist auf.

- Ihrem Partner wird die Arbeitsstelle gekündigt.

- Es ist schon spät und Sie müssen noch bis morgen eine wichtige Präsentation vorbereiten.

- Sie merken, dass die Arbeit, die Sie gerade tun, für Ihr Empfinden noch nicht gut/exakt genug ist.

- Sie fühlen sich in Konkurrenz zu einer anderen Person.

- Sie müssen wichtige Erledigungen nach Prioritäten ordnen, wollen aber nichts aufschieben.

Situation	Punkte

- Sie wachen nachts auf und können nicht mehr einschlafen, obwohl Sie sehr müde sind.

- Sie werden von Ihrem Vorgesetzten gebeten, wegen des hohen Arbeitsanfalls Überstunden zu machen.

- Sie wollen ein wichtiges und zeitaufwendiges Projekt noch zu Ende bringen, deshalb aber keinesfalls auf Ihre Freizeit verzichten.

- Sie fühlen sich in Vorstellungen und Ansprüchen gefangen, die Ihre Umgebung an Sie hat.

Gesamtpunktzahl:

Auswertung: Wie Sie mit Stress umgehen

22-36 Punkte:

Gratulation! Sie haben den Stress meistens im Griff und wissen Ihre Kräfte gut einzuteilen. Sie spüren instinktiv, wo die innere Anspannung für Sie gut und nützlich ist und wo sie sich nicht lohnt, weil sich dadurch nichts ändern lässt. Gönnen Sie sich trotzdem immer wieder bewusst kleine Verschnaufpausen.

37-51 Punkte:

Ihr Stressgefühl ist gut ausgeprägt, andererseits muten Sie sich auch eine ganze Menge zu. Achten Sie darauf, dass Sie rechtzeitig spüren, wann Ihnen etwas zu viel wird und Sie zu überfordern droht. Machen Sie immer wieder kleine Pausen und reagieren Sie möglichst schnell schon auf kleinste Anzeichen von Stress und Unwohlsein.

52-66 Punkte:

Sie haben ein hohes Stressempfinden und fühlen sich leicht bis an die Grenzen Ihrer Leistungsfähigkeit und darüber hinaus gefordert. Für Sie ist es wichtig, sich klar zu machen, dass Sie Ihr Möglichstes tun, um die Anforderungen zu erfüllen: Mehr geht beim besten Willen nicht, ohne dass Sie sich Ihre Gesundheit und Ihre Lebensfreude völlig ruinieren. Die beste Voraussetzung für die Erhaltung bzw. Wiederherstellung Ihrer Leistungsfähigkeit liegt darin, dass Sie sich selbst nicht so oft unter Druck setzen,

1 immer

2 alles

3 optimal

erledigen zu wollen. Dazu werden wir Ihnen später noch ein paar konkrete Tipps geben.

Stressempfinden ist subjektiv

Vielleicht haben Sie bemerkt, dass Sie bei einigen Fragen zwischen zwei Bewertungen schwankten, und vielleicht würden Sie sogar ein und dieselbe Frage unterschiedlich beantworten, wenn Sie sie in ein paar Tagen noch einmal ansehen.

Die Einschätzung, ob etwas als stressig empfunden wird, hängt von sehr vielen Faktoren ab. Schon das täglich wechselnde (Wohl-)Befinden kann eine Rolle spielen: Wenn Sie schlecht geschlafen haben, sind Sie schneller reizbar als nach zehn Stunden tiefem, erholsamem Nachtschlaf. Wenn Sie sowieso schon im Stress sind, ist eine Kleinigkeit, die Sie normalerweise nicht kümmern würde, vielleicht schon der nächste Auslöser für innere Unruhe und Nervosität.

Wann ist Stress gesund?

Ein bestimmtes Maß an Spannung ist notwendig und gesund. Auch in eindeutigen Gefahrensituationen ist es wichtig, dass der Körper schnell und zuverlässig funktioniert, dass er eine große Menge Adrenalin ausschüttet und so die Reaktionsfähigkeit gewährleistet, die Sie in dieser Situation benötigen.

Stress hilft schnell zu reagieren

Denken Sie zum Beispiel an eine brisante Situation im Straßenverkehr: Sie erschrecken, treten intuitiv und blitzschnell auf die Bremse – und schon ist die Gefahr vorüber. Dank der Stressreaktion Ihres Körpers konnten Sie sich selbst helfen.

Auch in weniger gefährlichen Momenten ist es oft von Nutzen, über eine besondere Anspannung und Wachheit zu verfügen, um wichtige Informationen schnell aufnehmen und umsetzen zu können, so zum Beispiel

- in einer Prüfungssituation,
- bei wichtigen Gesprächen mit Kollegen oder Vorgesetzten,
- im Straßenverkehr,
- bei Telefonaten mit Kunden,

- im Umgang mit Dienstleistern und Behörden oder

- wenn es um finanzielle Fragen und Sachverhalte geht.

Selbst in Situationen, die Sie mit dem Begriff „Stress" eher nicht in Verbindung bringen würden, reagiert der Körper oft mit der gleichen Anspannung wie in den eben beschriebenen Beispielen. Nur registrieren Sie das nicht, weil Sie die äußeren Gegebenheiten als eher angenehm empfinden und sich zunächst nicht überfordert fühlen.

„Wohlfühlstress"

Denken Sie einmal zurück, als Sie eine besonders schöne Situation in Ihrem Beruf erlebten, vielleicht eine Beförderung, ein Lob oder einfach ein angenehmes Gespräch mit Ihrem Vorgesetzten – oder als Sie das letzte Mal verliebt waren.

In solchen Momenten sind Sie hellwach und vollkommen präsent. Gleichzeitig geht Ihr Puls schneller, Sie spüren vielleicht Ihr Herz kräftig schlagen, haben feuchte Hände, zitternde Knie – die gleichen Symptome wie bei „echtem" Stress. Aber in diesem Fall sind sie sogar gesund für Ihren Organismus und fördern ein klares, deutliches Erleben der jeweiligen Situation.

„Echt gestresst" fühlen Sie sich meistens erst dann,

- wenn Sie die jeweilige äußere Situation als anstrengend empfinden,

- wenn die Anspannung länger andauert und

- wenn Sie sich ab einem gewissen Punkt überfordert fühlen.

In diesem Moment gelingt es Ihnen selten, kurz innezuhalten und wieder etwas „herunterzuschalten". Meistens sieht die Reaktion anders aus: Sie investieren eher noch mehr Energie, um die anstrengende Situation möglichst schnell zu beenden und geraten so in eine Art Teufelskreis, wo im Kampf gegen den Stress neuer Stress entsteht.

Warum Entspannung so wichtig ist

In der heutigen Berufswelt kann die Wichtigkeit der Entspannung gar nicht stark genug betont werden. Regelmäßig vom Alltag abzuschalten, in welcher Form auch immer, ist der notwendige Gegenpol zu den vielen Stressoren, die Ihnen täglich begegnen.

Das natürliche Gleichgewicht finden

Wichtig für Ihre körperliche und seelische Gesundheit ist es nun, dass Sie einerseits ein natürliches Gleichgewicht zwischen „echtem" und „gesundem" Stress finden, andererseits aber auch zwischen jeglicher Art von Anspannung und Zeiten völliger Entspannung.

In der Natur finden Sie diese Polarität an vielen Stellen: Sommer und Winter, Tag und Nacht, Wachen und Schlafen – um nur wenige Beispiele zu nennen – sind solche Paare, die einander voraussetzen, sonst könnten sie nicht existieren. Und genauso gehören Anspannung und Entspannung zusammen; das eine kann ohne das andere nicht sein.

Wenn Sie nur noch im Stress leben, wird Ihr Körper eines Tages nicht mehr mithalten können; Herzinfarkt und Schlaganfall sind die Folge. Andererseits können Sie auch nicht nur in der Entspannung sein, sonst verliert Ihr Organismus seine natürliche Spannkraft und Vitalität. Das gesunde Mittelmaß ist also der entscheidende Faktor.

Was tun Sie gegen Stress?

Wie verhalten Sie sich, wenn Sie sich gestresst fühlen? Vielleicht kommt Ihnen die eine oder andere der folgenden Möglichkeiten bekannt vor:

- Sie arbeiten noch ein wenig schneller, um Zeit zu gewinnen oder dem Zeitdruck zu begegnen.
- Sie beklagen sich bei Ihrem Partner oder einem Freund/einer Freundin über Ihre Belastung.
- Sie gönnen sich etwas besonders Gutes zu essen, um sich zu motivieren oder zu belohnen.
- Sie zünden sich erst einmal in aller Ruhe eine Zigarette an.
- Sie versuchen sich Ihre Nervosität nicht anmerken zu lassen.
- Sie nehmen ein Beruhigungsmittel ein.

All dies sind natürlich, wenn überhaupt, nur kurzfristige Lösungen, die schon beim nächsten Stressanfall nicht mehr wirksam sind oder einer Steigerung bedürfen. Notwendig ist aber eine längerfristig wirksame Strategie, mit deren Hilfe sich der Stress dauerhaft verringern lässt.

Aufgabe: Wie reagieren Sie auf Stress?

Denken Sie an ein paar Gegebenheiten, die bei Ihnen leicht Stress auslösen. Wie verhalten Sie sich da? Notieren Sie vier bis fünf Reaktionen, die Sie von sich gut kennen. Sie brauchen diese Liste für Ihre persönliche Anti-Stress-Strategie.

1 _____

2 _____

3 _____

4 _____

5 _____

Die Anti-Stress-Strategie

Wer viel unter Stress leidet sollte eine persönliche Anti-Stress-Strategie entwickeln. Hier geht es darum, die persönlichen Stressoren ausfindig zu machen und nach und nach gezielt abzubauen.

Auf den ersten Blick unterscheiden wir zwei Arten von Stressoren:

- äußere Stressoren wie Zeitdruck, Anweisungen an der Arbeitsstelle, eine belastende finanzielle Hintergrundsituation usw.

- innere Stressoren wie das eigene (übersteigerte) Verantwortungsgefühl, Versagens- oder Verlustängste, Konkurrenzgefühle usw.

Äußere und innere Stressoren unterscheiden

Die äußeren Stressauslöser sind naturgemäß leichter zu erkennen; ihnen begegnen Sie am ehesten durch einen effektiven Einsatz von Zeit und Energie. „Optimiertes Selbstmanagement" lautet hier das Schlagwort. (Darauf werden wir im dritten Abschnitt noch ausführlich eingehen, siehe Kapitel „Stressfaktoren gezielt abbauen".)

Die inneren Stressoren lassen sich schon schwieriger durchschauen – ist es doch im Allgemeinen viel einfacher die Schuld auf die anderen zu schieben: Lieber sind der Chef, der Partner, die Kinder, die Angestellten, der Busfahrer, die Putzfrau usw. Schuld daran, dass Sie in Stress geraten, als dass Sie sich eingestehen, dass es im Moment Ihr eigener Perfektionismus ist, der Sie unter Druck setzt. Hier lässt sich nichts einfach anders organisieren, delegieren oder auf später verschieben; hier sind es oftmals eher die eigenen diffusen Gefühle, die die Empfindung von Stress und Überforderung hervorrufen.

Doch auch solchen Stressauslösern lässt sich wirksam entgegenwirken: Wenn Sie sich regelmäßig bewusst entspannen und auf Ihre inneren Werte besinnen, werden Sie bald feststellen, dass Sie sehr viel weniger innere Anspannung verspüren und sich insgesamt wohler und leistungsfähiger fühlen.

In vier Schritten zur persönlichen Strategie

Jeder kann und muss seine eigene Strategie ausfindig machen, es gibt keine allgemein gültigen Anweisungen. Deshalb sollten Sie zunächst eine genaue Vorstellung von Ihren persönlichen Stressauslösern bekommen.

Aufgabe: Beobachten Sie sich

 Beobachten Sie sich in den nächsten Tagen und Wochen und notieren Sie möglichst viele Situationen, in denen Sie sich angespannt oder gestresst fühlen.

Versuchen Sie, Gemeinsamkeiten zwischen diesen Situationen zu entdecken. Welches sind äußere, welches innere Stressoren?

Nach einer gewissen Zeit wird sich Ihr persönliches Stressprofil abzeichnen. Dann werden Sie die auslösenden Situationen immer schneller als solche erkennen und ihnen entgegenwirken können.

In vier Schritten zur persönlichen Strategie
1. Sie beobachten sich eine Zeit lang und finden heraus, wo genau Ihre persönlichen Stressoren liegen.
2. Sie unterscheiden äußere, konkrete und innere, eher abstrakte Stressoren.
3. Die äußeren verringern Sie durch verbesserte (Selbst-) Organisation.
4. Die inneren lindern Sie durch regelmäßige aktive Entspannung.

Gleichzeitig können Sie schon jetzt beginnen etwas für Ihr Wohlbefinden zu tun. In den folgenden Kapiteln zeigen wir Ihnen, wie Sie auf die verschiedensten Weisen dem Stress begegnen und sich entspannen können. Denn ganz wesentlich für die Stressbewältigung ist die Art, wie Sie dem Stress begegnen. Extreme Anstrengung muss nicht zwangsläufig krank machen. Eine viel größere Gefahr für die körperliche und seelische Gesundheit ist eine falsche Einstellung.

Ob Sie sich über neue Aufgabenstellungen und -gebiete eher freuen oder nicht, ob Sie Erfolg ausschließlich über die Anerkennung anderer definieren oder nicht und ob Sie Schicksal als etwas Gottgewolltes oder als Aufgabe begreifen – all diese Faktoren spielen bei der Stressbewältigung eine Rolle.

> Wie auch immer Ihre Einstellung zu Stress ist – sie ist nicht unabänderlich, sondern Sie können sie verändern!

Helfen Medikamente?

Oftmals scheint es eine schnelle Erleichterung zu sein, sich bei großem Stress vom Arzt Beruhigungspillen verschreiben zu lassen: Sie holen sich das Medikament einfach in der Apotheke ab und haben sofort die Patentlösung stets griffbereit in der Hosentasche. Wenn es Ihnen zu anstrengend wird, Sie sich aufregen oder nicht mehr weiter wissen: schnell eine kleine Tablette, und die Welt ist wieder in Ordnung.

Ist sie das? Im Allgemeinen nicht. Sicherlich gibt es auch einige wenige Fälle, wo eine medikamentöse Behandlung sinnvoll und angebracht ist, zum Beispiel in einer akuten Krise, wenn keine anderen Möglichkeiten zur Verfügung stehen. Aber das dürfte eher die Ausnahme sein.

Normalerweise haben Beruhigungspillen eher Nachteile für Sie:

- Die Medikamente wirken meist nur kurzfristig; in der nächsten ähnlichen Situation sind Sie wieder genauso angespannt und hilflos.

- Der schnelle bequeme Griff zur Schachtel verhindert, dass Sie sich selbst eine mittelfristig wirksame Lösung oder Strategie überlegen.

- Sie geben die Verantwortung für Ihr Wohlbefinden aus der Hand.

- Beruhigungspillen dämpfen meist gleichzeitig die Wachheit und Reaktionsfähigkeit, so dass Sie deutliche körperliche Einschränkungen erfahren.

- Mit der Zeit gewöhnen Sie sich an das Mittel und seine Wirkung lässt nach. Sie brauchen etwas Stärkeres und geraten langsam in einen Kreislauf von Abhängigkeit und Sucht.

Viel wirksamer und effektiver ist es, sich nach einer mittelbis langfristig wirksamen Methode umzusehen, mit deren Hilfe es Ihnen immer wieder gelingen kann, den Stress aus eigener Kraft in seine Schranken zu verweisen und an den Herausforderungen, die sich Ihnen dabei stellen, innerlich zu wachsen.

Soforthilfe gegen Stress

Haben Sie schon einmal mit Gummibärchen Ihre innere Ruhe wiedergewonnen – ganz ohne Kalorienzufuhr? Es gibt wirksamere Techniken, um Ärger, Einschlafschwierigkeiten und andere Stresssymptome in den Griff zu bekommen.

In diesem Kapitel erfahren Sie, wie Sie

- sich in einer zehnminütigen Pause optimal regenerieren,
- Ihren Körper stressresistent machen,
- Ihr Gehirn zur Stressbewältigung nutzen und
- bewusst Freiräume nutzen.

Fit in zehn Minuten

Je größer der Zeitdruck ist, unter dem Sie stehen, umso wichtiger ist es, dass Sie sich regelmäßig etwas Zeit zum Auftanken nehmen. Das mag zunächst widersprüchlich klingen, doch bei genauerem Überlegen werden Sie feststellen, dass etwas Wahres daran ist: Denn je öfter Sie das Gefühl haben, dass Sie über Ihre Zeit nicht mehr selbst verfügen können, weil so viele Ansprüche von außen bestehen, umso wohltuender ist die Erfahrung, dass Sie trotzdem immer noch in der Lage sind, sich Ihre Prioritäten selbst zu setzen. Und sei es auch nur für zehn Minuten am Tag.

Es ist wissenschaftlich nachgewiesen, dass Sie durch zehn Minuten Pause – wenn sie auf die richtige Art gestaltet werden – dieselbe Erholung erfahren können, als wenn Sie eine Stunde Mittagsschlaf halten.

Zeit investieren – Zeit gewinnen

Diese zehn Minuten sollten Sie sich regelmäßig gönnen, um ganz bewusst abzuschalten. Dafür stehen Ihnen viele verschiedene Möglichkeiten zur Verfügung. Sie können eine Entspannungsmethode anwenden, die Sie gelernt und konsequent eingeübt haben (s. Kapitel „Aktiv entspannen für mehr Wohlbefinden"). Sie können sich genauso gut mit kleinen Sofortmaßnahmen behelfen, wie wir sie in diesem Kapitel näher beschreiben werden. Wichtig ist bei alledem nur, dass Sie es regelmäßig tun.

Wenn Sie Ihrem Stress ernsthaft begegnen wollen, und davon gehen wir aus, sollten Sie auch möglichst sofort damit beginnen.

Aufgabe: Auszeit nehmen

 Nehmen Sie sich gleich heute zehn Minuten nur für sich allein und tun Sie in dieser Zeit etwas, das Ihnen gut tut, so dass Sie sich anschließend wohler und entspannter fühlen. Notieren Sie in Ihrem Buch, was Sie getan haben.

Nehmen Sie sich diese kleine Auszeit auch in den nächsten Tagen regelmäßig und halten Sie schriftlich fest, was Sie jeweils tun um sich zu entspannen.

Wichtig ist, dass Sie sich diese kleinen Pausen auch wirklich gönnen und nicht in Ihrem Innern mit sich selbst uneins sind. Natürlich hätten Sie in dieser Zeit das eine oder andere erledigen oder vorantreiben können, aber wenn Sie sich – mit gutem Gewissen! – kurz ausklinken, können Sie anschließend mit neuen Kräften umso effektiver weiter arbeiten.

Falls Sie befürchten, dass Sie die Pause aus Versehen zu lange ausdehnen und dadurch zu viel Zeit verlieren, versuchen Sie es einmal mit den folgenden Hilfestellungen:

- Sie stellen einen Kurzzeitwecker auf zehn bis zwölf Minuten ein.
- Wenn Sie Radio hören, können Sie beispielsweise die Werbeminuten vor den Nachrichten zum Entspannen nutzen und bei den Nachrichtenmeldungen wieder ins Tagbewusstsein zurückkehren.

- Am angenehmsten ist es, wenn Sie sich ein Musikstück aussuchen, das etwa die Länge der gewünschten Pause hat, und diesem zuhören können.

Das hätte den weiteren Vorteil, dass Ihr Unterbewusstsein sich an genau diese Musik gewöhnt und sie im Laufe der Zeit mit dem Gefühl von Pause und Entspannung verbindet. Dadurch intensiviert sich der gewünschte Effekt ganz von alleine.

Ihr Organismus nutzt und genießt diese kleine Pause, vor allem, wenn sie mitten im Arbeitstag stattfindet, und er wird es Ihnen mehr danken, als wenn Sie durchhalten und abends eine halbe Stunde früher mit der Arbeit aufhören.

Die richtige Balance

Vieles im Leben besteht in einer Dualität: Tag und Nacht, Theorie und Praxis, Winter und Sommer, Ebbe und Flut, Mann und Frau – jedes dieser Paare bildet ein Gleichgewicht, keiner der Pole kann auf Dauer ohne den anderen sein.

Ebenso verhält es sich auch mit den Polaritäten Beruf und Privatleben, Arbeit und Freizeit sowie Anspannung (Stress) und Entspannung. Auch hier muss ein Gleichgewicht geschaffen werden. Wir können nicht ständig unter Dauerstress leben; dafür ist unser Organismus nicht gerüstet. Gerät das Gleichgewicht so aus dem Lot, werden wir unausgeglichen oder krank. Genauso wenig kann jemand im Normalfall andauernd in der völligen Entspannung verweilen (außer vielleicht ein Yogi oder ein Erleuchteter ...). Dann fehlt der Reiz, die Aktivität, die Lebendigkeit. Die goldene Mitte heißt hier

„Balancing": bewusstes und gezieltes Hin-und-her-Pendeln zwischen den beiden Extremen.

Aufgabe: Wie oft entspannen Sie sich?

Erstellen Sie eine Tabelle „Beruf/Privatleben" und tragen Sie in beide Spalten ein, was Sie an einem normalen Tag/in einer normalen Woche erledigen (müssen) und wie viel Zeit Sie jeweils dafür investieren.

Sie können sich auch eine Woche lang beobachten und jeden Abend notieren, wie Sie den Tag zugebracht haben. Schreiben Sie genau auf, wie viel Zeit Sie sich für Dinge genommen haben, bei denen Sie sich erholen oder entspannen können.

Wahrscheinlich werden Sie feststellen, dass die Situationen, die mit Entspannung zu tun haben, einen verschwindend geringen Teil Ihres Tagesablaufs ausmachen. Dann sollten Sie dringend damit beginnen etwas für Ihr Wohlbefinden zu unternehmen.

Auf Warnsignale achten

Wenn Sie auf Dauer nur noch unter Stress stehen und kein inneres Gleichgewicht mehr finden oder herstellen können, ist Ihr Organismus eines Tages total überfordert. Viele überhören und übersehen schon die ersten kleinen Warnsignale: Nervosität, Schlafstörungen oder Verdauungsbeschwerden zeigen an, dass die Balance zwischen Anstrengung und Erholung nicht mehr stimmt.

Sie können dann einfach weiterleben wie bisher, vielleicht die Symptome mit irgendwelchen Medikamenten unter Kontrolle bringen. Doch dann machen Sie sich selbst etwas vor, denn Sie stellen ja dadurch noch keine Balance zwischen Anspannung und Entspannung her. Genau darauf aber käme es jetzt an.

Sehr wahrscheinlich wird Ihnen längst nicht alles zusagen, was wir Ihnen in den folgenden Kapiteln an Anregungen und Übungen vorstellen werden. Aber das ist ganz normal; jeder Mensch hat seinen eigenen Weg, mit Anspannungen umzugehen und sie wieder aufzulösen. Und so werden auch Sie mit der einen oder anderen Methode sehr gut zurechtkommen und mit anderen Ideen nichts anfangen können.

Experimentieren Sie ein wenig, probieren Sie aus, was Sie anspricht, und stellen Sie im Laufe der Zeit Ihr eigenes, ganz persönliches Repertoire an Entspannungsmöglichkeiten zusammen. Nur das, was Ihnen wirklich zusagt, werden Sie auch dauerhaft in Ihren Alltag integrieren.

Wenn Sie es wirklich schaffen, sich täglich zehn Minuten Zeit für Ihr inneres Wohlbefinden und die Erhaltung Ihrer Leistungsfähigkeit zu nehmen, werden Sie sehen, dass Sie dadurch im Endeffekt Zeit gewinnen: Sie werden wacher, mental belastbarer und insgesamt gelassener sein. Regelmäßiges bewusstes Entspannen kann wahre Wunder wirken. Wichtig ist, dass Sie damit anfangen – am besten gleich heute!

Körperlich gewappnet gegen Stress

Ein rücksichtsvoller Umgang mit dem Körper und seinen Bedürfnissen kann Stress zwar nicht beseitigen, vor allem nicht den Stress, der von außen kommt. Aber er trägt dazu bei, dass die inneren Anspannungen und die daraus resultierenden Beschwerden nicht plötzlich überhand nehmen. Solange Sie sich das notwendige Pensum an Schlaf gönnen, sich einigermaßen gesund ernähren und ab und zu ein wenig sportlich bewegen, schaffen Sie schon wichtige Voraussetzungen dafür, dass Ihr Organismus Sie auch bei kurzfristig stärkerer Beanspruchung nicht so schnell im Stich lässt.

Schlafen Sie sich fit!

Die einfachste Art sich zu entspannen ist der Schlaf. Wenn Sie morgens ausgeschlafen und erholt aufwachen, haben Sie die besten Voraussetzungen, Ihr Tagespensum in Gelassenheit zu meistern.

Ein gesunder und regelmäßiger Schlaf stärkt das Immunsystem und beugt der Anfälligkeit für Krankheiten vor, so dass Ihnen auch der tägliche Stress ein wenig leichter erscheint. Wenn Sie dagegen übernächtigt und unausgeschlafen in den Tag gehen, kommt Ihnen auch die kleinste Kleinigkeit schnell wie eine große und fast nicht zu bewältigende Belastung vor.

Aufgabe: Notieren Sie Ihre Schlafgewohnheiten

Beobachten Sie einmal eine Woche lang, wie viel Sie tatsächlich schlafen. Notieren Sie die Zeiten und stellen Sie auch fest, ob Sie sich jeweils ausgeschlafen und fit fühlen.

Wenn Sie eine akute Stressphase schnell und deutlich lindern wollen, kann es ein erster Schritt sein, dass Sie sich ab sofort die Zeit nehmen und abends etwa eine halbe bis ganze Stunde früher ins Bett gehen als gewöhnlich. Gönnen Sie sich diesen Luxus, auch wenn noch wichtige Arbeit auf Sie wartet. Ihr Organismus wird es Ihnen danken: Sie werden am nächsten Tag mit frischen Kräften an Ihre Aufgaben gehen können.

Falls Sie nicht sofort einschlafen können, sorgen Sie dafür, dass Sie nicht über Ihre Arbeit oder irgendwelche Probleme nachgrübeln. Lesen Sie ein spannendes Buch oder hören Sie sich schöne Musik an, aber legen Sie sich dazu ins Bett und machen Sie wirklich Feierabend.

Übrigens: Das Fernsehprogramm eignet sich ausgesprochen schlecht zum ruhigen, bewussten Entspannen, denn meistens lassen Sie sich nur berieseln, ohne selbst etwas wirklich aufzunehmen geschweige denn zu genießen. Hinzu kommt, dass die meisten abendlichen Unterhaltungssendungen weder entspannend noch sonderlich anspruchsvoll sind; die zahlreichen Werbeunterbrechungen sorgen überdies für noch mehr Reizüberflutung.

Bewegung ist das A und O

Was für den Schlaf gilt, gilt auch für das Thema Bewegung: Durch regelmäßiges Engagement in diesem Bereich können Sie den Stress schon spürbar lindern. Hand aufs Herz: Treiben Sie Sport? Wie oft? Wie gerne?

Es gibt zahlreiche Möglichkeiten, in Vereinen, Fitnessstudios, Volkshochschulen oder auch für sich alleine Sport zu treiben. Da ist mit Sicherheit für jeden Geschmack, Geldbeutel und

Zeitwunsch etwas dabei – vorausgesetzt, dieses Thema ist Ihnen wichtig genug.

Wahrscheinlich brauchen wir Ihnen nicht zu erzählen, welche gesundheitlichen Vorteile es hat, wenn Sie Ihren Körper durch Bewegung fit halten. Aber haben Sie auch schon einmal registriert, dass, während Sie Sport treiben, die Gedanken an Arbeit oder Stress plötzlich wie weggeblasen sind? Ihr Geist bekommt gewissermaßen eine Auszeit, während der er sich nicht mehr auf die Anstrengungen und Sorgen des Alltags konzentrieren kann – weil er sich immer nur mit einer Sache befasst. Versuchen Sie einmal an zwei verschiedene Dinge wirklich exakt gleichzeitig zu denken – das ist unmöglich! Sie schaffen es höchstens diese beiden Gedanken kurz hintereinander zu denken.

Und so ist Ihr Geist, während Sie Sport treiben, damit beschäftigt, Ihre Bewegungsabläufe zu koordinieren. Sie folgen den Anweisungen einer Übungsleiterin, zählen in Gedanken die Wiederholungen eines Bewegungsablaufs oder konzentrieren sich auf den Spielverlauf – und deshalb hat Ihr Geist in dieser Zeit keine Kapazitäten mehr frei, sich Sorgen zu machen oder an etwas Stressiges zu denken.

Lieber einen Spaziergang als noch einen Kaffee

Unter Sport treiben verstehen wir nicht zwangsläufig Leistungs- oder Mannschaftssport; im Grunde genügt es auch, wenn Sie regelmäßig eine halbe Stunde flott spazieren gehen. Solange der Körper in Bewegung ist, kann auch der Geist nicht einrosten oder sich auf ein Problem fixieren; durch die äußere Lebendigkeit kommt sogar oftmals auch Bewegung in festgefahrene Gedankenabläufe – ganz abgesehen davon, dass der Sauerstoff während dieser Zeit Ihre Gehirnzellen mit neuer Energie versorgt.

Wenn Sie sich abgespannt und erschöpft fühlen, probieren Sie die folgenden Anregungen einmal für sich aus:

- Machen Sie nach dem Mittagessen einen kurzen, möglichst flotten Spaziergang, statt in der Kantine in abgestandener Luft noch einen Kaffee zu trinken.

- Wenn Sie wütend sind und nicht so recht klar sehen, machen Sie einen kurzen Dauerlauf (10-15 Minuten).

- Tanzen Sie etwa zehn bis fünfzehn Minuten zu flotter Musik.

- Hüpfen Sie zehn Minuten lang Springseil.

Sie werden schnell feststellen, dass Sie sich anschließend viel wohler in Ihrer Haut fühlen: Sie spüren Ihren Körper stärker und dadurch ist die Balance Körper-Geist wieder ausgeglichener, die geistigen Anstrengungen bekommen automatisch weniger Gewicht – der Stress lässt spürbar nach!

Ernährungstipps

Um es vorab zu sagen: Die allgemeine Zauberformel gibt es nicht. Aber solange Sie sich gesund ernähren und Ihr Körper die Vitamine und Nährstoffe erhält, die er für eine optimale Funktion braucht, wird sich der Stress nicht so schnell auf Ihre Gesundheit auswirken.

Ernährungsspezialisten empfehlen grundsätzlich, in Stresszeiten öfter kleinere Mahlzeiten zu sich zu nehmen. Wer angespannt ist, hat entweder gar keinen Appetit und wird im Laufe der Zeit umso kraftloser, oder es entsteht ein plötzlicher Heißhunger, der dazu verführt, irgendetwas – meist ungesundes Fastfood – in sich hineinzuschlingen. Beiden Gefahren beugen Sie vor, wenn Sie mit kleinen Snacks den Energiepegel regelmäßig anheben. Wenn Sie tagsüber kleine Portionen essen, lässt auch das Hungergefühl nach und Sie sind deutlich weniger anfällig für plötzliche Gelüste.

Im Folgenden sehen Sie eine kleine Auswahl an wichtigen Nährstoffen, die dazu beitragen, dass Ihr Organismus den Stress besser verkraftet:

- **Kalium** fördert die geregelte Funktion der Nerven; es findet sich u.a. in Orangen, Aprikosen, Getreide, Nüssen, Gemüse, Geflügel, Milch und Käse.

- **B-Vitamine** unterstützen die Widerstandsfähigkeit gegen Angstzustände, Stimmungsschwankungen und Reizbarkeit; sie sind enthalten in Fisch, Avocados und Kartoffeln.

- **Vitamin B1** (Thiamin) vermindert Depressionen; es kommt vor in Reis, Bohnen, Sonnenblumenkernen und Getreide.

- **Magnesium** sorgt für den allgemeinen Schutz des Körpers vor Anspannung; es findet sich in Artischocken, Mangold, Spinat, Weizenkeimen, Sojabohnen, Bananen und Erdnüssen.

Vergessen Sie nicht, auch regelmäßig genügend zu trinken. Ernährungswissenschaftler fordern, jeden Tag mindestens zwei Liter Flüssigkeit zu sich zu nehmen. Vor allem Wasser und Fruchtsäfte unterstützen den Körper beim Stoffwechsel und sorgen dafür, dass organische (und oft auch geistige) Prozesse „im Fluss" bleiben.

Analytische und kreative Potenziale nutzen

Wenn Sie in Stress geraten, befinden Sie sich in einer Situation, die Ihre sämtlichen Energien erfordert. In solchen Situationen neigt der Organismus dazu, automatisch nur eine Gehirnhälfte zu nutzen, nämlich die linke. Diese hält sich gerne an vorgegebene Strukturen, sie arbeitet am liebsten linear, das heißt Schritt für Schritt und streng nach dem Prinzip von Ursache und Wirkung. Hier wird gerechnet, gelesen, gesprochen und analysiert.

Die rechte Gehirnhälfte dagegen ist der Sitz von Fantasie, Kreativität, Bildern, Gefühlen und Intuitionen. Viele Menschen haben es heute verlernt, auch diese Seite optimal zu nutzen. Doch erst, wenn beide Teile zusammenwirken, können Sie Ihre Kapazitäten voll und ganz ausschöpfen. Erst dann haben Sie die Möglichkeit, den anstrengenden Moment wirklich an der

Wurzel aufzulösen und ihn nicht nur oberflächlich zu analysieren und durchzustehen.

Vom Alltagsdenken lösen

Zur Linderung von Anspannung und Stress ist es empfehlenswert, etwas zu unternehmen, damit die beiden Ebenen wieder miteinander ins Gleichgewicht kommen. Hier bieten wir Ihnen die folgenden Anregungen:

Aufgabe: Der perfekte Tag

 Nehmen Sie sich zehn Minuten Zeit und stellen Sie sich vor, Sie könnten den morgigen Tag ganz für sich gestalten. Sie brauchen auf nichts und niemanden Rücksicht zu nehmen; Zeit, Geld, Arbeit und alle anderen Strukturen, in die Sie normalerweise eingebunden sind, spielen morgen keine Rolle – Sie alleine sind maßgeblich. Was wollen Sie gerne tun? Notieren Sie alles, was Ihnen dazu einfällt!

Lösen Sie sich von Ihrem Alltagsdenken und lassen Sie Ihrer Fantasie Flügel wachsen. Denken Sie an all die schönen, außergewöhnlichen, vielleicht sogar absurden oder verrückten Dinge, die Sie schon immer einmal tun wollten ...

Dieser Ausflug in die Fantasie stellt die Balance zwischen der „logischen" und der „emotionalen" Gehirnhälfte wieder her, und Sie können anschließend über Ihre geistigen Kapazitäten in vollem Umfang verfügen.

Die Thymusdrüse aktivieren

Einen ähnlichen Effekt bietet das leichte Klopfen der Thymusdrüse. Sie stellt als Hormonproduzentin eine Verbindung zwischen Körper und Geist her. Bei Stress und Anspannung zieht sie sich zusammen und stellt Ihre Tätigkeit ein. Durch leichtes Trommeln lässt sie sich wieder aktivieren und harmonisiert die beiden Gehirnhälften; anstrengende Gedanken und Gefühle werden neutralisiert.

Die Thymusdrüse befindet sich am Brustbein, etwa auf der Höhe der zweiten Rippe. Zum Aktivieren klopfen Sie mit den Fingerspitzen einer Hand ungefähr 12- bis 15-mal leicht auf diesen Punkt. Vielleicht werden Sie die Auswirkung nicht sofort überzeugend spüren. Und dennoch hilft dieses Vorgehen; es ist sanft, unauffällig und jederzeit anwendbar. Versuchen Sie es einfach!

Anti-Stress-Gymnastik

Eine dritte Variante liegt in der Koordination von Bewegungsabläufen. Die rechte Gehirnhälfte steht in Verbindung mit der linken Körperseite und umgekehrt. Sie können die beiden Bereiche harmonisieren, indem Sie beide Körperhälften einsetzen. So wirkt zum Beispiel eine Bewegung oder Bewegungsabfolge harmonisierend, bei der Sie abwechselnd rechte und linke Körperteile miteinander in Verbindung bringen.

Übung: Koordinierte Bewegungsabläufe

Fassen Sie mit der rechten Hand an die Nase und gleichzeitig mit der linken Hand an das rechte Ohr. Danach wird gewechselt: Linke Hand an die Nase und rechte Hand an das linke Ohr. Dabei sollte die Hand, die das Ohr berührt, immer vor der anderen Hand liegen. Wechseln Sie die Hände mit der Zeit immer schneller.

Auch das ist eine kleine Übung für zwischendurch, deren entspannende Wirkung auf den Organismus gar nicht hoch genug eingeschätzt werden kann. Experimentieren Sie einfach und sehen Sie selbst, welche Anregungen Ihnen den gewünschten entspannenden Erfolg bringen – und entwickeln Sie ruhig auch Ihre eigenen Ideen dazu!

Eine kleine Auszeit nehmen

Je hektischer und anstrengender es in der Außenwelt zugeht, umso wichtiger und erholsamer ist es, sich für ein paar Minuten in die Ruhe der Innenwelt zurückzuziehen. Wenn Sie die im Folgenden beschriebenen Methoden ausprobieren möchten, ist es wichtig und vorteilhaft, dass Sie zumindest für eine kleine Weile Ihre Ruhe haben, für sich sein und abschalten können.

Rückzug in die Stille

Einen kurzen Rückzug in die Innenwelt können Sie nach außen hin ganz unterschiedlich gestalten:

- Sie ziehen sich für zehn Minuten an einen Ort zurück, wo Sie ganz für sich sind. (Das kann zur Not auch die Bürotoilette sein – wichtig ist, dass Sie wirklich ungestört sind.) Dort können Sie kurz meditieren oder sich auf eine andere Art entspannen.

- Sie machen einen kleinen Spaziergang, am besten natürlich in der freien Natur.

- Sie hören ruhige Musik, möglichst mit Kopfhörer, so dass Sie gegen Geräusche von außen abgeschottet sind.

- Sie legen sich eine halbe Stunde lang in die Badewanne und genießen das Gefühl von Wärme, Entspannung und Getragenwerden.

- Sie setzen sich an einen ruhigen Platz, wo Sie ungestört sind, und geben sich einem schönen Tagtraum hin.

Ihrer Fantasie sind keine Grenzen gesetzt. Es kommt nur darauf an, dass Sie für jegliche Anforderungen von außen in dieser Zeitspanne tatsächlich nicht zur Verfügung stehen, das bedeutet zum Beispiel auch, dass Sie – falls möglich – das Telefon abschalten.

Ihre belastenden Gedanken und Sorgen dagegen lassen sich nicht so leicht abschalten – aber umschalten können Sie jederzeit. Beschäftigen Sie Ihren Geist mit angenehmen Dingen

(Musik, Träumereien...), und er wird – zumindest vorübergehend – keinen Raum mehr für Ärger und Stress haben.

Je öfter Sie ruhiger werden und alleine sein können, umso eher wird die innere Anspannung von selbst nachlassen und Ihre Fähigkeit zum klaren Denken und kreativen Handeln wird sich auf Dauer stabilisieren.

Das Geheimnis der Gummibärchen

Nun reicht es aber oftmals nicht aus, dass Sie sich einfach in einen ruhigen Winkel zurückziehen und versuchen still zu werden. Zuweilen gibt es Ärgernisse oder Belastungen, die Ihnen permanent durch den Kopf gehen und Sie gedanklich mit Beschlag belegen. Sie kommen einfach nicht los von der Auseinandersetzung mit der Kollegin, von dem Stapel Arbeit, der auf Ihrem Schreibtisch liegt, von dem Gespräch mit dem Chef oder von der wichtigen Konferenz, die Sie in der nächsten Woche leiten sollen.

Mit solch belastenden Gedanken ist es schwer, wenn nicht sogar unmöglich, innerlich zur Ruhe zu kommen und die kurze Pause wirklich als Entspannung zu empfinden. Wir schlagen Ihnen für solche und ähnlich gelagerte Fälle die folgende Übung vor:

Übung: Der Gummibärchen-Rahmen

Schließen Sie Ihre Augen und nehmen Sie drei tiefe Atemzüge. Dann stellen Sie sich einen schweren barocken Bilderrahmen vor, gold- oder silberfarben mit allerlei Schnörkeln und Verzierungen. In diesen Rahmen setzen Sie nun in Gedanken ein Bild von der Person oder ein Symbol für die Begebenheit, die Sie im Moment Ihre innere Ruhe kostet.

Vertiefen Sie sich in Gedanken in dieses Bild, bis Sie alle Einzelheiten klar und deutlich vor sich sehen, bis Sie glauben, das Bild wirklich vor sich zu haben und es greifen zu können.

Im nächsten Schritt verändern Sie den Rahmen: Er bekommt eine andere Farbe, wird nach und nach leichter, schmaler, zierlicher. Vielleicht möchten Sie auch die Ecken abrunden. Ändern Sie alles, was Ihnen zu schwer und zu wuchtig vorkommt. Und schließlich bekleben Sie den Rahmen in Ihrer Fantasie über und über mit bunten Gummibärchen.

Spätestens jetzt verliert die Person oder das Motiv in Ihrem Bilderrahmen an Brisanz. Es wird absurd, witzig, vielleicht sogar fröhlich aussehen, jedenfalls nichts Erschreckendes mehr haben; Sie können Ihre innere Anspannung immer mehr loslassen. Stellen Sie sich zum Beispiel einmal Ihren Vorgesetzten in einem pinkfarbenen, ovalen und mit Gummibärchen verzierten Bilderrahmen vor ...

Viele bunte Luftballons

Eine ähnliche Wirkung hat die folgende Übung mit den Luftballons:

Übung: Die Sorgen davonfliegen lassen

Schließen Sie Ihre Augen und nehmen Sie drei tiefe Atemzüge.
Überlegen Sie kurz, was im Moment Ihr stärkster Stressauslöser
ist, und fassen Sie diesen Zusammenhang in ein einziges Schlüs-
selwort (zum Beispiel „Konferenz" oder „Produktmailing"). Falls
es sich um eine Person handelt, nehmen Sie ihren Namen als
Stichwort.

Sie stellen sich vor, dass Sie dieses Wort in dunkler Farbe und
eckiger, krakeliger Schrift auf eine kleine Tafel notieren. Dann
beginnen Sie in Ihrer Vorstellung damit, diese Schrift in ihren
Komponenten zu verändern. Die Buchstaben werden weich, pas-
tellfarben, rund, angenehm. Die Tafel wird fröhlich bunt, das
Wort verliert mehr und mehr den Bezug zu seinem anstrengenden Inhalt. Zum Schluss hängen Sie an die kleine Tafel lauter
bunte Luftballons und lassen sie damit einfach davonfliegen.

Wenn Sie möchten, kombinieren Sie die beiden Übungen
miteinander, indem Sie den Bilderrahmen mit Luftballons
bestücken und wegfliegen lassen. Nutzen Sie die Kraft Ihrer
Fantasie! Und bauen Sie solche Anregungen ruhig auch nach
Ihrem eigenen Empfinden weiter aus.

Diese Übungen helfen bei kleinen alltäglichen Ärgernissen, die
einzeln erträglich sind, in der Summe aber häufig als starke
Stressoren erlebt werden. Wenn eine Anforderung zur nächsten kommt, ist schon eine Kleinigkeit manchmal zu viel. Und
in solchen Situationen können Sie mit diesen Ideen ansetzen
und sich selbst darin unterstützen, wieder unbeschwerter und
gelassener zu werden.

Vor dem Einschlafen: abladen

Besonders anstrengend ist die seelische Belastung durch Stress oft vor dem Einschlafen. Sie sind rechtschaffen müde, wollen und sollten dringend schlafen – aber es ist wie verhext: Sie wälzen sich von einer Seite auf die andere und werden immer nervöser. Auch hier gibt es ein paar Tricks, die Ihnen das Umschalten erleichtern.

Übung: Den Tag bewerten

 Lassen Sie vor Ihrem inneren Auge den gesamten Tagesablauf noch einmal Revue passieren und vergeben Sie für den Gesamteindruck eine Note:

eine 1 für einen sehr gut gelungenen Tag,

eine 2 für einen gut gelungenen Tag,

eine 3 für einen neutralen Tag,

eine 4 für einen weniger gut gelungenen Tag.

Wenn Sie möchten, notieren Sie diese Bewertung in Ihrem Arbeitsbuch.

Dieses Vorgehen hat folgende Vorteile:

- Ihnen bleibt nicht als Letztes vom Tag eine belastende Situation im Gedächtnis, sondern Sie gehen den Ablauf als Ganzes noch einmal in Gedanken durch und erinnern sich dabei auch an schöne Ereignisse.

- Sie gehen mit einem viel angenehmeren Gefühl in den Schlaf („So schlimm, wie ich eben noch dachte, war der Tag ja doch nicht!") und können die negativen Erlebnisse leichter hinter sich lassen.

- Dann ist auch die nächtliche Erholung intensiver und nachhaltiger.

- Und außerdem sehen Sie wahrscheinlich im Laufe der Zeit anhand Ihrer Benotungen, dass Ihre Tage im Schnitt eigentlich ganz passabel sind.

Probleme wegpacken

Falls das allein nicht ausreicht, weil Sie gerade ein besonders belastendes Erlebnis hatten (oder Ihnen diese Anregung nicht gefällt), können Sie Folgendes versuchen:

Übung: Probleme in die Kiste packen

Schließen Sie Ihre Augen und nehmen Sie drei tiefe Atemzüge. Stellen Sie sich vor, neben Ihrem Bett steht eine große Kiste oder Truhe aus Holz. Sie öffnen langsam den Deckel und legen dann symbolisch all das hinein, was Sie belastet, zum Beispiel Ihr Lampenfieber vor der morgigen Verhandlung mit dem neuen Kunden, Ihre Angst, einen wichtigen Termin zu vergessen, oder die nötigen Unterlagen nicht zu finden usw. Alles, was Sie gedanklich belastet, wird dort schlafen gelegt.

Und wenn Sie am nächsten Morgen aufwachen werden, können Sie (in Gedanken) den Deckel wieder öffnen und sich Ihre Aufgaben herausholen. Vielleicht sind es weniger geworden, vielleicht mehr, vielleicht sind sie auch leichter geworden und weniger belastend – aber für die Dauer der Nacht waren sie erst einmal abgelegt und gut versorgt.

Vielleicht mag Ihnen das absurd vorkommen, aber die Wirkung wird Sie erstaunen. Das Unterbewusstsein denkt und erlebt sehr bildhaft. Sobald es nun durch die Vorstellung, etwas in die Kiste legen zu dürfen, das Gefühl bekommt, entlastet zu werden, braucht es sich nicht mehr mit den

Stressauslösern zu beschäftigen. Es kann die Verantwortung über Nacht ablegen, und Sie fühlen sich automatisch entspannter und freier.

Die Sorgen von der Seele schreiben

Denselben Effekt hat es, wenn Sie sich drückende Sorgen von der Seele schreiben.

Übung: Die Sorgen aufs Papier bannen

 Legen Sie sich beim Einschlafen Papier und Stifte zurecht, und wenn Sie nicht schlafen können, notieren Sie einfach all die bedrückenden Gedanken, die Sie quälen. Stellen Sie sich vor, Sie schreiben einen Brief an sich selbst oder an die Person, die Sie in zwei Monaten sein werden. Teilen Sie sich offen mit, erzählen Sie von Ihren Sorgen und Kümmernissen. Sie können auch schlicht und einfach ein paar Stichworte notieren, die wichtigsten Gedanken festhalten und vielleicht ein wenig nach ihrer Bedeutung sortieren.

Sie werden sehen, dass schon das In-Worte-Fassen innerlich Erleichterung verschafft. Da steht dann schwarz auf weiß, was Sie belastet, ist jederzeit für Sie greifbar – und das Unterbewusste kann seine vermeintliche Aufgabe, Sie durch bedrückende Empfindungen daran zu erinnern, abgeben und loslassen.

Aus solchen Anregungen hat sich mein zwölfjähriger Sohn eine Variante gebastelt, mit deren Hilfe er sich beruhigen kann, wenn ihn etwas sehr wütend macht. Er stellt sich vor, dass er den Wutauslöser, wer oder was das auch immer sein mag, zusammenknüllt wie ein Blatt Papier und einen Ball daraus formt. Diesen knetet er in Gedanken noch eine kleine Weile mit seinen Händen so richtig rund und stellt sich dann vor, wie er ihn mit aller Kraft so weit fortschleudert, wie er es nur irgend kann.

In diesem Moment hat sich sein Unterbewusstsein bereits weit von dem Wutauslöser distanziert und es fällt ihm anschließend deutlich leichter, mit der Situation umzugehen.

Ein befreundeter Personalchef hat in seinem Arbeitszimmer eine Karte des Weltalls aufgehängt. Und wenn er das Gefühl hat, dass ihm eine schwere Aufgabe mehr an Kraft und Engagement abverlangt, als er im Moment einsetzen kann, dann betrachtet er diese Karte für eine kleine Weile. Dabei macht er sich bewusst, in welchem Verhältnis sein augenblicklicher hausgemachter Stress zu diesem unendlich gewaltigen Universum steht und welche Wichtigkeit diese Aufgabe im großen Gesamtgefüge letztendlich überhaupt noch hat.

Die Macht der Fantasie

Abgesehen von diesen und ähnlichen Soforthilfetechniken bietet Ihnen Ihre Fantasie jederzeit ein unerschöpfliches Reservoir an Möglichkeiten, auf das Sie allein Zugriff haben. Richten Sie sich „innere Tankstellen" ein, wo Sie immer wieder von neuem Kraft und Energie gewinnen und sich so richtig erholen können. So zum Beispiel mit unserem folgenden Vorschlag:

Übung: Fantasiereise

 Schließen Sie Ihre Augen und nehmen Sie drei tiefe Atemzüge. Stellen Sie sich einen schönen Ort in der Natur vor, an dem Sie sich gerne aufhalten. Das kann ein Ort sein, den Sie bereits kennen, oder Sie erfinden ihn neu. Nehmen Sie den Zauber dieses Ortes mit all Ihren Sinnen wahr:

Sie **sehen**, was vor Ihrem inneren Auge entsteht: das bezaubernde Panorama, vielleicht eine bunte Blumenwiese, ein Wäldchen, ein Fluss, eine Bergkette im Hintergrund, die endlose Weite des Meeres usw.

Sie **hören** die verschiedenen Geräusche: das Plätschern eines Baches, den Wind in den Bäumen, vielleicht in der Ferne das Brummen von Motoren oder Stimmen von Menschen.

Sie **spüren**: Der Wind streicht sacht über Ihre Haut, die Sonnenstrahlen wärmen Sie, und Sie fühlen sich leicht und frei, vollkommen wohl.

Vielleicht gibt es auch einen **Duft**, der gerade in diese Landschaft passt, etwa nach Rosen, frisch gesägtem Holz oder Sommerwiesen und Sie **schmecken** die salzige Luft am Meer oder die eher kernige der Berge.

Mit einer solchen Fantasiereise können Sie sich jederzeit entspannen. Hier tanken Sie Ihre inneren Quellen auf, und je genauer Sie alle Details vor sich sehen und klar empfinden, umso tiefer lassen Sie sich auf Ihre Traumlandschaft ein, umso mehr ist Ihr Geist von den Erfordernissen des Alltags entfernt.

Dieser Abstand wird Ihnen sehr gut tun, und Sie werden merken, dass ein solcher „imaginärer Kurzurlaub" wirklich Erholungswert hat. Nutzen Sie hierfür auch möglichst alle Sinne; sie sind gleichzeitig ein Leitfaden, der Sie tief in Ihre Traumlandschaft hineinführt.

Sich auf die fünf Sinne konzentrieren

Sehen, Hören, Fühlen, Riechen und Schmecken sind die Stationen, die Sie auf Ihrer VAKOG-Reise als Anhaltspunkte besuchen können.

VAKOG steht für die Begriffe:

Visuell = Sehen,

Auditiv = Hören,

Kinästhetisch = Spüren,

Olfaktorisch = Riechen und

Gustatorisch = Schmecken.

Hier haben Sie beim Entspannen grundsätzlich zwei Möglichkeiten:

1 Sie konzentrieren sich auf das, was gerade ist; das heißt, Sie schließen Ihre Augen und nehmen mit all Ihren Sinnen wahr, was im Moment um Sie herum vor sich geht: Auf Ihrer inneren Leinwand sehen Sie das Bild, das sich Ihnen bietet, wenn Sie die Augen wieder öffnen werden. Sie hören die Geräusche der Autos auf der Straße oder entferntes Stimmengemurmel, spüren die Berührung der Kleidung auf Ihrer Haut, riechen den Duft von Kaffee, der aus der Kantine kommt, und schmecken vielleicht noch den letzten Bissen des Apfels, den Sie vorhin aßen.

2 Sie versetzen sich in eine Fantasiesituation und erleben dort all das, was Ihre Sinne Ihnen anbieten. Sie sehen, hören, fühlen, riechen und schmecken, was Sie wollen,

was Ihnen gefällt und Sie entspannen lässt. Wichtig ist nur, dass Sie sich jeweils so intensiv in diese Wahrnehmung hineindenken, dass Sie selbst schon fast nicht mehr wissen, ob das jetzt Realität oder Fantasie ist.

Eine solcherart aktiv gestaltete Traumreise ist noch um einiges wirkungsvoller als wenn Sie beispielsweise nur schöne Musik anhören. Denn dadurch, dass Sie sich bewusst etwas vorstellen, sind Ihre Gedanken mit einem angenehmen Thema beschäftigt und haben keinen Raum mehr, sich mit Stress auslösenden Faktoren zu befassen.

Nehmen Sie sich in Ihrem anstrengenden Alltag die Zeit kleine Pausen einzubauen und tun Sie das möglichst regelmäßig. Schon mit kleinen Soforthilfemaßnahmen können Sie sich spürbar Erleichterung verschaffen. Und je regelmäßiger Sie das tun, umso bereitwilliger wird Ihr Unterbewusstsein auf diese Hilfestellungen eingehen und sich daran gewöhnen.

> Jeden Tag zehn Minuten wirklich loszulassen nützt Ihnen mehr als eine Stunde in der Woche. Schon mit kleinen Tricks können Sie sich wohltuend und rasch entspannen. Regelmäßige Entspannung baut Kraftreserven für anstrengende Zeiten auf!

Stressfaktoren gezielt abbauen

Wer oder was stresst Sie eigentlich? Sind es andere, ist es der dauernde Zeitmangel oder stimmt vielleicht bei Ihrer Selbstorganisation etwas nicht? Finden Sie in Ihrer persönlichen Anti-Stress-Strategie heraus, wo die „Feinde des effizienten Arbeitens" sitzen.

In diesem Kapitel erfahren Sie, wie Sie

- Aufgaben richtig planen und delegieren,
- wieder mehr Spaß an der Arbeit haben,
- mit nervenden Kollegen umgehen.

Die Anti-Stress-Strategie anwenden

Wir kommen auf die vier Schritte der individuellen – langfristigen – Anti-Stress-Strategie zurück:

1   Persönliche Stressoren erkennen.

2   Äußere und innere Stressoren unterscheiden.

3   Äußere Stressoren durch verbesserte Selbstorganisation verringern.

4   Innere Stressoren durch aktive Entspannung eingrenzen.

Finden Sie Ihre persönlichen Stressfaktoren

Um gegen Ihre persönlichen Stressfaktoren angehen zu können, müssen Sie sie erst einmal kennen. Was den einen Menschen belastet, ist für einen anderen vielleicht normaler Alltag. Denken Sie zum Beispiel an das schöne Klischee vom genialen Künstler oder Wissenschaftler, der mitten in seinem Zimmer sitzt, um ihn herum Berge von Büchern, Unterlagen, Materialien, angefangenen Skizzen oder Aufsätzen, so dass er in dieser Unordnung kaum noch den Überblick behält, aber trotzdem seine Arbeit gut gelaunt und produktiv bewältigt.

Und so verschieden die Menschen eben sind, so unterschiedlich sind auch die Stressauslöser, auf die sie mit Anspannung reagieren. Wissen Sie denn auf Anhieb, wie Ihre persönlichen Stressoren aussehen? Von was lassen Sie sich aus der Ruhe bringen? Welche Ereignisse (oder Personen) kosten Sie Ihren „letzten Nerv"?

Aufgabe: Stressige Situationen zu Papier bringen

Nehmen Sie Ihre Liste vom Ende des ersten Kapitels noch einmal zur Hand (s. die Aufgabe „Beobachten Sie sich") und ergänzen Sie sie durch Erlebnisse aus der letzten Zeit (Personen oder Gegebenheiten). Spüren Sie ihnen genau nach und seien Sie ehrlich, auch wenn Ihnen die Liste sehr lang vorkommt.

Ordnen Sie dann diese Punkte nach der Intensität der Anspannung, die Sie jeweils verspürten, so weit Sie es aus der Erinnerung noch nachvollziehen können.

Schreiben Sie im nächsten Durchgang so exakt wie möglich dahinter, was Sie gestresst hat und wie die Situation hätte entschärft werden können. Was hätte anders sein müssen, damit es Ihnen besser gegangen wäre? Wie hätte das aussehen können?

Eine solche Liste, bezogen auf einen gewöhnlichen Arbeitstag, kann zum Beispiel so aussehen:

- Sie sind am Morgen eine Viertelstunde zu spät von zu Hause losgefahren.

- Als Sie endlich im Büro ankamen, war Ihr Chef ärgerlich, weil ein wichtiger Brief noch nicht fertig war.

- Die Besprechung für das neue Projekt hat viel länger gedauert als ursprünglich geplant.

- Sie hatten kaum Zeit, um in Ruhe Mittag zu essen.

- Zu guter Letzt sind Sie auf dem Heimweg noch in einen Stau geraten.

Die Ursachen für den Stress erkennen

Am schlimmsten war in Ihrem Empfinden der Stau, gefolgt von der schier endlosen Besprechung, dem hastigen Mittagessen, der morgendlichen Verspätung und dem ärgerlichen Chef. Bei genauerem Hinsehen entdecken Sie vielleicht noch tiefer liegende Ursachen, die Ihr Stressgefühl auslösten: Im Stau fühlten Sie sich ungeduldig, weil Sie endlich nach Hause wollten, und außerdem machtlos, etwas an der Situation zu ändern. In der Besprechung und auch beim Mittagessen dachten Sie dauernd an den Aktenberg, der noch auf Ihrem Schreibtisch wartete und möglichst am selben Tag noch abgearbeitet werden sollte, die Verspätung am Morgen löste bei Ihnen ein schlechtes Gewissen aus und den Ärger Ihres Chefs haben Sie auf Ihre „Unzuverlässigkeit" bezogen.

Sie erkennen sicherlich, dass es hier rein äußerliche, konkrete Ursachen (Zeitmangel, Fehlorganisation etc.) und innere, eher abstrakte Auslöser (Unruhe, mangelndes Selbstvertrauen) für Ihren Stress gibt. Dagegen können Sie auf zwei Ebenen eingreifen:

- Zum einen durch verbesserte äußere Organisation, wie wir sie in diesem Abschnitt näher erläutern,

- zum anderen durch dauerhafte Stärkung Ihrer inneren Ruhe und Förderung Ihrer kreativen Potenziale (was Thema des vierten Abschnitts sein wird).

Die hier aufgeführten Probleme lassen sich folgendermaßen lösen:

- Stau: öffentliche Verkehrsmittel benutzen.

- Besprechung: neben dem Terminbeginn auch gleich dessen Ende mit den Kollegen absprechen.

- Mittagessen: sich die Zeit zum ruhigen Essen gönnen und auch konsequent nehmen.

- Verspätung: morgens zehn Minuten früher aufstehen und in Ruhe frühstücken.

- Chef: den noch nicht geschriebenen Brief, den er ärgerlich anmahnte, nicht als persönliches Versagen interpretieren.

Natürlich sind diese Vorschläge nicht immer und für jeden sinnvoll und praktikabel. Aber sie sollen aufzeigen, um was es hier geht:

> In dem Moment, wo Sie sich bewusst werden, von welchen Faktoren (Ereignissen oder Personen) Sie sich unter Druck setzen lassen, unternehmen Sie bereits den ersten Schritt zu deren Bewältigung.

Am besten wäre es, Sie beobachten sich eine Zeit lang und halten regelmäßig, zum Beispiel jeden Abend, fest, welche an diesem Tag die zwei oder drei intensivsten Stressfaktoren waren. So bekommen Sie recht schnell eine brauchbare Übersicht, anhand derer Sie dann die weiteren Schritte unternehmen können. Versuchen Sie auch jeweils, der Frage auf den Grund zu gehen, welches die eigentliche Ursache für das Angespanntsein war.

Wir beziehen uns hier in erster Linie auf den beruflichen Alltag. Sie können die Aufgaben und Übungen aber selbstverständlich später auch für Ihr Privatleben noch einmal aufgreifen und die genannten Aspekte durchdenken.

Zeit besser einteilen

Wenn Sie eine solche Liste aufgesetzt haben, stellen Sie sicherlich fest, dass bei vielen äußeren Stressoren der Faktor Zeit eine wichtige Rolle spielt. Mit mehr Zeit hätten sich auch die meisten Punkte aus unserem Beispiel wahrscheinlich nicht oder nicht so sehr belastend ausgewirkt. Es lohnt sich also, dem Faktor Zeit Aufmerksamkeit zu widmen:

Zeit ist die kostbarste Ressource in Ihrem Leben. Und jeder Tag bietet Ihnen viele Gelegenheiten, diese Zeit sinnvoll zu gestalten. Aber oftmals ist Ihnen das gar nicht bewusst. Sie fühlen sich eingespannt in äußere Abläufe und haben das Gefühl, Sie könnten nicht den geringsten Einfluss ausüben und seien dem Geschehen um Sie herum mehr oder weniger hilflos ausgeliefert.

Viel unnötiger Stress entsteht daraus, dass – anscheinend – immer wieder zu wenig Zeit vorhanden ist, um z.B.

- in Ruhe zu arbeiten,
- sich zwischendurch zu entspannen,
- wirklich alle Aufgaben zu erfüllen,
- die Zeit zum ruhigen Essen zu haben (oder sie sich zu nehmen),
- auf Unvorhergesehenes zu reagieren oder
- mit den Kollegen oder anderen Menschen freundliche Kontakte zu pflegen.

Aber „*es ist nicht wenig Zeit, die wir haben, sondern viel Zeit, die wir nicht nutzen*", meinte schon der römische Philosoph Seneca. Es kommt also darauf an, die Zeit deutlicher wahrzunehmen und besser zu nutzen.

Letztendlich haben Sie meistens viel mehr Einfluss auf Ihre Zeitplanung, als Ihnen das im Moment bewusst sein mag.

Von außen nach innen

Wenn Sie sich all dies klar machen und versuchen, Ihre Verpflichtungen besser zu organisieren, werden Sie erstaunt sein, dass sich nicht nur die äußeren Stressoren vermindern, sondern dass Sie automatisch auch innerlich ruhiger werden.

Vielleicht kennen Sie das erhebende Gefühl, wenn Sie einen „großen Brocken" Arbeit bewältigt haben, sei es zum Beispiel eine umfangreiche Werbesendung, einen wichtigen Bericht, ein entscheidendes Gespräch oder Ähnliches. In dem Moment, wo diese Aufgabe erledigt ist, macht sich auch in Ihrem Inneren ein Gefühl der Erleichterung und Entspannung breit.

Deshalb wird es auch Auswirkungen auf Ihr Innenleben haben, wenn Sie beginnen die Strukturen in Ihrem Alltag unter die Lupe zu nehmen und zu bereinigen. Und umgekehrt natürlich auch: Je ruhiger und leistungsfähiger Sie sich innerlich fühlen, umso klarer und machbarer werden Sie Ihre Aufgaben im äußeren Alltag erleben.

Differenzieren – planen – delegieren

Mit einer effektiven Zeit- und Arbeitsplanung werden Sie bald merken, wie sich Ihr Gefühl, unter Stress zu stehen, deutlich verringert. Voraussetzung ist allerdings, dass Sie sich immer wieder ein wenig Zeit nehmen um zu lernen, mit Ihrer Zeit und Ihrer Energie konsequent umzugehen.

Berufliches von Privatem trennen

Wenn es um die Trennung von Beruf und Privatleben geht, ist Disziplin und das Ziehen von klar definierten Grenzen wichtig. Überprüfen Sie einmal, ob Sie Beruf und Privatleben auseinanderhalten können. Nichts kostet mehr Zeit am Arbeitsplatz als dauernde Anrufe von Freunden, die „eben nur mal ein kleines Schwätzchen halten" wollen – und Sie damit immer wieder aus Ihrem Konzept bringen und von den wichtigen Aufgaben ablenken. Bis Sie wieder konzentriert weiterarbeiten können, ist wertvolle Arbeitszeit verloren.

Genauso wichtig ist es, nicht zu viel berufliche Sorgen und Anspannungen ins Privatleben mitzunehmen. Natürlich dürfen Sie Ihrem Partner von Ihrem Arbeitsalltag erzählen, aber Sie sollten darauf achten, dass dabei möglichst keine unbewältigten Emotionen transportiert werden.

Die Grenze ziehen mit Hilfe eines Rituals

Gerade in Zeiten hoher beruflicher Anspannung ist es eine große Hilfe, wenn Sie durch ein kleines „Ritual" eine sicht-

oder spürbare Barriere zwischen den Feierabend und das Heimkommen setzen können:

- Gehen Sie eine Viertelstunde spazieren, bevor Sie nach Hause kommen (oder auch gemeinsam mit dem Partner).

- Ziehen Sie sich als erstes für ein paar Minuten zurück und entspannen Sie sich ganz gezielt (zum Beispiel mit einer der Methoden, die wir Ihnen im nächsten Kapitel vorstellen werden).

- Trinken Sie (evtl. mit dem Partner) in Ruhe eine Tasse Tee oder Kaffee.

- Machen Sie sich dabei bewusst, dass Ihr Partner Ihnen zwar zuhört, aber dass er nicht für Ihre angespannte Stimmung verantwortlich ist, die Sie aus dem Büro mitbringen.

Wenn Sie dann das Wichtigste in Ruhe mitgeteilt haben, machen Sie sich auch wieder klar, dass der Feierabend und das Wochenende zur Erholung gedacht sind – halten Sie sich daran, denn diese Zeit haben Sie sich redlich verdient!

Einen Tagesplan erstellen

Ist Ihnen spontan klar, was am morgigen Tag auf Sie zukommt und was alles von Ihnen erwartet wird? Solange Sie in dem diffusen Gefühl verharren, dass die Zeit wahrscheinlich sowieso nicht für alles reicht, geraten Sie leicht unter Anspannung und werden unruhig. Wenn Sie dagegen eine klare Vorstellung von Art, Umfang und zeitlichem Anspruch der Arbeiten haben, wird es Ihnen deutlich leichter fallen, damit zurechtzukommen.

Ein befreundeter Manager hat es sich angewöhnt, jeden Morgen, während er mit seinem Hund eine Viertelstunde spazieren geht, diese Zeit zu nutzen und sich in Gedanken einen Plan für den vor ihm liegenden Tag zu machen: Er überlegt sich, was alles zu tun ist, und welches die wichtigsten und dringendsten Punkte sind. So kann er, wenn er später in sein Büro fährt, sofort und voller Elan mit den wichtigen Aufgaben beginnen.

In den meisten Fällen ist es zunächst sehr hilfreich, solch eine Planung oder Übersicht schriftlich anzufertigen: Sie ist greifbarer und kann leichter verändert, verbessert und ergänzt werden.

Überlegen Sie selbst einmal systematisch, welche Aufgaben konkret auf Sie zu kommen.

Aufgabe: Gewichten Sie, was zu tun ist

Nehmen Sie sich fünf Minuten Zeit und notieren Sie, was am nächsten Arbeitstag für Sie zu erledigen ist. Schreiben Sie alles auf, was Ihnen spontan einfällt.

Nun markieren Sie diese Punkte nach ihrer Wichtigkeit: Mit einer 1 bezeichnen Sie die Aufgaben, die auf jeden Fall erledigt werden sollten, weil sie entweder termingebunden oder sonst sehr dringlich sind. Eine 2 bekommen die übrigen wichtigen Angelegenheiten und mit 3 kennzeichnen Sie diejenigen Punkte, die Sie bei genauerem Überlegen noch in Ruhe aufschieben oder aber an andere Personen delegieren können.

Mit dieser Liste gehen Sie nun am nächsten Tag an die Arbeit und erledigen einen Punkt nach dem anderen.

Vorteile eines Tagesplans

- Sie sehen auf einen Blick, was alles am nächsten Tag auf Sie zukommt, und erleben keine negativen Überraschungen im Laufe des Tages („Daran hatte ich gar nicht mehr gedacht!").

- Sie erstellen eine Ordnung nach Wichtigkeit und können sich dann bei der Arbeit zunächst auf die wirklich dringenden Punkte konzentrieren.

- Der Aufgabenberg wird überschaubar und löst schon allein dadurch nicht mehr so viel Anspannung und so viele Ängste aus.

- Durch die Überlegungen, die Sie vorab anstellen, rückt die Möglichkeit das eine oder andere zu delegieren viel stärker in Ihr Bewusstsein, und Sie werden feststellen, dass sich solche Situationen dann auch leichter wie von selbst ergeben.

- Sie können die einzelnen Tätigkeiten nach ihrer Erledigung von der Liste streichen und haben so zusätzlich jeden Abend mindestens ein Erfolgsergebnis schwarz auf weiß vor Augen.

- Sie sehen deutlich, wie viel Sie eigentlich bewältigen können – und haben nicht mehr dauernd das Gefühl, es sei „doch wieder alles liegen geblieben".

Eine solche Liste kostet Sie am Vorabend oder gleich zu Beginn des Arbeitstages etwa fünf Minuten Zeit. Die Zeitersparnis auf der Gegenseite ist um ein Vielfaches größer.

Der Zeitgewinn ergibt sich durch die besser strukturierte Organisation einerseits und die deutlich höhere Motivation andererseits. Sobald Ihr Arbeitspensum überschaubar, gegliedert und nach Wichtigkeit der einzelnen Aufgaben sortiert ist, lässt es sich Stück für Stück angehen und erledigen – und zwar bedeutend leichter, als wenn ein diffuser Haufen an Einzeltätigkeiten auf Sie wartet und Sie sich womöglich mit unwichtigen Handgriffen viel zu lange aufhalten.

Tipps für die Bearbeitung Ihrer Aufgaben

Bedenken Sie bei der Planung und Ausführung der anstehenden Aufgaben auch die folgenden Aspekte:

- Wichtig ist, dass Sie die einzelnen Posten möglichst bis zu Ende bearbeiten. Eine Reihe von nur angefangenen, letztendlich unerledigten Vorgängen beschäftigt das Unterbewusstsein sehr und löst innere Unruhe aus. Erledigtes dagegen schenkt Ihnen ein Gefühl von Stolz, Zufriedenheit und innerer Ruhe. Also ist es besser, Sie führen drei Aufgaben bis zum Ende aus, als dass Sie zehn Aufgaben nur halb erledigen.

- Beachten Sie, wenn Sie den Arbeitsablauf detaillierter planen, auch Ihren persönlichen Biorhythmus: Manche Menschen sind am Morgen leistungsfähiger, andere am Nachmittag oder sogar erst abends. Sie wissen bestimmt, wann Ihre Kapazitäten am höchsten sind – bearbeiten Sie das Wichtigste genau in dieser Zeit, und Sie werden die besten Ergebnisse erreichen!

● Planen Sie sich auch einen Zeitpuffer für Unvorhersehbares mit ein. Wenn Sie Ihre zur Verfügung stehende Zeit bis in die letzte Minute mit Arbeit anfüllen, wird jede Kleinigkeit, die dazwischen kommt, Ihren Plan durcheinander bringen und Sie in Zeitdruck und Stress versetzen. Haben Sie dagegen einen gewissen Spielraum, so können sie ihn nutzen, um solche Vorkommnisse in Ruhe aufzufangen -oder aber, falls Sie diesen Spielraum nicht benötigen, um ein wenig vorauszuarbeiten und sich so Entlastung für den nächsten Tag zu schaffen.

Persönliche Ziele vor Augen

Indem Sie sich vor Arbeitsbeginn überlegen, welches die wichtigsten Punkte auf Ihrer neuen Liste sind, setzen Sie automatisch Schwerpunkte. An jedem Arbeitstag sollten Sie sich nicht mehr als zwei, höchstens drei Aufgaben mit der Wichtigkeit 1 markieren. Denn so viel können Sie immer erledigen, egal wie viel Sie sonst noch zu tun haben.

Bei der Einordnung in die verschiedenen Kategorien sollten Sie auch berücksichtigen, welche Tätigkeiten für Sie persönlich von Nutzen und Ihrer beruflichen oder menschlichen Entwicklung förderlich sind. Einen wichtigen Schriftsatz zu kopieren kann von Vorteil sein, wenn Sie diese Gelegenheit gleichzeitig dazu nutzen, einen Blick auf den interessanten Inhalt zu werfen und fachlich davon zu profitieren – allein, wenn es nur darum geht, einen Auftrag Ihres Vorgesetzten zu erledigen, ist dieser Vorgang die Zeit wahrscheinlich nicht wert, die Sie dafür am Kopierer verschwenden. Versuchen Sie möglichst, solche Dinge, die Sie nur unnötig Zeit kosten, zu delegieren.

> Bedenken Sie immer auch, welche Tätigkeiten für Sie, für Ihre Entwicklung und Ihre erfolgreiche Zukunft am wichtigsten sind, und handeln Sie entsprechend.

Dafür ist natürlich Voraussetzung, dass Sie überhaupt eine Vorstellung von Ihrer Zukunft haben.

Aufgabe: Wo sehen Sie sich in drei Jahren?

Nehmen Sie sich bei Gelegenheit eine halbe Stunde Zeit und fantasieren Sie drauflos: In welcher Umgebung, an was für einem Arbeitsplatz sehen Sie sich in drei Jahren? Wo möchten Sie dann sein?

Malen Sie sich diese Situation möglichst genau aus, und notieren Sie alle Einzelheiten, die Ihnen dazu einfallen: Wie sieht Ihr Büro aus? Welches sind Ihre Mitarbeiter? Was für Arbeitszeiten wünschen Sie sich? Möchten Sie für sich arbeiten oder lieber im Team? Welche technische Ausrüstung brauchen Sie dann, um effektiv zu sein? Wer kann Ihnen den alltäglichen Kleinkram vom Hals halten? Möchten Sie bei Ihrer Arbeit auch reisen oder den Arbeitsort wechseln, oder ist es Ihnen lieber, immer im gleichen Haus, in der gleichen Stadt zu sein? Ihrer Fantasie sind hier keine Grenzen gesetzt!

Geeignete Techniken, wie man Prioritäten und die eigene berufliche Zukunft gezielt planen kann, finden Sie übrigens im TaschenGuide „Selbstmanagement".

Sobald Sie ein exaktes Bild von Ihrer Wunschvorstellung haben, lässt es sich viel leichter und effektiver darauf hinarbeiten – wie sollten Sie denn auch mit Vollgas fahren, wenn Sie nicht einmal wissen wohin! So aber setzen Sie mit der Zeit

Ihre täglichen Arbeitsschwerpunkte in Bezug zu Ihrer Zukunftsvision. Überlegen Sie sich dazu, wenn Sie die Liste für den kommenden Arbeitstag vorbereiten:

- Inwiefern nützt diese oder jene Tätigkeit meiner persönlichen Entwicklung?

- Bringt sie mich meinen Zielen eher näher oder entfernt sie mich von ihnen?

- Habe ich einen Vorteil, wenn ich das selbst erledige, oder kann ich den Vorgang genauso gut delegieren?

Durch diese Gedanken konzentrieren Sie Ihre Energien immer mehr auf das Wesentliche. Sie haben Ihre Ziele klar im Blick und merken auch, wie Sie ihnen Stück für Stück immer näher kommen.

Beispiel: Der Wechsel in eine andere Abteilung

Sie arbeiten in einer größeren Firma und möchten gerne in eine andere Abteilung wechseln. Wenn Ihnen das als Ihr Ziel klar geworden ist, können Sie Ihre Arbeitskraft darauf verwenden, diejenigen Vorgänge besonders gut, schnell und zuverlässig zu erledigen, die mit dieser anderen Abteilung zu tun haben. Denken Sie über den eigenen Tellerrand bzw. Schreibtisch hinaus: Was von Ihrer Arbeit könnte für die anderen Mitarbeiter dort hilfreich sein? Womit können Sie Ihr Interesse und Verständnis der Arbeitsvorgänge demonstrieren? Gibt es schon jetzt eine Möglichkeit, Ihre Fachkenntnisse dort zu integrieren?

Vielleicht möchten Sie ja auch gerne an Ihrem derzeitigen Arbeitsplatz bleiben, vorausgesetzt, der Stress lässt deutlich nach. In diesem Fall malen Sie sich vor Ihrem inneren Auge ein Bild aus, das Sie ruhig, gelassen und fröhlich bei Ihrer Arbeit zeigt. Das ist Ihre Zielvorstellung, auf die Sie hinarbeiten wollen. Und Sie werden feststellen: Sobald das für Sie klar ist, wird es wie von selbst besser werden.

> Sie setzen Ihre Arbeitskraft nicht mehr in erster Linie für Ihren
> Chef oder für die Produktivität der Firma ein, sondern dafür, dass
> es Ihnen an Ihrer Stelle immer besser geht.

In diesem Moment werden Sie Ihren Einsatz für Ihre eigenen
Zwecke („weniger Stress") ganz von alleine als viel angenehmer empfinden, denn es geht ja um Ihre eigene Zukunft! Und
indem Sie so zielorientierter und gleichzeitig konzentrierter
arbeiten, erhöhen Sie ganz automatisch Ihre fachliche Kompetenz und zeigen, dass Sie als Mitarbeiter flexibel und lern-
fähig sind.

Zeit gewinnen durch Delegieren

Die Technik des Vorausplanens hat noch einen weiteren, ganz
handgreiflichen Vorteil: Sie haben ja bei der Bewertung der
Wichtigkeit die einzelnen Arbeitsvorgänge in verschiedene
Kategorien unterteilt: Die extrem wichtigen, die weniger
wichtigen und diejenigen, die ruhig noch etwas liegenbleiben
bzw. die Sie beruhigt an andere delegieren können, ohne dass
das Ergebnis und der Fortgang der Arbeit darunter leiden.

Die letzte Kategorie fordert Sie vielleicht heraus: Können Sie
überhaupt delegieren? Oder sind Sie ein Mensch, der die
Dinge am besten selbst erledigt, weil er dann wenigstens
sicher sein kann, dass alles in Ordnung ist? Dann brauchen
Sie sich nicht zu wundern, dass Sie sich gestresst fühlen!

In dem Moment jedoch, wo Sie es schaffen gewisse Aufgaben
an andere zu delegieren – oder gar liegen zu lassen –, haben
Sie einen klaren Zeitgewinn! Und diese Zeit können Sie als
wichtigen Freiraum nutzen, um Ihre sonstigen Aufgaben in

Ruhe zu erledigen. Wenn Sie aus der Liste Ihrer Anforderungen etwa zehn bis zwanzig Prozent eliminieren, werden Sie sich wundern, wie viel Zeit da plötzlich zur Verfügung steht – für das Wesentliche!

Manches kann sich auch von alleine erledigen, wenn Sie sich nicht darum kümmern: Vielleicht stellt sich heraus, dass es gar nicht so wichtig war, wie Sie angenommen hatten, oder ein Kollege erledigt es oder Sie haben einige Tage später mehr Zeit dafür und lösen diese Aufgabe dann mit viel größerer Leichtigkeit.

Denken Sie ruhig auch ab und zu darüber nach, ob Sie nicht die eine oder andere Technik bei einem Kollegen abschauen können. Beobachten Sie einmal, welche Vorgänge in Ihrer Umgebung zügig und effektiv ablaufen, und vielleicht erkennen Sie ja dahinter ein bestimmtes Prinzip, das sich auf Ihren Arbeitsbereich übertragen lässt. Gleichzeitig schulen Sie Ihre Beobachtungsgabe, Ihren „Adlerblick" für das Wesentliche, und Ihre Kreativität, wenn es darum geht etwas Bewährtes sinnvoll umzugestalten.

Kopieren Sie, wo es sich für Sie lohnt – und arbeiten Sie dort intensiver, wo Ihre persönlichen Stärken liegen, wo Sie anerkannt werden. (Dort werden Sie in der Regel auch am besten bezahlt.) Delegieren Sie, was Sie nicht gerne tun: Wenn Sie beispielsweise einen gut dotierten Job im Büro haben, können Sie es sich ohne weiteres leisten, für einen geringeren Stundenlohn jemanden zu beschäftigen, der Ihnen im Haushalt Tätigkeiten wie Rasenmähen oder Putzen abnimmt. Vielleicht können Sie auch für Routinetätigkeiten im Büro (Post wegbringen, Kopien anfertigen, Werbesendungen kuvertieren usw.) stundenweise einen interessierten Schüler oder Studenten einstellen. Sie gewinnen durch solche Initiativen deutlich Zeit und schonen Ihre Nerven.

Aufgabe: Ihre Stärken und Schwächen erkennen

Überlegen Sie, in welchen Bereichen Ihre Stärken liegen: Was tun Sie wirklich gerne?

Was können Sie wirklich gut? Was tun Sie dagegen nicht gerne? Welche Tätigkeiten würden Sie am liebsten dauerhaft delegieren (im Beruf, aber auch im Privatleben)? Wo sehen Sie entsprechende Möglichkeiten?

Indem Sie lernen zu delegieren, beschäftigen Sie sich auch automatisch mit Ihren Verpflichtungen: Was müssen Sie wirklich selbst erledigen? Und es wird Ihnen immer klarer:

Je weniger (äußere oder innere) Verpflichtungen Sie haben, umso mehr Zeit können Sie in Wichtiges investieren, umso mehr innere Ruhe werden Sie verspüren.

Deshalb lohnt es sich an dieser Stelle auch einmal zu überprüfen, welche konkreten dauerhaften Verpflichtungen Ihrerseits überhaupt bestehen.

Aufgabe: Nach Möglichkeit delegieren

Notieren Sie alles, was Sie regelmäßig tun, wozu Sie sich äußerlich konkret verpflichtet haben oder sich auch nur innerlich verpflichtet fühlen: angefangen vom Engagement im Elternbeirat über den wöchentlichen Großeinkauf mit Ihrem Partner, die „Taxifahrten" für die Kinder, das Engagement im Betriebsrat bis hin zum Pflichtbesuch bei den Schwiegereltern.

Und dann überprüfen Sie, was Sie von diesen Punkten wirklich gerne tun und was Sie delegieren bzw. sogar ganz streichen können.

Eine klare (Ziel-)Vorstellung von Ihren beruflichen Aufgaben und Ihren sonstigen Lebensschwerpunkten und die Konzentration auf das Wesentliche helfen Ihnen, vom Dauerstress zu einem zügigen, effektiven und ruhigeren Arbeitsstil zu gelangen.

Spaß an der Arbeit

Wenn Sie etwas gerne tun, werden Sie sicher nicht so schnell von Stress reden, als wenn Ihnen eine Tätigkeit zuwider ist. Also wäre es ein ganz einfaches Rezept, alle Ihre Aufgaben gerne zu erledigen – nur: Wie gelangen Sie zu einer solch positiven Arbeitseinstellung? Die ersten beiden Schritte haben wir Ihnen schon vorgestellt: Befreien Sie sich von den weniger wichtigen Verpflichtungen, um Zeit für das Wesentliche zu gewinnen, und achten Sie auf Ihre persönlichen Ziele, für die sich der Einsatz wirklich lohnt.

Vorausdenken statt Nach-Denken

Als Nächstes können Sie dazu übergehen, Ihre Arbeiten nicht nur dann zu erledigen, wenn sie sowieso getan werden müssen, sondern Sie versuchen, den äußeren Anforderungen immer einen kleinen Schritt vorauszusein. So können Sie in Ruhe planen; Sie geraten nicht so leicht unter Druck und haben immer noch einen kleinen Zeitpuffer in Reserve.

Auf diese Art lassen sich auch innere Widerstände leicht abbauen: Sie *müssen* nicht dieses oder jenes erledigen, weil die Zeit drängt, sondern Sie tun es freiwillig (und gerne?) heute, gerade damit Sie morgen nicht die Zeit dazu drängt. Morgen werden Sie dann frei von dieser Aufgabe sein – und die Zeit und den Raum für weitere Vorausarbeiten haben.

Vorausdenken und vorausarbeiten hat eine ganze Reihe überzeugender Vorteile:

- Sie sind den tatsächlichen Arbeitsanforderungen immer einen kleinen Schritt voraus.

- Im Ernstfall haben Sie einen Zeitpuffer zur Verfügung, mit dessen Hilfe Sie Unvorhergesehenes auffangen können.

- Sie verschwenden Ihre Kräfte nicht mehr an das „Arbeiten-Müssen", sondern Sie nutzen sie, um intelligent und vorausplanend arbeiten zu können.

- Je genauer Sie vorausplanen, umso seltener werden Sie Überraschungen erleben, die Sie im Arbeitsablauf aufhalten oder behindern.

- Sie sind auch auf eventuelle Störungen gefasst und darauf vorbereitet, die nötige Zeit zur Lösung zu investieren.

- So entwickeln Sie ein Gefühl von Freiwilligkeit und Leichtigkeit, Sie haben Ihr Arbeitspensum im Griff – und nicht umgekehrt!

Es ist also besser und leichter, die Arbeit freiwillig vorab zu tun, als durch die äußeren Umstände dazu gezwungen zu werden. Vor allem, wenn es nicht nur um die täglichen Routinetätigkeiten geht, sondern wenn wichtige Entscheidungen zu treffen sind, ist ein stressfreier Zustand die beste Voraussetzung.

Je größer die Aufgaben sind, die es zu bewältigen gilt umso elementarer ist es, dass Sie die innere Ruhe haben, in aller Gelassenheit zu entscheiden und zu handeln. Beschlüsse, die unter Stress und Zeitdruck gefasst werden, sind oft falsch oder ziehen Umwege und andere anstrengende Konsequenzen nach sich. Wenn Sie dagegen in Ruhe nachdenken und entscheiden können, haben Sie damit oft bereits den ersten und wichtigsten Schritt zur Lösung eines Problems getan.

Das Pareto-Prinzip

Indem Sie erst einmal die Menge Ihrer Aufgaben auf das Wesentliche beschränken und sich dann im Voraus die Zeit einteilen, um in Ruhe zu planen und zu arbeiten, gelangen Sie langsam aber sicher von der Quantität zu mehr Qualität. Diese Qualität können Sie leisten, wenn sich gleichzeitig die innere Ausgeglichenheit einstellt. Das Ziel ist letztendlich, Ihre Arbeit so gut einzuteilen und zu bewältigen, dass sie für Sie nur noch mit einem Minimum an Anstrengung verbunden ist – das macht entspanntes Arbeiten möglich.

Im nächsten Schritt nach der Einteilung der zur Verfügung stehenden Arbeitszeit geht es darum, die notwendigen Tätigkeiten gleichzeitig auch noch effektiv zu erledigen, also mit möglichst wenig Aufwand möglichst viel zu erreichen. Beobachten Sie einmal bei einer Ihrer Routinetätigkeiten, wie hoch Ihr Einsatz ist und wie hoch der Ertrag, der dabei herauskommt.

Nehmen Sie an, Sie wollen ein gewisses Pensum an Arbeit in einer bestimmten Zeit erledigen, zum Beispiel 100 Kundenbriefe in einer Stunde schreiben. Mit normalem Einsatz halten sich Aufwand und Ertrag mit einem Verhältnis von 50 zu 50 die Waage: Sie investieren die nötige Zeit und erhalten das angestrebte Ergebnis. Wenn Sie in einem neuen Bereich arbeiten, ist dieses Verhältnis oft verschoben: Sie beginnen mit höherem Aufwand (80) und geringerem Ergebnis (20). Nach einer Weile haben Sie vieles erfahren, durch Beobachtung dazugelernt und sich verbessert: Sie erreichen ein Verhältnis von 60 (Aufwand) zu 40 (Ertrag) und durch weitere Verbesserungen schließlich das ausgeglichene Verhältnis von 50 zu 50.

Ab hier wird das Projekt lohnenswert: Wenn Sie es schaffen, sich weiter zu verbessern, machen Sie die anfängliche Investition Ihrer Zeit, Geduld, Arbeit und Energie wieder wett und erreichen mit 40 % Aufwand 60 % Ertrag. Sie wissen jetzt, worauf es ankommt, lernen und fragen weiter, verändern oder rationalisieren – und eines Tages stehen Sie dann schließlich bei 20 % Einsatz zu 80 % Ertrag.

Dieses Prinzip ist eine kleine Steigerung des sogenannten Pareto-Prinzips, das nach seinem Erfinder, dem Volkswirtschaftler Vilfredo Pareto, benannt ist. Bei den allermeisten Tätigkeiten, so hat dieser ausgerechnet, ist es möglich, mit Kreativität, etwas Erfolg und konsequenter Erfolgsauswertung einen hohen Ertrag herauszuholen. Eine wichtige Rolle spielt dabei zum einen die Konzentration auf das Wesentliche, zum anderen die innere Ausgeglichenheit und das Arbeiten im angenehmen Zeitrahmen, also möglichst ohne Zeitdruck und Stress.

Und wenn Sie dieses Verhältnis von 20 % Einsatz zu 80 % Ergebnis eines schönen Tages erreicht haben, können Sie sich zufrieden zurücklehnen und Ihren Erfolg (und Ihre Arbeit) genießen.

Vom Beruf zur Berufung

Eine solch kreative und effektive Arbeitsweise lässt sich umso leichter entwickeln und fördern, je lieber Sie Ihre Arbeit tun. Deshalb sollten Sie immer wieder einmal in Ihrem beruflichen Alltag innehalten und nachspüren, ob Ihre Tätigkeit Sie wirklich erfüllt.

Auf diese Frage gibt es drei mögliche Antworten:

- Ihre Arbeit ist erfüllend und befriedigend, Sie fühlen sich am rechten Platz und sind auf dem besten Weg, sich hier auch noch Erfolg versprechend für die nötige stressfreie Atmosphäre einzusetzen.

- Ihre Arbeit ist unbefriedigend, und Sie bemühen sich darum, eine Tätigkeit zu finden, die Ihnen mehr Spaß macht und in der Sie sich eher wiederfinden.

- Ihre Arbeit ist unbefriedigend, Sie sehen aber derzeit keine Möglichkeit, daran etwas zu ändern. Ihnen bleibt nur, neben der Arbeit ein Hobby zu pflegen, wo Sie Ihre Kreativität und Lebensfreude spüren und pflegen können.

Wichtig ist, dass Sie etwas tun, das für Sie gleichzeitig als Kraftquelle fungieren kann. Im besten Fall ist das Ihr Beruf, wenn Sie dort ohne Stress und übermäßigen Zeitdruck, dafür aber mit Kreativität und Freude tätig sein können. Andernfalls kann auch ein Hobby diesen Zweck der Energietankstelle erfüllen. Mittelfristig sollten Sie aber danach streben, Ihr Geld auf jeden Fall mit einer Beschäftigung zu verdienen, mit der Sie sich weitgehend identifizieren und wohl fühlen können.

Aufgabe: Energietankstellen finden

 Denken Sie einmal zurück und überlegen Sie, welche Tätigkeiten, Kontakte und Umstände in Ihrem bisherigen Leben motivierende Wirkung hatten.

Welche Personen oder Ereignisse in Ihrem bisherigen Leben haben Sie spürbar vorangebracht?

Was hat Ihnen bislang am meisten Spaß gemacht?

Wo hatten Sie das Gefühl, zur richtigen Zeit genau am richtigen Platz zu sein?

Notieren Sie, was Ihnen dazu einfällt, und sehen Sie sich diese Liste immer wieder an. Welche von diesen Tätigkeiten führen Sie heute noch aus? Haben Sie eine davon zu Ihrem Beruf gemacht? Falls nicht, dann wenigstens zu einem Hobby, das Sie aktiv und regelmäßig betreiben?

Wichtig ist, dass Sie neben Ihrem Beruf und Ihrer Arbeit noch Zeit und Raum für Freizeit haben. Vielleicht ist ja auch unter Ihren Hobbys eines, das Sie mit etwas Engagement zum Beruf – zur Berufung – umgestalten können! Betrachten Sie solche Wunschziele als Motivation die Dinge, mit denen Sie unzufrieden sind, zu verändern.

Je engagierter und motivierter Sie arbeiten, umso bessere Ergebnisse werden Sie erreichen. Und je mehr Sie selbst entscheiden können, umso ruhiger und entspannter können Sie innerlich sein.

Zauberwort „Balancing"

Einer der wichtigsten Punkte bei der Bewältigung von Stress ist das Finden der goldenen Mitte, das Balancing. Spannungen und Stress entstehen häufig, wenn Sie den notwendigen Ausgleich nicht berücksichtigen und das Balancing vernachlässigen.

Unbewusst pendeln die Menschen u.a. ständig hin und her zwischen

Beruf	und	Privatleben,
Anspannung	und	Entspannung,
Außenwelt	und	Innenwelt,
Wille	und	Gefühl,
männlichen	und	weiblichen Eigenschaften,
Geldausgang	und	Geldeingang,
Reden	und	Zuhören,
Handeln	und	Ruhen,
Engagement	und	innerem Abstand,
Ehrgeiz	und	Geduld.

Diese Gegensätze sind nichts Festes; sie sind ständig in Bewegung. In einer Firma tritt das Balancing zum Beispiel im Zusammenspiel zwischen Außen- und Innendienst auf: Beide müssen im gleichen Maße vorhanden sein und gepflegt werden; einer kann ohne den anderen dauerhaft nicht existieren. Denken Sie z.B. an einen Handwerksbetrieb, in dem die Ehefrau zu Hause das Telefon betreut, die Buchhaltung und den Schriftverkehr erledigt und so den Bemühungen Ihres Mannes draußen beim Kunden den notwendigen Hintergrund gewährleistet.

Versuchen Sie solche Gegensätze, wie sie in der Liste aufgeführt sind, im Laufe Ihres Lebens immer wieder zu berücksichtigen und in ein harmonisch wechselndes Gleichgewicht zu bringen. Wenn eine Seite dauernd die Überhand behält, führt dies mit der Zeit zu einer Störung im Gesamtgefüge.

> Durch rechtzeitiges Balancing besiegen Sie nicht nur gegenwärtigen Stress, sondern vermeiden auch künftige Anspannungen.

Wenn die Kollegen stressen

Genauso wichtig, wie innerlich gelassen und gefasst auf Stresssituationen zu reagieren, ist es, dass Sie sich am Arbeitsplatz nicht von Kollegen unter Druck setzen lassen. Gerade hier sind viele Menschen sehr empfindlich. Die Angst nicht anerkannt zu werden, nicht genügend zu leisten oder im Vergleich mit den anderen schlechter dazustehen, löst oftmals Konkurrenzkampf oder gar das viel zitierte Mobbing aus.

Am einfachsten – und gleichzeitig am schwersten – ist es, dieses Spiel gar nicht erst mitzuspielen: Versuchen Sie auch mit den Menschen zurechtzukommen, die Ihnen nicht wohl gesonnen sind, und sie zu akzeptieren – letztendlich sind Sie ja nicht davon abhängig, dass alle anderen Sie mögen.

Machen Sie sich vor allen Dingen klar, dass an der gereizten oder überheblichen Haltung Ihres Kollegen gar nicht ein

Fehlverhalten Ihrerseits Schuld haben muss. Vielleicht hat Ihr Kollege gerade privaten Ärger, musste zu einem unangenehmen Gespräch mit Ihrem Chef oder steht selbst unter starkem Zeitdruck.

> Nehmen Sie nicht immer alles persönlich! Oft entpuppen sich vermeintliche Vorwürfe als subjektive Meinungen.

Vielleicht sprechen Sie diesen Kollegen einfach einmal an, möglicherweise klärt sich die ganze Situation schon durch ein kurzes, freundliches Gespräch. Packen Sie das Problem beim Schopf, bevor es sich zu einer düsteren Wolke verdichtet, die Ihren gesamten Arbeitsalltag verdunkelt.

Denken Sie positiv und flexibel: Betrachten Sie nervende Mitmenschen nicht als unausweichlichen Stress, sondern als eine Herausforderung, an der Sie lernen können Ihre persönlichen Grenzen zu erkennen und zu wahren. Sagen Sie klar und höflich, wenn Ihnen jemand gerade ungelegen kommt, bündeln Sie Ihre Energien auf das Wesentliche und seien Sie sich bewusst, was Ihnen am wichtigsten ist: Ihre innere Ausgeglichenheit und Ihr persönliches Wohlergehen.

Wenn Sie jemand kritisiert, muss das nicht unbedingt zu Recht sein. Andere Leute haben auch Probleme. Wenn Sie das immer im Hinterkopf behalten, werden Sie großzügiger und gelassener mit Ihrem Gegenüber umgehen können. Atmen Sie erst einmal durch, damit Sie auch in schwierigen Situationen gut reagieren können.

Wie Sie drohenden Konflikten vorbeugen, sich in schon aus-
gebrochenen Konflikten am besten verhalten und sie schließlich konstruktiv lösen können, können Sie im TaschenGuide
„Konflikte im Beruf" nachlesen.

Aktiv entspannen für mehr Wohlbefinden

Gezielte Techniken helfen bei akutem Stress – aber um sich auch langfristig vom Stress zu verabschieden, muss man schon etwas tiefer in die Schatztruhe der Entspannungstechniken greifen. Welche ist wofür gut und wo erlernt man sie am besten?

In diesem Kapitel lernen Sie nach einer Einführung in die Vorteile methodischer Entspannung einige erprobte Entspannungsmethoden kennen:

- Meditation,
- progressive Muskelentspannung nach Jacobson,
- Autogenes Training,
- Yoga,
- mentales Training.

Was bieten Entspannungsmethoden?

Bewusste Entspannung für Körper, Geist und Seele hat schon auf den ersten Blick zwei Vorteile:

- Sie dient als Ausgleich für den oftmals hektischen und stressbeladenen Alltag.
- Sie ist wiederum die beste Voraussetzung für konzentriertes, effektives Arbeiten.

Vielleicht kennen Sie bereits, zumindest vom Hörensagen, die eine oder andere Entspannungsmethode, sei es Meditation, autogenes Training, progressive Muskelentspannung, Yoga oder katatymes Bilderleben. Welche davon eignet sich nun speziell für Ihre Bedürfnisse? Der einfachste und wichtigste Grundsatz ist hier:

> Die Methode, die Ihnen am sympathischsten ist, wird für Sie auch die erfolgversprechendste und wirksamste sein.

Vorteile von methodischem Entspannen

Wenn Sie eine Entspannungsmethode praktizieren, so bedeutet das im Gegensatz zu unseren Schnellhilfetechniken, dass Sie sich

- intensiver,
- regelmäßiger und
- langfristiger

mit dieser Art Stress zu bewältigen auseinandersetzen. Im Idealfall wird die Entspannung zu einem festen Bestandteil Ihres Tagesablaufs, fast wie ein kleines Ritual.

Je öfter Sie sich auf dieselbe Art entspannen, umso mehr stellt sich Ihr Organismus und vor allem Ihr Unterbewusstsein darauf ein. Die Entspannungsreaktion wird im Inneren gleichsam „geankert" und mit der Zeit immer schneller wachgerufen.

Aufgabe: Die Entspannungsmelodie

Angenommen, Sie können regelmäßig eine kleine Mittagspause einlegen und hören sich währenddessen zur Entspannung immer das gleiche Musikstück an. Eines Tages hören Sie dieselbe Musik zufällig in einer anderen Umgebung, zum Beispiel bei einer Vernissage. Sie werden feststellen, dass Sie sich auf einmal wunderbar entspannt, vielleicht sogar ein klein wenig müde fühlen. Ihr Unterbewusstsein hat diese Musik sofort mit der gewohnten dazu gehörigen Situation („Entspannung") in Verbindung gebracht – und entsprechend reagiert.

Viele Entspannungsmethoden, wie das autogene Training und die progressive Muskelentspannung, gehen nach einem bestimmten Schema vor, das für den Körper schnell zu einem vertrauten Ablauf wird. Wie Sie sich das zunutze machen können, werden wir bei der genaueren Beschreibung der einzelnen Methoden noch erläutern.

Durch regelmäßiges Entspannen mit Hilfe einer bewährten Methode sprechen Sie den gesamten Organismus an. Sie können tiefer und dauerhafter loslassen, der Körper bekommt eine kleine Auszeit zum regenerieren, Geist und Seele schließen sich rasch an und nehmen wohltuenden Abstand vom Alltag und seinen Anforderungen.

So schaffen Sie dauerhafte Kraftreserven, die es Ihnen erlauben werden in der nächsten anstrengenden Situation ruhiger und gelassener zu reagieren. Sie halten wiederholten Stress und Spitzenzeiten besser durch, als das durch akutes „Krisenmanagement" oder durch Schnellhilfen möglich ist.

Urlaub im Alphazustand

Schon wenn Sie sich täglich (aber regelmäßig!) für nur wenige Minuten zurückziehen und eine dieser Methoden anwenden, spüren Sie die wohltuende Wirkung, die zwischen Innen und Außen ein wechselndes Gleichgewicht schafft. Ihre Sinne, die zuvor auf Ihre Umgebung gerichtet waren, sammeln sich jetzt in Ihrem Innern und konzentrieren sich auf Ihre geistige Welt. Sie gleiten in den sogenannten Alphazustand: Ihr Gehirn produziert nicht mehr wie im aktiven Wachzustand Betawellen (über 14 Schwingungen pro Sekunde), sondern nur noch Alphawellen (7–14 Schwingungen pro Sekunde); dennoch sind Sie nicht eingeschlafen: Sie sind lediglich „leicht abgehoben". In dieser Art Entspannung befinden Sie sich auch in den ersten zwanzig Minuten direkt nach dem Einschlafen.

Wenn Sie diesen Zustand tagsüber bewusst herbeiführen, werden Sie sich wunderbar vom Alltagsstress erholen und neu auftanken. Gleichzeitig ist nachgewiesen:

Im Alphazustand arbeitet Ihr Gehirn am besten!

Trotz niedriger Frequenzen Ihrer Gehirnströme sind Sie bei vollem Bewusstsein. So können Sie leicht und mühelos Ihre Kreativität fördern, Ihr Gedächtnis ausbauen, Ihre Motivation stärken, nach Lösungsansätzen suchen, Ihre Intelligenz trainieren und so weiter – konzentriert sind Sie im Alphazustand ganz von alleine!

Nicht umsonst gibt es viele neue Forschungsergebnisse, Bücher und Lernprogramme zum Thema „Leichter lernen in Entspannung"; dies könnte den bisher üblichen Schulmethoden schon bald ernsthafte Konkurrenz machen. Deshalb sind auch Tagträume im entspannten Zustand oftmals überraschend produktiv: Ihre Fantasie und Kreativität arbeiten auf Hochtouren und werden nicht durch Äußerlichkeiten gebremst oder abgelenkt.

Wie Sie lernen, sich zu entspannen

Grundsätzlich gibt es zwei Möglichkeiten: Sie lernen die Standardmethoden alleine mit Hilfe von Büchern, Videos oder Kassetten, oder aber Sie besuchen einen entsprechenden Kurs.

Wir raten dazu, am Anfang auf alle Fälle lieber einen Kurs zu besuchen. Dieser ist je nach Methode unterschiedlich lang und intensiv; wir werden bei den einzelnen Beschreibungen noch genauer darauf eingehen. Kurse werden vor allem von Krankenkassen und Volkshochschulen angeboten, zuweilen auch von Bildungswerken oder größeren Fitness- und Erholungszentren.

Der Besuch eines Entspannungskurses hat, auch wenn er nur einmal in der Woche stattfindet, eine ganze Reihe von Vorteilen gegenüber der autodidaktischen Methode:

- Sie erhalten detaillierte Anleitung von geschulten Kursleitern.

- Bei Fragen haben Sie eine Ansprechperson, die Ihnen sofort Auskunft geben kann.

- Die Mitglieder der Gruppe können sich gegenseitig unterstützen und motivieren.

- Ein schöner Nebeneffekt: Sie erleben, dass Sie mit Ihren Beschwerden oder Kümmernissen nicht alleine sind; den anderen Kursteilnehmern ergeht es in vielen Situationen ähnlich wie Ihnen.

- Durch den regelmäßigen Kurstermin ist es für Sie einfacher, am Ball zu bleiben, als wenn Sie alleine üben.

Der Vorteil, den Sie haben, wenn Sie mit Hilfe von Büchern und anderem Material selbst in die Materie einsteigen, ist die flexiblere Zeitgestaltung: Sie können sich damit befassen, wann immer es sich in Ihren Tagesplan integrieren lässt, und sind nicht auf zeitliche Vorgaben angewiesen.

Nach unserer Erfahrung ist das aber eine eher zu vernachlässigende Größe, denn die Gefahr, dass Sie „nur gerade heute einmal nicht" üben und so aus dem Rhythmus geraten, ist ungleich größer, als wenn Sie ein Kursangebot wahrnehmen.

Wie schon erwähnt: Zehn Minuten täglich sind besser und effektiver als eine Stunde in der Woche – und wenn Sie zusätzlich zu den zehn Minuten auch noch regelmäßig unter Anleitung üben können, steht einer erfolgreichen Entspannung und Regeneration bald nichts mehr im Weg.

Stress abbauen mit Meditation

Ein Zen-Schüler fragte seinen Meister, wie er denn meditieren solle. Der Meister überlegte lange und antwortete schließlich: „Wenn Du einen Gedanken zu Ende gedacht hast und der nächste noch nicht begonnen hat, gibt es da nicht eine ganz kleine Lücke?" „Ja", erwiderte der Schüler. „Dann geh und verlängere sie", entgegnete der Meister, „das ist Meditation."

Einfach sein

Diese kleine Geschichte weist auf das Wesen der Meditation hin: Einfach *sein* mit dem, was gerade ist, ohne Absicht, ohne einem Gedanken nachzuhängen. Eine kleine Zeit lang nur innehalten und beobachten: Das eigene Sein, die verwirrenden vielfältigen Gedanken – Abstand gewinnen, ohne zu bewerten.

Normalerweise sind Sie ständig in Bewegung: Körper, Geist und Seele sind aktiv, oftmals sogar mit verschiedenen Geschehnissen gleichzeitig beschäftigt, so dass es Ihnen schwer fällt überhaupt zu registrieren, was nun von Bedeutung ist und was nicht.

Sie gehen zum Beispiel mit einem Kollegen in die Kantine, unterhalten sich über die bevorstehende Konferenz und in

Ihrem Innern lebt noch ein Gefühl von ungeklärter Unruhe, weil Sie die Unterlagen noch nicht vorbereitet haben. Gleichzeitig nehmen Sie Ihre Mahlzeit ein, ohne recht zu merken, was Sie da essen, und im äußeren Ablauf der alltäglichen Routine registrieren Sie dieses innere Durcheinander gar nicht.

Machen Sie, falls möglich, gerade jetzt einmal den folgenden kleinen Test:

Übung: Gedanken verfolgen

 Setzen Sie sich an einen ruhigen Platz und schließen Sie die Augen. Beobachten Sie etwa fünf Minuten lang, welche Gedanken Ihnen durch den Kopf ziehen.

Sie brauchen dabei nichts weiter zu tun, als einfach zu beobachten, zu registrieren, die Gedanken kommen und gehen zu lassen, ohne sie zu bewerten oder weiter zu verfolgen.

Wahrscheinlich wird es in Ihrem Kopf ziemlich durcheinander gehen: Die verschiedensten Gedanken, Empfindungen, Erinnerungen, Situationen, Äußerungen von anderen, eigene und fremde Bewertungen, Gedankensprünge und vieles mehr werden auftauchen. Indem Sie sich davon – in der Meditation – innerlich zu distanzieren lernen, laufen Sie weniger Gefahr, sich von diesem Chaos überwältigen zu lassen. Sie sind für eine gewisse Zeit Beobachter Ihrer eigenen Innenwelt, Sie sehen sich an, was da *ist*, ohne es zu bewerten.

Am einfachsten finden Sie den Einstieg in die Meditation mit den folgenden vier Schritten:

In vier Schritten in die Meditation einsteigen

	1.	Entspannen
	2.	Konzentrieren
	3.	Beobachten
	4.	Sein

(aus: Jeanmaire, *Meditation*, S. 15, s. Literaturverzeichnis)

Das sind im Grunde vollkommen selbstverständliche Handlungen, die Sie sicherlich dutzende Male am Tag auch praktizieren – aber nicht in dieser wohltuenden bewussten Kombination. Sie finden diese vier Schritte in den folgenden Übungen wieder und Sie sind eingeladen für sich in Ruhe auszuprobieren, was Ihnen zusagt und was Ihnen hilft, Ihren inneren Frieden zu finden.

Die Minimeditation für jeden Tag

Für diese Übung sind keinerlei Vorbereitungen nötig. Hilfreich ist es allerdings, wenn Sie dafür sorgen können, dass Sie nicht gestört werden und etwa fünf bis zehn Minuten Zeit für sich haben.

Übung: Minimeditation in fünfzehn Minuten

Entspannen:

Die Entspannung beginnt mit dem Ausschütteln. Stellen Sie sich hin, die Füße schulterbreit auseinander, gehen Sie leicht in die Knie und schütteln kurz Arme, Hände, Beine und Oberkörper aus. Danach setzen Sie sich bequem und aufrecht hin, entweder ganz normal auf einen Stuhl oder im Schneidersitz auf ein Kissen.

Konzentrieren:

Schließen Sie die Augen ganz langsam. Der Blick richtet sich nun nach innen. Lassen Sie Ihren Atem ruhig ein- und ausströmen. Tun Sie das etwa hundert Atemzüge lang. Diese Zeit gehört Ihnen und Sie konzentrieren sich ausschließlich auf Ihren Atem.

Beobachten:

Schauen Sie zu, wie die Gedanken Ihnen durch den Kopf gehen, welche besonders häufig sind, und bleiben Sie an keinem hängen. Beobachten Sie auch, welche Empfindungen hochkommen, und merken Sie sich diese. Sie sitzen jetzt auf der Zuschauertribüne und sehen sich das Spektakel in Ihrem Inneren an, aber sozusagen von außen. Das schafft die Distanz, die Sie brauchen, damit Sie nicht nur mehr oder weniger auf Ihre Umwelt reagieren, sondern das tun, was Ihnen wirklich entgegenkommt.

Sein:

Fünfzig Atemzüge lang sprechen Sie unhörbar das Wort „jetzt" beim Ausatmen aus. Sie konzentrieren sich nun auf die Gegenwart, so intensiv Sie können.

Abschluss:

Nach fünfzig Atemzügen halten Sie die Luft an, so lange Sie können, dann atmen Sie laut aus und öffnen die Augen dabei.

(aus: Jeanmaire, *Meditation*, S. 15, s. Literaturverzeichnis)

Diese Übung können Sie bequem jeden Tag durchführen; sie beansprucht nicht viel Zeit und schafft doch ein klares Bewusstsein für Ihre momentane Situation. Sie wird Aufgaben und Pflichten nicht in Luft auflösen, Ihnen aber sicherlich dabei helfen, diese zu bewerkstelligen.

Atemmeditationen

Die Technik der reinen Atembeobachtung erfordert wenig Übungsaufwand und der Entspannungszustand tritt schon innerhalb von ein paar Minuten ein:

Grundübung Atemmeditation

Sie machen es sich bequem, schließen die Augen und beobachten einfach Ihren Atem. Sie tun sonst gar nichts; Sie wollen ihn in keinster Weise beeinflussen. Sie konzentrieren sich nur auf Ihren natürlichen Atemrhythmus.

Das ist die einfachste Version, auf der alle anderen Übungsvarianten aufbauen. Alle Varianten haben gemeinsam, dass sie immer angewendet werden können, egal wo Sie sich gerade befinden. Sie können sich auf Ihren Atem konzentrieren, während Sie auf den Bus warten, in einer kleinen Pause im Büro, an der Tankstelle oder beim Warten vor der Supermarktkasse, im Zahnarztstuhl oder wenn Ihr Vorgesetzter Sie im Vorzimmer warten lässt. In solchen Situationen ist eine kleine, von den anderen unbemerkte Atemmeditation wie ein kurzes Ausklinken aus dem Alltag, das ein wenig Entspannung und Abstand bringen kann.

Nach kurzer Zeit schon wird Ihre Atmung langsamer, die Pausen zwischen Ein- und Ausatmen werden länger und die Ruhe breitet sich im ganzen Körper aus. (Dieser Effekt ist natürlich umso stärker spürbar, je ungestörter Sie gerade sind.) Genießen Sie dieses sanfte Wechselspiel zwischen Einatmen und Ausatmen; denken Sie dabei vielleicht an die

Wellen des Meeres oder langsame Schaukelbewegungen, und lassen Sie sich von diesem angenehmen Rhythmus tragen.

Je bewusster Sie Ihre Atmung beobachten und einfach geschehen lassen, umso klarer wird sie sich verlangsamen, umso leichter kann sich die Ruhe in Ihrem Innern ausbreiten – die wiederum das langsame Atmen fördert. Ein wohltuender Kreislauf des Loslassens beginnt.

Das können Sie mit der folgenden Übung selbst einmal ausprobieren:

Übung: Konzentriertes Atmen

 Setzen oder legen Sie sich an einen Ort, wo Sie für ein paar Minuten ungestört sind, und zählen Sie Ihre Atemzüge. Zählen Sie von 1 bis 10, und wenn Sie bei 10 angelangt sind, beginnen Sie wieder von vorne. Konzentrieren Sie sich ausschließlich auf Ihre Atmung.

Diese Übung klingt sehr einfach und sie ist es auch. Vorausgesetzt, Sie stellen nicht gleich allerhöchste Ansprüche an sich selbst. Denn es wird Ihnen mit großer Wahrscheinlichkeit nicht gelingen, nur an das Zählen der Atemzüge zu denken. Es werden sich spätestens beim dritten oder vierten Atemzug andere Alltagsgedanken einschleichen. Und hier beginnt die Kunst des Meditierens:

- Lassen Sie diese Gedanken einfach ziehen, so wie die Wolken am Sommerhimmel im leichten Wind weiterziehen.

- Schenken Sie ihnen keine Aufmerksamkeit, lassen Sie sich nicht von ihnen einfangen.

- Sie sind nicht diese Gedanken, Sie beobachten sie nur. Die Gedanken sind ein Teil von Ihnen, der im Moment nicht wichtig ist.

- Es kommt nicht darauf an, in dieser Konzentration auf die Atmung „gedankenfrei" zu sein, sondern immer wieder zur Atmung zurückzukehren.

Wenn Sie diese Punkte beachten, werden Sie merken, dass es Ihnen mit fortschreitender Übung immer leichter fallen wird, sich für eine kleine Weile von Ihren Gedanken zu distanzieren.

Bewusst ein- und ausatmen

Die folgende Anregung mag Ihnen noch ein wenig leichter erscheinen, da sie die Konzentrationsfähigkeit fordert und so von vornherein weniger Raum für eigene Gedanken lässt, die eventuell auftauchen wollen.

Übung: Bewusst ein- und ausatmen

 Stellen Sie sich vor, falls möglich mit geschlossenen Augen, dass Sie nur zu einem Nasenflügel einatmen und zum anderen wieder aus. Dabei wechseln Sie ab wie folgt:

1: zum linken Flügel ein   zum rechten Flügel aus

2: zum rechten Flügel ein   zum linken Flügel aus

3: zum linken Flügel ein   zum rechten Flügel aus

4: zum rechten Flügel ein   zum linken Flügel aus

5: durch beide Flügel ein   durch beide Flügel aus

Danach beginnen Sie von vorne.

Diese Übung können Sie in vielen Situationen von anderen völlig unbemerkt anwenden. Durch die Lenkung der Aufmerksamkeit in Ihrer Vorstellung wird ein Umschalten von außen nach innen bewirkt und die Entspannung eingeleitet und gefördert.

Solche und ähnliche Atemmeditationen können Sie ohne Weiteres für sich alleine ausführen. Eine ganz einfache Variante besteht zum Beispiel darin, dass Sie sich ruhig hinlegen und lediglich den Weg des Atems in Ihrem Körper verfolgen: durch die Nase, den Hals und die Lunge in den Brustraum und Bauchraum, von dort langsam wieder zurück. Sie können sich zum Beispiel auch vorstellen, in den Rücken zu atmen und den Atemstrom in Ihren Gedanken an eine Stelle zu lenken, an der Sie Schmerzen empfinden, und so weiter.

Sie können nach Belieben neue Varianten erfinden und sich durch Ihre eigene Fantasie anregen lassen. Wichtig ist vor allem, dass es Ihnen gut tut, dass Sie spüren, wie sich der Atem durch die Übung beruhigt und der ganze Organismus eine Pause macht.

Meditation in Bewegung

Viele Menschen finden allerdings leichter über dynamische Meditationen zur inneren Ruhe. Hier verstärken bewusst vollzogene Bewegungen das Empfinden für den eigenen Körper. Über Bewegung lassen sich die ersten offensichtlichen Spannungen abbauen; so ist es für Sie vielleicht einfacher, innere Ruhe und Gelöstheit zu erreichen, als wenn Sie sich hinsetzen und sofort ruhig und still sein wollen.

Auch die weiter oben empfohlene Minimeditation beginnt ja mit dem Ausschütteln des Körpers. Das können Sie für sich noch etwas intensivieren.

Übung: Anspannungen „wegschütteln"

 Stellen Sie sich fest auf den Boden, die Füße schulterbreit auseinander, und gehen Sie leicht in die Knie. Dann schütteln Sie Arme und Beine, Kopf und Schultern zehn Minuten lang aus. Lassen Sie alle Anspannungen der vergangenen Stunden einfach los, schütteln Sie sich frei.

Anschließend setzen Sie sich an einen ruhigen Platz und beobachten fünf Minuten lang Ihren Atem.

Benutzen Sie beim Atmen eine Technik, die Ihnen angenehm ist: die Wechselatmung, das Zählen der Atemzüge oder das Verfolgen des Atems im Körper. Experimentieren Sie ein wenig und beobachten Sie, was für Sie das Beste ist.

Durch die Bewegung ist das Umschalten von außen nach innen für viele Menschen leichter. Beim Ausschütteln lassen sich belastende Gedanken gleich mit abschütteln, der Kontrast zwischen Bewegung und Innehalten ist nicht so stark wie bei manchen anderen Übungsvorschlägen.

Im Folgenden stellen wir Ihnen eine etwas ausführlichere Bewegungsmeditation vor, die Sie für sich selbst gestalten und variieren können. Wenn Sie möchten, unterstützen Sie diese Meditation, indem Sie sich passende Musikstücke aussuchen und auf CD brennen, so dass Sie die Übung ohne Unterbrechungen durchführen können.

Sie benötigen dreierlei Musik:

- Phase 1: fröhliche, lebendige Klänge
- Phase 2: Musik, nach der Sie gerne tanzen
- Phase 3: leise, unaufdringliche („sphärische")
          Hintergrundmusik
- (evtl. Phase 4: Stille)

Übung: Phasenweise zur Ruhe kommen

Phase 1: Etwa 10 Minuten Schütteln (wie oben beschrieben).

Phase 2: 10-15 Minuten Tanzen. Spüren Sie die Energie, zu der Sie durch das Schütteln nun Zugang gefunden haben, und drücken Sie Ihre Gefühle in Bewegung aus.

Phase 3: 10-15 Minuten Musik. Sitzen oder liegen Sie ganz ruhig, und hören Sie einfach in sich hinein.

(Evtl. Phase 4: wie Phase 3, aber in Stille.)

Diese Übung können Sie nach Bedarf variieren: Vielleicht möchten Sie sich nur ausschütteln und anschließend die Ruhe genießen, vielleicht ganz lange tanzen und nur kurz in sich hinein hören, vielleicht nach dem Tanzen gleich still sein – probieren Sie einfach aus, was Ihnen gut tut.

Wenn Sie gerade sehr aufgeregt sind, können Sie auch statt der Tanzphase eine Energiephase einfügen, während der Sie springen, toben, schreien, laut und „verrückt" sind (vorausgesetzt, Sie haben ein dafür geeignetes Umfeld) und sich so mit Ihrer Energie verbinden. In diesem Fall wählen Sie am besten eine sehr heftige, aufwirbelnde Musik, etwa mit Urwaldklängen oder lautem Schlagzeug. Wichtig ist, dass Sie sich zu Beginn der Übung Zeit nehmen, um vom Alltag Abstand zu gewinnen, und dass Sie sich am Ende Zeit nehmen, um in Ruhe allein zu sein.

Anfangs kann es angenehmer sein solche Übungen unter Anleitung in einer Meditationsgruppe zu machen. Zum einen steht dort mit großer Wahrscheinlichkeit ein Raum zur Verfügung, wo Sie genügend Platz haben und auch laut sein dürfen, zum anderen braucht es vielleicht die ersten Male doch ein wenig Mut, diese Anweisungen offen und klar zu befolgen und sich frei zu bewegen. Das kann in einer Gruppe, in der alle das Gleiche tun, um einiges leichter sein als allein zu Hause. Dort kann man, wenn man sich dabei komisch vorkommt, schnell in Versuchung geraten, die Übung vorzeitig zu beenden; in einer Gruppe lässt man sich leichter auch zu etwas Ungewohntem motivieren. Und nur so erfahren Sie ja am Ende den erholsamen Effekt einer solchen Übung am eigenen Körper. Auf jeden Fall ist es ratsam, die Augen geschlossen zu halten oder eine Augenbinde zu tragen.

Effekt der Bewegungsmeditationen

Bewegungsmeditationen lösen rasch die Verspannungen im Körper, die sich vor allem bei Stress oftmals unbemerkt einschleichen. Anschließend verspüren Sie neue Kraft, Frische und Klarheit. Allerdings sollten Sie nicht nach dem ersten Versuch bereits aufgeben, wenn Ihnen diese Art der Entspannung nicht so sehr zu liegen scheint; versuchen Sie es ruhig zu einem späteren Zeitpunkt noch einmal. Je nach Ihrer aktuellen Tagesform nützt Ihnen heute diese, morgen jene

Entspannungsmethode mehr; und so kann es nicht schaden, wenn Sie sich im Laufe der Zeit ein breit gefächertes Repertoire erarbeiten.

Meditationskurse sind an Volkshochschulen derzeit noch nicht sehr verbreitet. Immer häufiger bilden sich auch unabhängige private Meditationsgruppen, die sich regelmäßig treffen und unter der Anleitung eines erfahrenen Gruppenleiters gemeinsam meditieren (Adressen in regionalen Tageszeitungen oder entsprechenden Zeitschriften). Der Fachhandel hält eine große Anzahl Bücher und CDs mit Meditationsanleitungen bereit; lassen Sie sich am besten dort persönlich beraten.

Die klassischen Methoden

Beim Erlernen einer der Methoden, die wir hier als die „klassischen Entspannungsverfahren" bezeichnen, erreicht man eine erhöhte Sensibilität für Spannungszustände sowohl auf körperlicher als auch auf geistiger oder emotionaler Ebene. Diese Achtsamkeit lässt sich später auf den Alltag übertragen, so dass Sie auch hier immer schneller bemerken, in welchem Zustand Sie sich gerade befinden, und ob es Ihnen damit gut geht.

Schließlich werden Sie in der Lage sein diese Zustände mehr und mehr zu beeinflussen, das heißt wahrzunehmen, wenn Sie angespannt sind, und das mit der Methode Ihrer Wahl zu verändern.

Die folgenden Verfahren sollten für den Anfang so lange in einer Gruppe eingeübt werden, bis Sie sich in der Anwendung und Ausführung sicher sind. Anschließend können Sie sie alleine zu Hause praktizieren. Das schließt natürlich nicht aus, dass Sie bereits in der Lernphase zusätzlich zum Kurs auch daheim noch üben; und je regelmäßiger Sie das tun, umso schneller und konsequenter wird sich der Entspannungseffekt einstellen.

Progressive Muskelentspannung nach Jacobson

Hier handelt es sich um ein modernes Entspannungsverfahren, das Ende der 1930er Jahre von Edmund Jacobson an der Universität von Chicago vorgestellt wurde. Seitdem wurde es unter verschiedenen Aspekten verbessert und modifiziert.

Die progressive Muskelentspannung sieht vor, dass nacheinander sechzehn verschiedene Muskelgruppen des Körpers zunächst angespannt und nach ein paar Sekunden wieder entspannt werden. Darauf folgt eine kurze Pause, um den Zustand des inneren Gelöstseins intensiv wahrzunehmen.

Durch den deutlichen Gegensatz zwischen Anspannung und Entspannung der Muskeln stellt sich rasch ein allgemeines Wohlbefinden ein: Körper, Geist und Seele werden ruhig und entspannter.

Die Übungsanleitungen ähneln den Bewegungsabläufen, wie sie Ihnen vielleicht vom sportlichen Muskeltraining her vertraut sind. Allein die Konzentration auf das Gefühl der Entspannung zwischen den Phasen der Anspannung kommt hier als zusätzliche Aufgabe hinzu.

Durch die Einfachheit der Anweisungen kommen auch Menschen, die mit anderen Methoden (autogenem Training, Atemübungen, Meditation) eher Schwierigkeiten haben, rasch und zuverlässig in einen angenehmen Entspannungszustand. Zusätzlich sind sie im Kurs durch die Vorgaben des Übungsleiters dazu angehalten, sich auf ihre Körperwahrnehmungen und ihre Empfindungen zu konzentrieren; so schleichen sich eigene Gedanken und Sorgen nicht mehr ohne Weiteres ein.

Damit Sie einen konkreteren Eindruck von dieser Methode bekommen, geben wir hier eine Übungsanleitung detailliert wieder (aus: Olschewski: *Progressive Muskelentspannung*, S. 59 ff., s. Literaturverzeichnis):

Übung: Progressive Muskelentspannung

Sitzen Sie auf einem bequemen Stuhl, der es Ihnen ermöglicht, locker zu sitzen. Achten Sie darauf, dass der Stuhl Sie trägt, auch wenn sämtliche Muskelgruppen Ihres Körpers entspannt sind. (...) Wir beginnen diese Sitzung, indem wir verschiedene Muskelgruppen durchgehen und diese zunächst anspannen und anschließend intensiv entspannen und locker werden lassen.

Wir beginnen mit der rechten Hand und dem rechten Unterarm. Bilden Sie mit der rechten Hand eine Faust und spannen Sie jetzt die Muskeln Ihrer rechten Hand und des rechten Unterarms maximal an. Fühlen sie diese intensive Spannung, halten Sie sie noch ein wenig (5-7 Sek.) und lassen JETZT wieder los ... (15-20 Sek. Pause).

Wir wiederholen diese Übung nochmals. Spannen Sie JETZT die rechte Faust und lassen Sie auch den rechten Unterarm angespannt sein ... (30-40 Sek. Pause).

Wir kommen zum rechten Oberarm, den Sie anspannen können, indem Sie mit angewinkeltem Arm den Oberarm gegen den Brustkorb drücken und die Muskeln des Oberarms intensiv anspannen. Achten Sie dabei darauf, die Muskeln des Unterarms und der Hand weitgehend locker zu lassen. Spannen Sie JETZT fest an und halten Sie noch einige Sekunden, und lassen Sie JETZT wieder los.

Wir kommen nun zur linken Hand und zum linken Unterarm ...

Nun folgt der linke Oberarm ...

Anschließend werden die Gesichtsmuskeln gelockert: Ziehen Sie die Augenbrauen nach oben und spannen Sie auch die Stirn- und Scheitelregion an (eventuell sollte der Therapeut dem Klienten die Übung zeigen, indem er sie zunächst selbst ausführt und der Klient zusieht).

Es folgt die Anspannung der mittleren Gesichtspartien, indem man die Augen fest zukneift und gleichzeitig die Nase rümpft, um Spannung im gesamten mittleren Gesichtsbereich zu erzeugen.

Die Anspannung des unteren Gesichtsdrittels wird dadurch erzeugt, dass man die Zähne fest zusammenbeißt und die Mundwinkel stark nach unten in Richtung auf den Hals zu und nach außen zieht.

Anschließend werden die Nackenmuskeln angespannt, indem man das Kinn in Richtung Brust zieht, gleichzeitig aber durch eine Gegenspannung im Nacken gegen diese Spannung gegenhält, so dass sich die Anspannung der vorderen Halsmuskulatur und der Nackenmuskulatur aufhebt.

Als Nächstes werden dann die Muskeln des Schultergürtels, der Brust und der oberen Rückenpartie angespannt, indem die Schultern nach hinten zum Rücken und die Schulterblätter nach innen zusammengezogen werden. Gleichzeitig sollten die Brustmuskeln angespannt und dadurch die Schultern etwas nach unten gezogen werden.

Anschließend spannen Sie die Bauchmuskeln an, indem Sie den Bauch hart werden lassen und gleichzeitig mit den Lendenmuskeln etwas dagegen halten, so dass sich der Rumpf nicht nach vorne bewegt (was geschehen würde, wenn man nur die Bauchmuskeln anspannt).

Nun kommen wir zu den Muskeln des rechten Oberschenkels: Spannen Sie den vorderen Oberschenkelmuskel an, so, als wollten Sie die Beine strecken, und halten Sie gleichzeitig mit den hinteren Muskeln dagegen. Sie können dabei das Bein vom Boden abheben und ein wenig nach vorne strecken. Wer mit der Anspannung beider Muskelgruppen Schwierigkeiten hat, kann das Bein wieder auf den Boden aufstellen und so tun, als wollte er mit dem Fuß ein Loch in den Boden drücken und/oder den Boden ein wenig nach vorne schieben.

Wir kommen zum rechten Unterschenkel: Ziehen Sie die Zehen in Richtung Ihres Kopfes und spannen Sie gleichzeitig die Rückseite der Unterschenkel an, so dass gegen diese Anspannung eine Gegenkraft entsteht. Wir kommen zu den Fußmuskeln der rechten Seite: Heben Sie den Fuß etwas vom Boden ab, strecken Sie den Fuß in Richtung zum Boden, beugen Sie die Zehen und drehen Sie den Fuß vielleicht zusätzlich noch leicht nach innen. Lassen Sie eine maximale Spannung in den Fußmuskeln entstehen.

Nun folgt der linke Oberschenkel ...

Anschließend wird der linke Unterschenkel angespannt ...

Anschließend werden die Zehen des linken Fußes hochgezogen ...

Sitzen Sie anschließend locker und entspannt noch einige Minuten in Ihrem Stuhl und nehmen Sie wach und mit allen Sinnen wahr, welche Veränderungen aufgetreten sind und welche Veränderungen Sie jetzt noch beobachten können. Strecken und dehnen Sie sich anschließend, gähnen Sie vielleicht. Achten Sie vielleicht jetzt besonders darauf, dass Sie aus dem Übungszustand vollständig zurückgekehrt sind und wach sowie gleichzeitig entspannt sind.

Diese Methode, die zunächst den Körper beansprucht, entspannt und erfrischt anschließend auch den Geist: Die Teilnehmer von Kursen in progressiver Muskelentspannung stellen nach den Übungen oftmals fest, dass ihre Muskulatur im Alltag eine erstaunlich hohe Grundspannung aufweist, die von den äußeren Gegebenheiten her gar nicht nötig wäre. Solche Verspannungen lassen sich willentlich und spontan oft gar nicht lösen; erst durch die totale Anspannung der betroffenen Muskelgruppe und das anschließende Loslassen stellt sich Entspannung ein.

Die progressive Muskelentspannung fördert nicht nur die innere Gelassenheit und Ausgeglichenheit. Man kann durch sie auch die allgemeine Beweglichkeit und körperliche Ausdauer steigern.

Durch das Erlernen dieser Methode in der Gruppe unter Anleitung eines ausgebildeten Therapeuten und durch das anschließende selbständige Üben zu Hause wird die Technik gefestigt, und mit der Zeit stellt sich eine innere Gelassenheit ein, die zur deutlichen Abnahme von (subjektiv empfundenem) Stress führen kann. Im Kurs werden Sie dann auch im Liegen üben; Sie erfahren, wie sich mit etwas Erfahrung die Muskelgruppen zusammenfassen und auf sieben oder vier reduzieren lassen. In der Oberstufe können Sie sich später sogar das konkrete Anspannen und Lösen der einzelnen Muskelpartien ersparen, indem Sie die jeweilige Muskelgruppe bewusst wahrnehmen und anschließend „nur" in Ihrer Vorstellung entspannen. Diese mentale Entspannung überträgt sich tatsächlich – nachweisbar – auf das Körpergefühl!

Kurse für die progressive Muskelentspannung finden Sie am einfachsten an Volkshochschulen; sie umfassen etwa fünf bis acht Termine. Die Übungen eignen sich sehr gut zum Einstieg in das Thema Entspannung, gerade auch dann, wenn Sie nie zuvor mit solchen Methoden zu tun hatten.

Autogenes Training

Der Begriff „autogen" kommt aus dem Griechischen und bedeutet „ursprünglich, selbsttätig". Mit dem Begriff autogenes Training ist gemeint, dass ein äußerer Anstoß einen inneren Vorgang auslöst, der in diesem Moment aus sich selbst erwächst. Diese Methode ist in den 1930er Jahren aus der Hypnose entstanden und wurde von I. H. Schultz in Berlin ausgearbeitet.

Sie besteht aus insgesamt sechs Übungsteilen, von denen wir Ihnen hier die beiden ersten näher vorstellen werden. Sehr schnell empfinden die Lernenden durch die Anleitungen Ruhe, Schwere und Wärme. Das Gefühl von Schwere entsteht durch die Entspannung der Muskeln; das Wärmegefühl stellt sich ein, wenn sich die Blutgefäße erweitern und mehr Blut hindurchströmen kann. Der ganze Organismus entspannt sich wie beim gewohnten Nachtschlaf, aber hier tritt der Effekt allein durch die entsprechende Konzentration ein.

Das autogene Training dient nicht nur der allgemeinen Entspannung, sondern steigert auch Ihre Konzentrations- und geistige Leistungsfähigkeit. Es wird, wie andere Methoden auch, als wichtiges Element der Vorsorgemedizin betrachtet. Schon die beiden Grundübungen (Entspannung der Muskeln und Erweitern der Blutgefäße) erhöhen nachweisbar die Widerstandskraft des Organismus und steigern die Immunabwehr.

Im Einzelnen werden die folgenden Stufen erarbeitet:

- Entspannung der Muskeln (Schweregefühl)
- Erweitern der Blutgefäße (Wärmegefühl)
- Ruhig Atmen
- Gleichmäßiger Herzschlag
- Wärme in den inneren Organen fühlen (Sonnengeflecht)
- Kühle am Kopf empfinden (Stirnkühle)

Diese Zustände werden nun nicht durch den bewussten Willen erreicht, der mit aktiver Spannung arbeitet, sondern nur durch Konzentration auf bestimmte Vorstellungen. Vielleicht kann eine kleine Vorübung verdeutlichen, was hier gemeint ist.

Übung: Bewegung durch Konzentration

Stützen Sie Ihren Ellenbogen auf und nehmen Sie einen Faden zwischen die Fingerspitzen, an den Sie einen kleinen Gegenstand gehängt haben. Versuchen Sie nun, ohne irgendetwas willentlich zu tun, das Pendel allein durch Ihre Vorstellung und Konzentration dazu zu bringen, in eine bestimmte Richtung zu schwingen.

Sie werden feststellen, dass das recht einfach ist. Zur Probe können Sie nach einer kleinen Weile die Richtung ändern und den Gegenstand statt vor und zurück vielleicht von links nach rechts oder im Kreis schwingen lassen. Beobachten Sie, wie es sich anfühlt, diese Schwingungen durch Konzentration zu beeinflussen.

Sie erleben recht anschaulich, dass die innere Sammlung und bewusste Konzentration durchaus eine erkennbare Reaktion, sogar eine Bewegung verursachen können. Die Übung zeigt das Wesen des autogenen Trainings: Indem Sie sich darauf konzentrieren, dass Ihre Muskeln immer gelöster werden, geschieht dies auch spürbar. Sie erleben das Ergebnis dann als Gefühl der Schwere und Entspannung.

Diese Schwere können Sie nicht „machen", sondern sie kann nur durch Konzentration entstehen. Sie können ja auch nicht das Einschlafen bewusst „tun", sondern Sie geben sich dem Schlaf hin. Sie können dieses Phänomen mit der folgenden Übung nachvollziehen:

Übung: Wärme durch Konzentration

Sorgen Sie dafür, dass Sie ein paar Minuten ungestört sind, und legen Sie sich bequem hin. Konzentrieren Sie sich nun auf die folgenden Formeln und wiederholen Sie sie in Gedanken:

Ich bin ruhig. Ich bin ganz ruhig.
Der rechte Arm ist angenehm schwer. (3-4 mal wiederholen)
Der linke Arm ist angenehm schwer. (3-4 mal wiederholen)
Ich bin ruhig. Ich bin ganz ruhig.
Beide Arme sind angenehm schwer. (3-4 mal wiederholen)
Ich bin ruhig. Ich bin ganz ruhig.
Beide Beine sind angenehm schwer. (3-4 mal wiederholen)
Ich bin ruhig. Ich bin ganz ruhig.
Arme und Beine sind angenehm schwer. (3-4 mal wiederholen)
Der ganze Körper ist angenehm schwer. (3-4 mal wiederholen)

Bleiben Sie anschließend noch etwa zwei Minuten lang in dieser angenehmen Entspannung, dann führen Sie folgende Schritte aus (Rücknahme): Sie dehnen und strecken sich kräftig, atmen zwei- bis dreimal tief ein und aus und öffnen schließlich wieder Ihre Augen.

Vielleicht fühlen Sie die Wärme in Ihren Armen und Beinen nicht gleich beim ersten Mal intensiv, doch ist dies ein Effekt, der sich bei regelmäßiger Übung rasch einstellen wird.

> Beim autogenen Training ist es wichtig dauerhaft am Ball zu bleiben: Der Organismus reagiert am schnellsten und zuverlässigsten auf das Entspannungsangebot, wenn es – im Idealfall – zu einem festen Bestandteil des Tagesablaufs wird!

Die zuletzt aufgeführten drei Schritte der sogenannten Rücknahme sind immer dann wichtig, wenn Sie in einen angenehmen Entspannungszustand gelangt sind: Nur so können Sie Ihr Unterbewusstsein wieder auf die Ebene des Alltags und auf die normale Reaktionsfähigkeit zurückbringen.

Die Wichtigkeit dieser Schritte wird in der Fachliteratur beschrieben, doch ist es unseres Erachtens auch hier unbedingt empfehlenswert, einen Kurs zu besuchen und diese Vorgehensweisen einige Male unter kompetenter Anleitung zu üben.

Vorteile des autogenen Trainings

- Sie können sich in kürzester Zeit zuverlässig erholen und entspannen; wenige Minuten autogenes Training entsprechen der Qualität von ein bis zwei Stunden Schlaf.

- Sie leiden weniger unter Aufregung und Ärger. Wenn Sie einmal gelernt haben, „sich zu lassen", das heißt gelassen zu sein und zu bleiben, können Sie diesen Zustand immer wieder bewusst herbeiführen.

- Sie beeinflussen Ihren Wachheitsgrad; Sie sind einerseits hellwach, wenn es nötig ist, andererseits schlafen Sie mit dem autogenen Training schnell und zuverlässig entspannt ein, wenn Sie es wollen.

- Sie schlafen insgesamt tiefer und erholsamer, weil sich der Organismus durch die wiederholten Übungen intensiver entspannt.

- Ihre Leistungsfähigkeit in Sport, Beruf und Freizeit wird deutlich steigen. Sie können störende Reize konsequenter ausblenden und sich besser auf das Wesentliche konzentrieren.

- Insgesamt stärken Sie Ihre körperlichen Abwehrkräfte und unterstützen Ihre inneren Organe sowie die Herz- und Kreislauffunktionen.

(nach: Thomas: *Praxis des Autogenen Trainings*, S. 9 ff., s. Literaturverzeichnis)

Auch bei zahlreichen körperlichen Beschwerden kann das autogene Training deutliche Linderung bringen. Hier sei aber unbedingt angeraten, keine eigenen Experimente zu unternehmen, sondern im ärztlichen Gespräch vorher abzuklären, inwieweit diese Methode für den Einzelfall angebracht ist und ob der Besuch eines Kurses angeraten ist.

Wenn Sie sich gesund fühlen, können sie natürlich auch alleine mit Hilfe von Büchern üben, denn durch das autogene Training können Sie eigentlich keinen gesundheitlichen Schaden anrichten. Sollten jedoch kleinere Störungen auftreten wie zum Beispiel leichte Kopfschmerzen, raten wir von der Selbstlernmethode ab.

Autogenes Training – am besten in der Gruppe

Zum Schluss sei darauf verwiesen, dass wie die meisten Entspannungsmethoden auch das autogene Training in der

Gruppe grundsätzlich viel leichter erlernbar ist, als wenn Sie es alleine versuchen. Ein Grundkurs dauert ca. acht bis zehn Sitzungen; Anbieter sind zahlreiche Volkshochschulen und sogar manche Krankenkassen. Autogenes Training bietet, ähnlich wie die progressive Muskelentspannung, einen leichten und gut nachvollziehbaren Einstieg in die Welt der bewussten Entspannung.

In der Weiterführung des autogenen Trainings im Aufbaukurs lassen sich durch sogenannte „formelhafte Vorsätze", die Sie sich in der Entspannung selbst vorsagen, innere Spannungen zu Ihrem Vorteil beeinflussen. Sie können sich im Ruhezustand wünschenswerte Veränderungen suggerieren und so konstruktiv an der Verbesserung und Stärkung Ihres körperlichen, geistigen und seelischen Allgemeinzustands mitwirken.

Der Vorzeigeerfolg: Hannes Lindemann

Vielleicht haben Sie schon einmal von Hannes Lindemann gehört, der Ende der fünfziger Jahre ganz allein mit einem Faltboot den Atlantik überquerte. Er hatte sich auf seine abenteuerliche Fahrt gut vorbereitet, indem er bereits einige Wochen vorher konsequent autogenes Training betrieb. In der Entspannung prägte er sich einige formelhafte Vorsätze ein, die später für ihn überlebenswichtig wurden, so zum Beispiel: „Ich schaffe es!" oder „Kurs West". Diese Vorsätze wurden durch tägliches autogenes Training tief im Unterbewusstsein verankert:

„Der feste Glaube an das Gelingen ist der erste Schritt zur Verwirklichung, das gilt für jedes Unternehmen. (...) Während

ich abends während des Trainings einschlief, war mein letzter Gedanke: Ich schaffe es. Und morgens konzentrierte ich mich als erstes darauf. (...) Man lebt mit dem Vorsatz, man identifiziert sich mit ihm, so dass er zur zweiten Natur wird und jede Zelle des Körpers von diesem‚Ich schaffe es' erfüllt ist. (...) Erst als ich von diesem Gefühl durchdrungen war und getragen wurde, entschied ich mich endgültig, die Fahrt zu unternehmen."

(aus: Lindemann: *Überleben*, S. 14 ff., s. Literaturverzeichnis)

Lindemann hatte seine geistige Vorbereitung derart effektiv betrieben, dass in seinem Unterbewusstsein während der Überquerung in den verschiedensten Krisensituationen jeweils der richtige Vorsatz, das richtige Bild auftauchte und ihm die notwendigen Impulse eingaben: Die Formel „Kurs West" konnte sogar durch zu wenig Schlaf ausgelöste Halluzinationen durchbrechen und gewährleistete, dass Lindemann noch in den letzten Tagen seinen Kurs nach Westen außerordentlich gut einhalten konnte, obwohl er durch die lange Fahrt ziemlich geschwächt war. Auch mit den einfachsten Problemen hatte er in seinem winzigen Boot zu kämpfen – und kam dank des autogenen Trainings gut zurecht:

„Man stelle sich einmal vor: 72 Tage sitzend, Tag und Nacht. Da musste es zu Sitzgeschwüren kommen. Also zauberte ich mir regelmäßig, vermehrt jedoch bei stürmischem Wetter, das Wärmegefühl auf die posterioren Flächen – die leichteste Übung des AT. Mein „Achtersteven" blieb auf diese Weise von Sitz- und Salzwassergeschwüren verschont. Aber das

hatte noch andere Gründe. (...) Tiefstes Entspannen führt zu Wohlbehagen. Wer sich richtig entspannen kann, vergisst seine naturgegebene Angst. Das Schlafbedürfnis nimmt ab, die Sitzunruhe lässt nach, man sitzt so entspannt, dass es nicht so schnell zu Sitzbeschwerden kommt."

(aus: Lindemann: *Überleben*, S. 14 ff., s. Literaturverzeichnis)

Das Unterbewusstsein anregen

Im Entspannungszustand ist das Unterbewusstsein empfänglich für Anregungen verschiedenster Art. Es gibt keine Vorschriften in Bezug auf den Wortlaut solcher innerer Vorgaben. Doch wenn Sie etwas in dieser Richtung unternehmen wollen, sollten Sie beachten, dass eine Affirmation kurz und knapp sein sollte, positiv formuliert und bildhaft einprägsam, so zum Beispiel: „Ich arbeite gut und zuverlässig." oder „Ich verdiene es, reich zu sein." oder „Ich bin gesund und glücklich." Noch wirksamer werden solche Vorsätze, wenn Sie sich die entsprechenden Bilder dazu vorstellen:

Sehen Sie sich in Gedanken an Ihrem Arbeitsplatz, wie Sie

- Ihre Aufgaben erfolgreich und effektiv erledigen.
- Stellen Sie sich vor, wie Sie sich all das kaufen, was Sie sich wünschen.
- Lassen Sie vor Ihrem inneren Auge den Film eines heiteren, fröhlichen Familienausflugs ablaufen.

Je bunter, lebendiger und intensiver diese Vorstellungen sind, umso eher nimmt sie das Unterbewusstsein als „Wahrheit" an – es ist nämlich im Entspannungszustand äußerst empfänglich für Bilder jeglicher Art. (Zum Denken in Bildern siehe auch den Abschnitt „Die Fantasie trainieren".)

Mit Yoga ausgeglichen und belastbar werden

Der Yoga stammt aus der indischen Kultur und beinhaltet die Lehre (und darauf aufbauende Methode) der Vervollkommnung des Menschen. Sie soll durch die Harmonisierung von Körper, Geist und Seele erreicht werden. Auf dem Weg dort hin gibt es verschiedene Stufen, so die Beherrschung körperlicher Begierden, die Beachtung von Reinheitsvorschriften, das Erlernen von bestimmten Körperhaltungen, die Kontrolle des Atems, Verinnerlichung, Konzentration, Meditation und Versenkung.

Heute gibt es eine Vielzahl von Systemen, Methoden und Ansichten, die sich zum Teil vom ursprünglichen Yoga weit entfernt haben.

Auch hier sinnvoll: Einstieg durch einen Kurs

Grundsätzlich kann Yoga von allen Menschen unabhängig von Alter und Beweglichkeit ausgeführt werden; in Zweifelsfällen sollten Sie vorher mit Ihrem Arzt Rücksprache halten. Gerade für ältere Menschen und schwangere Frauen eignet sich Yoga sehr gut, denn die körperlichen Übungen bestehen aus sehr sanften Dehnungen, die jeder selbst nach seinem aktuellen Befinden und Gesundheitszustand ausrichten und mehr oder weniger intensiv praktizieren kann. Yoga fördert die Beweglichkeit des gesamten Körpers und kräftigt die Muskulatur.

Die Übungen sind vielfältig einsetzbar, so zum Beispiel schon bei kleineren Beschwerden wie leicht erhöhtem Blutdruck, Kopf- oder Rückenschmerzen, die auf Verspannungen beruhen, Überforderung der Muskeln, innerer Anspannung sowie zur Vorbeugung und Linderung von Stresssymptomen.

Auch hier ist es wieder ratsam zunächst einen Kurs zu besuchen, in dem ein qualifizierter Yogalehrer die einzelnen Übungen genau erklären und ihre Ausführung kontrollieren kann. Die Kurse erstrecken sich meist über längere Zeiträume oder finden fortlaufend statt. Viele Volkshochschulen bieten mittlerweile Yoga an. Sie können sich auch beim Berufsverband der Yogalehrer in Deutschland BDY e.V. nach Yogavereinigungen in Ihrer Nähe erkundigen (Adresse s. Literaturverzeichnis und Adressen).

So funktioniert Yoga

Basis einer Yogaübung sind sanfte Dehnungen, die den Körper aufwärmen. Sie bauen aufeinander auf, so dass sich die Muskeln langsam an die Anforderungen gewöhnen können. Im Laufe der Zeit lässt dann auch die anfängliche Steifheit der Gelenke nach, äußere und innere Spannungen werden abgebaut und die Beweglichkeit des ganzen Körpers verbessert sich spürbar.

Eine Yogaeinheit umfasst normalerweise drei Sequenzen:

- Yogahaltungen beziehungsweise Dehnungsübungen, die so genannten Asanas,
- spezielle Atemtechniken (Pranayamas),
- Meditationsübungen.

Diese lassen sich in verschiedenen Schwierigkeitsgraden miteinander kombinieren. Dabei dient die Atemübung als Vorbereitung auf die Meditation. Yoga eignet sich sehr gut zur Linderung stressbedingter Beschwerden: Die Asanas wirken beruhigend auf den Körper, während die Pranayamas und die Meditationen die Seele und den Geist besänftigen.

Eine Yogaübung, die diese drei Elemente umfasst, kann zwischen einer halben und knapp zwei Stunden dauern. Damit Sie eine Vorstellung vom Charakter der einzelnen Übungsteile bekommen, stellen wir im Folgenden einige ausgesuchte und einfache Asanas, Pranayanas und Meditationsanleitungen vor.

Vielleicht finden Sie an der einen oder anderen Übung Gefallen; probieren Sie es einfach aus, aber achten Sie besonders bei den Asanas darauf, dass Sie sich nicht überfordern. Erzwingen Sie nichts, und halten Sie die Stellungen nur so lange ein, wie es für Sie angenehm ist. Oberstes Gebot ist Ihr Wohlbefinden!

Übungen: Den Nacken entspannen

 Setzen Sie sich mit geradem Rücken bequem hin und lassen Sie Ihre Arme an den Seiten herunterbaumeln.

Seit-Blicke

Drehen Sie den aufrechten Kopf langsam und vorsichtig, so weit wie möglich nach rechts, dann nach links. Achten Sie darauf, den Kopf nicht nach oben oder unten zu kippen. Wiederholen Sie diese Bewegung 4- bis 8-mal.

Ohr zur Schuler

Kippen Sie Ihren Kopf mit dem Ohr in Richtung Schulter, den Arm der jeweils anderen Seite ziehen Sie dabei gestreckt nach unten. Wechseln Sie dann die Seiten. Genießen Sie die Dehnung der seitlichen Halsmuskulatur jeweils 20 bis 30 Sekunden lang.

Look up and down

Heben Sie zunächst den Kopf und blicken Sie nach oben zur Decke. Dabei atmen Sie ein. Dann senken Sie den Kopf und schauen zwischen den Beinen nach unten zum Boden. Atmen Sie dabei aus. Wiederholen Sie diese Bewegung mehrmals. Führen Sie diese Übung vorsichtig und langsam aus, damit Sie sich keine Zerrung im Nacken-/Halsbereich zuziehen.

Im Alltag merken Sie oft nicht sofort, dass Ihre Nacken- und Schultermuskeln verspannt sind. Durch diese Übungen schärft sich Ihre Wahrnehmung in diesem Punkt und Sie werden Anspannungen in Zukunft früher wahrnehmen und ihnen schnell und effektiv vorbeugen können.

Außerdem eignen sich diese Übungen gut dazu, Stress abzubauen: Wenn Sie während der Dehnungen in jeder Bewegung tief und bewusst atmen, trainieren Sie Ihre Lunge und gewöhnen sich daran, den Atem insgesamt intensiver wahrzunehmen. Durch tiefes, langsames Atmen werden Spannungen abgebaut, Körper und Geist können sich besser entspannen.

Führen Sie diese Haltungen und auch die folgenden Atemübungen möglichst mit geschlossenen Augen aus; die Konzentration auf sich selbst fällt Ihnen dann meist deutlich leichter.

Übung: Das „Zungenröllchen"

Formen Sie mit der Zunge ein Röllchen, das vorne leicht aus dem Mund schaut. (Wenn Sie zu den fünfzig Prozent der Menschheit gehören, die das nicht können, öffnen Sie einfach den Mund ganz leicht und legen die Zunge an die oberen Schneidezähne.) Atmen Sie jetzt durch das Röllchen oder die nur leicht geöffneten Lippen ein. Ziehen oder saugen Sie die Luft richtig ein, so dass Sie die Kühle spüren. Schließen Sie den Mund, wenn Sie eingeatmet haben (die Zunge kommt wieder in ihre normale Position), und atmen Sie durch die Nase mit leicht hörbarem Atem („Hmm") aus. Wiederholen Sie die Übung 4- bis 8-mal und spüren Sie dann einige Atemzüge lang nach.

Eine solche Atemübung kann als Einleitung zur folgenden Meditation dienen; Sie können die Meditation aber genauso gut auch für sich allein praktizieren.

Übungen: Atemmeditationen

Luftballon
Stehen Sie mit leicht gebeugten Knien und hüftbreit geöffneten Beinen, legen Sie die Hände übereinander auf die Nabelgegend. Beim Einatmen öffnen Sie die Arme nach vorn ausholend zur Seite. Atmen Sie dabei langsam und tief durch die Nase in den Bauch hinein. Beim Ausatmen nehmen Sie die Arme und Hände wieder zurück, bis sie am Ende der Ausatmung auf dem Bauch

liegen. Fühlen Sie, wie Ihr Bauch, als wäre er ein Luftballon, beim Einatmen größer und beim Ausatmen kleiner wird. Wiederholen Sie diese Übung 4-mal. Wenn Sie möchten, strecken Sie beim Einatmen die Beine etwas und gehen beim Ausatmen leicht in die Knie.

Luft-Pumpe

Sie stehen mit hüftbreit geöffneten Beinen fest auf dem Boden, die Füße zeigen nach vorne. Verschränken Sie die Finger vor dem Bauch. Drehen Sie die Handflächen so, dass sie nach unten zeigen. Ziehen Sie beim Einatmen die verschränkten Hände bis auf Brusthöhe nach oben, beim Ausatmen führen Sie die Hände wieder nach unten, bis sie gestreckt sind. Bei der Aufwärtsbewegung, die das Einatmen begleitet, können Sie die Beine strecken und bei der Bewegung nach unten, die das Ausatmen begleitet, leicht in die Knie gehen. Die Finger bleiben während der gesamten Übung (4 Zyklen) locker verschränkt.

Luft-Gruß 1

Stellen Sie sich fest auf den Boden, die Beine hüftbreit auseinander. Legen Sie nun die Handflächen vor der Brust aneinander (indische Grußhaltung „Namaste"). Lassen Sie die Arme nach unten sinken, lösen Sie die Hände voneinander und führen Sie die Arme gestreckt über die Seiten über den Kopf. Bringen Sie die Handflächen nun wieder zusammen und führen Sie die Hände langsam wieder nach unten vor die Brust. Die Aufwärtsbewegung begleitet die Einatmung, die Abwärtsbewegung die Ausatmung. Wiederholen Sie dies 4-mal. Achten Sie darauf, dass die Bewegung ruhig und langsam fließt und auf den Atem abgestimmt ist.

Luft-Gruß 2

Bei dieser Übung wird die Bewegung vom „Luft-Gruß 1" genau umgekehrt. Heben Sie mit der Einatmung die aneinandergelegten Hände nach oben bis die Arme gestreckt sind. Lösen Sie dann mit dem Beginn der Ausatmung die Hände voneinander und führen Sie die Arme über die Seiten nach unten, bis sich die Handflächen vor dem Becken treffen. Am Ende der Ausatmungsphase heben Sie die aneinandergelegten Hände wieder vor die Brust. Dies bitte 4-mal wiederholen. Bleiben Sie so entspannt wie möglich, während Sie tief atmen.

Solche Meditationen sind ein wunderbarer Weg, um ein Gleichgewicht zwischen der Umwelt und Ihrem Befinden herzustellen. Lernen Sie, immer bewusster zwischen Anspannung und Entspannung zu wechseln. Hierzu bietet Yoga eine geeignete Methode.

Yoga heißt übersetzt „Vereinigung". Es soll ein Gleichgewicht zwischen Körper und Geist geschaffen werden. Das Ziel oder Ideal ist eine Balance, das harmonische Zusammenwirken aller Bestandteile, die uns als Menschen ausmachen: des Körpers, des Denkens und des Fühlens. Diese Balance ist freilich nicht statisch, vielmehr gestaltet sie sich stets ein wenig anders. An einem Tag sind wir sehr zentriert, am nächsten Tag vielleicht schon wieder in ziemlicher Unordnung, die es zu beheben gilt. Uns immer wieder an die Mitte, an den relativ ausbalancierten Zustand heranzuführen, ist eines der Ziele von Yoga.

Yoga erfordert von allen bisher vorgestellten Methoden vielleicht die meiste Zeit, Ausdauer und Geduld im Üben. Doch seine positive Kraft ermöglicht es dauerhaft, einen gesunden inneren Abstand und wohltuenden Ausgleich zum anstrengenden Alltag zu schaffen und so Körper, Geist und Seele wieder in ein harmonisches Gleichgewicht zu bringen.

Die Fantasie trainieren

In den im Folgenden beschriebenen Übungen geht es darum, dass Sie sich etwas Bestimmtes vor Ihrem inneren Auge ausmalen. Ihre Fantasie ist gefragt und je intensiver Sie sich etwas vorstellen können, umso leichter tritt der gewünschte Effekt der Übung ein. Eine lebhafte Fantasie hat gerade in unserer heutigen technisierten Welt immer noch einen hohen Stellenwert.

Erinnern und erfinden

Es gibt zahlreiche Möglichkeiten, das Vorstellungsvermögen gezielt zu unterstützen, z.B. die folgenden:

Übung: Konzentration in Bildern

1   Sie schließen die Augen und stellen sich eine weiße Leinwand vor, auf der ein großer imaginärer Pinsel die Farbe Rot (später Blau, Gelb usw.) aufträgt. Wenn Sie sich dieses einfache Bild immer wieder einmal vorstellen, wird es von Mal zu Mal deutlicher und schneller vor Ihrem inneren Auge entstehen.

2   Genehmigen Sie sich ab und zu einen angenehmen Tagtraum: Sie versetzen sich in Gedanken an einen schönen Ort, z.B. an einen Badestrand oder in einen blühenden Garten, und malen sich die Szenerie in allen Details aus.

3   Betrachten Sie einen beliebigen Ausschnitt aus Ihrer Umgebung so genau wie möglich, schließen Sie dann die Augen und malen Sie in Ihrer Vorstellung ein detailgetreues Bild nach.

Eine gute Ergänzung: Gedächtnistraining nach der Geisselhart-Methode

Auch in unserem Gedächtnistraining nach der Geisselhart-Methode spielen die Fantasie und das Denken in Bildern eine herausragende Rolle: Mit ihrer Hilfe werden die Fakten, die man sich dauerhaft einprägen will, sicher im Langzeitgedächtnis verankert. So fördern Sie durch Fantasie Ihr Erinnerungsvermögen und wirken gleichzeitig auf dieser Ebene beruflichem Stress entgegen. (Hinweis: Weitere Informationen finden Sie im TaschenGuide „Gedächtnistraining".)

Mit einem gut geschulten Gedächtnis

- können Sie sich wichtige Neuigkeiten zuverlässig einprägen,

- behalten Sie Namen und Gesichter dauerhaft im Kopf,

- denken Sie an alles, was Sie in der nächsten Zeit erledigen müssen,

- wird Ihre Sprache und Ausdrucksweise bildhafter, plastischer und lebendiger,

- merken Sie sich wichtige Fakten aus Gesprächen, Sitzungen und Telefonaten viel leichter,

- haben Sie Zahlen, Daten und Termine zuverlässig abgespeichert und

- arbeiten Sie insgesamt ruhiger und konzentrierter, der innere Stress lässt spürbar nach.

Zahlreiche Übungen, Beispiele und Anregungen zur Förderung Ihrer Vorstellungskraft finden Sie in unseren Übungsbüchern zum Gedächtnistraining (s. Literaturverzeichnis).

Mentales Training

Die Fähigkeit, lebendige und individuelle Bilder in Ihrem Kopf entstehen zu lassen, hilft Ihnen, auf den verschiedensten Gebieten in Zukunft noch erfolgreicher zu werden. Mehr noch: Gedanken besitzen offensichtlich eine gewisse Verwirklichungskraft und Energie. Und diese ist umso größer, je mehr sie durch intensive Vorstellungsbilder unterstützt werden.

Viele berühmte Spitzensportler nützen dieses mentale Training inzwischen genau so intensiv wie das körperliche: Sie ziehen sich immer wieder zurück, um sich in Ruhe zu entspannen. Sie versetzen sich dann in ihrer Vorstellung in die Wettkampfsituation und malen sich in allen Details aus, wie sie anschließend ihre Leistung erbringen werden.

Beispiel: Ein imaginäres Radrennen

Einige Minuten vor Beginn des Rennens entspannt sich der Radrennfahrer mit einer bewährten Methode: Er begibt sich in seiner Fantasie an den Start. Er konzentriert sich in Gedanken darauf, genau mit dem Startsignal loszuschießen, und vor seinem inneren Auge sieht er, wie er die Strecke Abschnitt für Abschnitt durchfährt. Jede Kurve, jede Steigung bewältigt er im optimalen Tempo, er nutzt den Windschatten des Teams, so wie er es tausendmal geübt hat, er lässt seine Konkurrenten nach und nach hinter sich und zieht im Sprint auch am letzten Fahrer, der noch vor ihm ist, vorbei. Zum Schluss sieht er sich ins Ziel einfahren und alle Zuschauer reißen begeistert die Arme hoch: Er ist der Sieger!

Mit der Kombination aus Entspannungstraining und Fantasie können Sie in Ihrem beruflichen und privaten Leben dafür sorgen, dass Sie dauerhafte Reserven aufbauen und so dem Stress schon in der Entstehungsphase aktiv entgegenwirken.

Die aktive Imagination

Je schöner, harmonischer und ansprechender Ihre inneren Bilder sind, umso mehr Kraft können Sie daraus schöpfen. Nutzen Sie Ihre Fähigkeit immer wieder, um vor allem im entspannten Zustand Bilder aufzurufen: Denken Sie an Ihre wichtigen Lebensziele und gestalten Sie diese Vorstellungen so bunt und lebendig wie möglich.

Diese Aktivität Ihrer Vorstellung, die bewusste Einbildungskraft, die Sie unter anderem mit der Geisselhart-Methode des bildhaften Gedächtnistrainings entwickeln und vervollkommnen können, wird Ihnen in vielen Lebensbereichen gute Dienste leisten. Die „aktive Imagination", wie sie bei C. G. Jung heißt, steht im Gegensatz zum eher passiv erlebten Traum: Ihre imaginären Bilder gestalten und lenken Sie zwar in der körperlichen Entspannung, doch in vollkommener geistiger Frische und Wachheit.

Den siebten Sinn schulen

Fantasie, Vorstellungskraft und das Denken in Bildern – wenn Sie diese geistigen Bausteine entwickeln, werden Sie gleichzeitig auch Ihre Intuition, Ihren „siebten Sinn" ausbilden. Besonders in Phasen der reinen Entspannung, in denen Sie an nichts Bestimmtes denken, tauchen verstärkt Intuitionen auf. Je mehr Sie nun daran gewöhnt sind, die inneren Bilder, die spontan entstehen, auch wahrzunehmen, umso eher erkennen Sie eine Intuition. Sie kann unaufgefordert erscheinen, sie kann genauso gut als Antwort auf eine von Ihnen gestellte Frage auftauchen. Sie ist eine Art bildhaftes Wissen aus dem Innern, das vorsichtig erfasst und gedeutet sein will.

Nehmen Sie sich möglichst jeden Tag ein wenig Zeit, um sich zu entspannen. Versenken Sie sich, wenn Sie ungestört sind, in eine innere Welt voll schöner Erinnerungen oder Wünsche. Erleben Sie dort, wie sich schwierige Situationen wie von selbst lösen, wie Sie selbst entspannt und frei Ihren Pflichten nachgehen und alles um Sie herum und in Ihrem Innern seine eigene Stimmigkeit hat. Einen Teil von dieser Ruhe, einen Schimmer von diesem Glanz bringen Sie automatisch wieder mit in die Alltagswelt, als Motivation und Inspiration.

Voraussetzung dafür ist ein ruhiges Konzentrieren, ein Vertrauen in die Bilder, die dabei aufsteigen, und die Fantasie und Vorstellungskraft diese Bilder anzunehmen und weiterzuentwickeln.

Ein wenig Ruhe und Konzentration, schon zehn Minuten täglich reichen aus, und Sie werden dem alltäglichen Stress anders begegnen können, nämlich gefasst und ausgeglichen.

Zu guter Letzt

Sie haben nun einen Eindruck davon bekommen, was für verschiedene Möglichkeiten und Ansatzpunkte es gibt dem täglichen Stress effektiv und kreativ zu begegnen. Das Wichtigste dabei ist aber natürlich, dass Sie diese Übungen – oder zumindest einen Teil davon – auch wirklich anwenden. Davon werden zwar die Belastungen und Anforderungen des Alltags nicht weniger werden. Aber vielleicht kommen sie Ihnen mit der Zeit erträglicher vor, wenn Sie merken, dass Sie ihnen nicht hilf- und wehrlos ausgesetzt sind. Es gibt für jeden geeignete Rezepte, um besser mit dem alltäglichen Stress fertig zu werden. Vielleicht gelingt es Ihnen ja, sich mit der Zeit ein kleines Repertoire an Hilfen zusammenzustellen, mit deren Unterstützung Sie sich immer öfter innerlich von der Stresssituation distanzieren und besser mit ihr umgehen können. Vielleicht werden Sie immer mehr den Aspekt einer nützlichen Herausforderung entdecken, die Sie in Ihrer persönlichen Entwicklung voranbringt und neue kreative Ideen zur Bewältigung entstehen lässt.

Vergegenwärtigen Sie sich das Motto „Herausforderung statt Stress", indem Sie sich zur rechten Zeit die nötigen Pausen und die Möglichkeit einer inneren Balance gönnen. Je ausgeglichener Sie sich fühlen, umso dauerhafter und effektiver können Sie auch wieder arbeiten und Ihre Leistungsfähigkeit unter Beweis stellen. Eines Tages wird sich Ihre innere Einstellung deutlich dahingehend ändern, dass Sie sich immer öfter nicht mehr gestresst, sondern Ihren Fähigkeiten entsprechend herausgefordert fühlen. Auf diesem Weg wünschen wir Ihnen viel Freude und Erfolg!

Literaturverzeichnis und Adressen

Geisselhart, Roland/Hofmann, Christiane/Bürger, Manuela: Gedächtnistraining, Freiburg 2010,
ISBN 978-3-648-10146-1, Bestell-Nr. 00339

Birkenbihl, Vera F.: Stroh im Kopf. Landsberg 2007.

Brünjes, Reinhold (Madhuha): Leben mit Yoga. Verlag für Yoga-Philosophie. Zu beziehen über den Autor, Adr. s.u.

Jeanmaire, Tushita M.: Meditation. Einfach entspannen im Alltag und in Krisen. München 1999.

Lindemann, H.: Überleben im Stress. Autogenes Training. München 1989.

Olschewski, A.: Progressive Muskelentspannung. Heidelberg 1996.

Trökes, Anna: Yoga zum Entspannen. Innere Ruhe und Gelassenheit finden. München 2006.

Thomas, K.: Praxis des Autogenen Trainings. Stuttgart 2006.

Empfehlung des Autors zur alternativen Yogalehrer-Ausbildung: Madhuha Brünjes, Waldkircher Str. 36 B, 79215 Elzach

Berufsverband der Yogalehrer in Deutschland BDY e.V. Jüdenstr. 37, 37073 Göttingen, www.yoga.de

Informationen zu Entspannungsseminaren und Ausbildung zum/zur Trainer/in:

Roland Geisselhart-Team
Postfach 2904, 88023 Friedrichshafen
Tel. 07541-44525 oder 44924 Fax: 07541-42541
www.geisselhart.com

Bei Interesse bietet das Geisselhart-Team die Möglichkeit einer kostenlosen Probestunde in einem Entspannungs- oder Ausbildungsseminar.

Impressum

Bibliografische Information der Deutschen Nationalbibliothek
Die Deutsche Nationalbibliothek verzeichnet diese Publikation in der Deutschen Nationalbibliografie; detaillierte bibliografische Daten sind im Internet über http://www.d-nb.de abrufbar.

Print: ISBN: 978-3-648-02866-7 Bestell-Nr.: 01326-0001
ePub: ISBN: 978-3-648-02867-4 Bestell-Nr.: 01326-0100
ePDF: ISBN: 978-3-648-02868-1 Bestell-Nr.: 01326-0150

Elke Nürnberger, Roland R. Geisselhart, Christiane Hofmann
Stressfrei arbeiten
1. Auflage 2012,

© 2012, Haufe-Lexware GmbH & Co. KG, Munzinger Straße 9, 79111 Freiburg
Redaktionsanschrift: Fraunhoferstraße 5, 82152 Planegg/München
Telefon: (089) 895 17-0
Telefax: (089) 895 17-290
Internet: www.haufe.de
E-Mail: online@haufe.de
Redaktion: Jürgen Fischer

Lektorat: Susanne von Ahn, Sylvia Rein, Dr. Ulrike Wagner, Dr. Ilonka Kunow
Satz: Beltz Bad Langensalza GmbH, 99947 Bad Langensalza
Umschlag: Kienle gestaltet, Stuttgart
Druck: CPI – Ebner & Spiegel, Ulm

Autoren

Elke Nürnberger

ist seit vielen Jahren Geschäftsführerin des Beratungsunternehmens nürnberger gmbh. Sie arbeitet als Trainerin, Wirtschaftsmediatorin und Coach für zahlreiche Großunternehmen und Führungskräfte. Als Autorin schreibt sie Beiträge für Fachzeitschriften, u.a. zu den Themen Kommunikation, Führung und Konflikte.

Weitere Informationen finden Sie unter www.nuernberger-gmbh.de.

Von Elke Nürnberger stammt der erste Teil dieses Buches.

Roland R. Geisselhart

absolvierte eine Psychologenausbildung an einer Privatschule und ist heute einer der bekanntesten Managementtrainer für Gedächtnis- und Konzentrationstechniken. Zahlreiche Fernsehauftritte, u.a. bei Dr. Alfred Biolek, machten ihn einer breiten Öffentlichkeit bekannt. Seine Seminare in führenden Unternehmen Deutschlands, der Schweiz und Österreichs besuchten mehrere Zehntausend Menschen.

Christiane Hofmann

arbeitet als Autorin und gibt seit langem Kurse für Entspannungsmethoden. Sie hat bereits mehrere Bücher zusammen mit Roland Geisselhart veröffentlicht.

Von Roland R. Geisselhart und Christiane Hofmann stammt der zweite Teil dieses Buches.

Weitere Literatur

„Psychologie für den Beruf" von Boris von der Linde und Svea Seinweg, 128 Seiten. Haufe, EUR 6,90, ISBN 978-3-448-09950-8, Bestell-Nr. 00332

„Emotionale Intelligenz – Das Trainingsbuch" von Marc A. Pletzer, 205 Seiten, EUR 19,80, ISBN 978-3-448-08054-4, Bestell-Nr. 00087

„Gesprächstechniken für Führungskräfte", von Anke von der Heyde und Boris von der Linde, 243 Seiten, EUR 24,95, ISBN 978-3-448-09518-0, Bestell-Nr. 00742

„Stressmanagement. Das Kienbaum Trainingsprogramm", von Christine Kentzler und Julia Richter, 242 Seiten, EUR 24,95, ISBN 978-3-448-08741-3, Bestell-Nr. 00179

„Machtspiele – die Kunst, sich durchzusetzen", von Matthias Nöllke, 232 Seiten, EUR 19,80, ISBN 978-3-448-08053-7, Bestell-Nr. 00088